Handelsforschung 1986

Herausgegeben von der
Forschungsstelle für den Handel
Berlin (FfH) e.V.

Band 1

Physica-Verlag Heidelberg

Herausgeber
Forschungsstelle für den Handel Berlin (FfH) e.V.
Fehrbelliner Platz 3, 1000 Berlin 31, Tel. 030/860353
Wissenschaftlicher Direktor: Prof. Dr. VOLKER TROMMSDORFF
Geschäftsführer: Dr. HELMUT BUNGE

Schriftleitung
Dipl.-Volkswirt ANDREA WÖLK

Das Jahrbuch der Forschungsstelle für den Handel erscheint jährlich

ISBN 3-7908-0361-8 Physica-Verlag Heidelberg

CIP-Kurztitelaufnahme der Deutschen Bibliothek

Handelsforschung ... / hrsg. von d. Forschungsstelle für d. Handel Berlin (FfH) e.V. – Heidelberg: Physica-Verlag
– Erscheint jährl. – Aufnahme nach Bd.1. 1986 Forts. von: Forschungsstelle für den Handel [Berlin, West]: FfH-Mitteilungen
Bd. 1. 1986 –

Einband: Erich Kirchner, Heidelberg
Druck: Weihert-Druck GmbH, Darmstadt
Bindearbeiten: J. Schäffer OHG, Grünstadt
7120/7130-543210

Vorwort des Herausgebers

Die Forschungsstelle für den Handel Berlin (FfH) e.V. kann auf 57 Jahre wissenschaftlicher und gleichzeitig praxisnaher Handelsforschung zurückblicken. Ihr Wissenschaftsanspruch hat unter anderem zwei besonders schwierige Voraussetzungen:

(1) Wissenschaftliche *Aktualität*, d.h. Berücksichtigung des jüngsten Standes von Aussagen und Methoden der Handelswissenschaft und

(2) wissenschaftliche *Neutralität*, d.h. strikte Unabhängigkeit der Forschungsarbeit von den Interessenstandpunkten des Auftraggebers oder anderer Institutionen.

Beide Gesichtspunkte haben auch für das vorliegende Jahrbuch Bedeutung.

Zunächst zur *Aktualität:* Diesen Anspruch pflegte die FfH immer schon in Form einer umfangreichen *Fachdokumentation* und in Form von regelmäßigen eigenen und akquirierten handelswissenschaftlichen *Veröffentlichungen*. Beide Aktivitäten kommen den Mitarbeitern und damit der Qualität der Forschung mindestens in dem Maße zugute wie der außenstehenden Fachwelt.

Die FfH hat soeben in beiden Bereichen *Neuerungen* initiiert, um ihre Arbeit weiter zu verbessern und zu modernisieren. Bei der Fachdokumentation handelt es sich durch sukzessive Einführung der elektronischen Datenverarbeitung um eine "Prozeßinnovation", um eine Erneuerung der Arbeitsabläufe in der Dokumentationsabteilung. Bei den wissenschaftlichen *Publikationen* gibt es eine "Produktinnovation", nämlich zwei neue Periodika der FfH. Sie treten an die Stelle eines lange Zeit erfolgreichen, aber nicht mehr ganz zeitgemäßen Produktes, der "FfH-Mitteilungen".

Diese Fachzeitschrift hatte eigentlich zwei Aufgaben: die Publikation neuer, auch außerhalb der FfH gewonnener Erkenntnisse der Handelsforschung einerseits und die Information interessierter Kreise über die laufende Arbeit der FfH andererseits. In den letzten Jahren sind beide Zielsetzungen anspruchsvoller, eigenständiger und umfangreicher geworden. Es wurde Zeit, sie auf zwei getrennte und spezialisierte Medien zu verteilen.

Seit Januar 1986 erscheint viermal jährlich für Freunde und Mitglieder des Trägervereins der Forschungsstelle ein Informationsblatt *mitteilungen aus der FfH*. Es berichtet über laufende und abgeschlossene Untersuchungen, über Betriebsvergleiche, Vorträge von FfH-Wissenschaftlern und über neue Fachliteratur. Die zweite, wissenschaftspublizistische Funktion der alten "FfH-Mitteilungen" übernimmt das neue Jahrbuch, das hier mit seiner ersten Ausgabe als *HANDELSFORSCHUNG 1986* vorgelegt wird.

Das Jahrbuch füllt eine *Nische* in dem scheinbar überfüllten Markt der wissenschaftlichen Medien für Wirtschaftswissenschaften bzw. für Marketing. Keines der deutschsprachigen Periodika befaßt sich exklusiv oder auch nur schwerpunktmäßig mit der wissenschaftlichen Handelsforschung. Die Situation ist europaweit nicht wesentlich anders. Und im erheblich größeren amerikanischen Wissenschaftsmarkt gibt es genau eine Fachzeitschrift der wissenschaftlichen Handelsforschung. Das *Journal of Retailing* deckt das Spektrum der FfH wenigstens teilweise ab, weshalb wir auch deutsche Zusammenfassungen seiner Beiträge regelmäßig in den "mitteilungen aus der FfH" veröffentlichen.

Es ist das *Ziel* des Jahrbuchs, aktuelle und allgemeingültige Erkenntnisse aus dem Bereich der deutschsprachigen Handelsforschung zu veröffentlichen. Das Spektrum dieses Fachs erstreckt sich auf einzelwirtschaftliche (betriebswirtschaftliche) und gesamtwirtschaftliche (volkswirtschaftliche) Aspekte des Phänomens Handel.

Im *einzelwirtschaftlichen* Bereich sind das vor allem die Entscheidungen und das Verhalten der Handelsunternehmen, aber auch seiner Lieferanten und Kunden. Darüber hinaus fallen darunter auch die Handelsfunktionen anderer Unternehmen, z.B. der Absatzmittler von jungen Technologieunternehmen. Bewußt ist nicht an eine Ausgrenzung des Investitionsgüterhandels oder des internationalen Handels gedacht. Im *gesamtwirtschaftlichen* Bereich kommen primär regional-, struktur- und ordnungspolitische Themen in Betracht, soweit sie Handelsinstitutionen oder Handelsfunktionen berühren.

Eine rein theoretisch-begriffliche Zielbeschreibung muß unvollkommen oder abstrakt bleiben. Ergänzend dazu liefert die *Gliederung* dieses Bandes eine zwar kasuistische, aber doch recht repräsentative Abgrenzung der wissenschaftlichen Handelsforschung, wie sie die FfH versteht, betreibt und auf die hier vorliegende Art fördert.

Der Band enthält sieben einzelwirtschaftliche und drei gesamtwirtschaftliche Beiträge. Die einzelwirtschaftlichen Themen sind in drei Rubriken unterteilt.

Die erste Rubrik (I) befaßt sich mit neuen *soziokulturellen* (Trommsdorff) bzw. mit neuen *technologischen* (Strothmann/Kliche) Rahmenbedingungen für das Handelsmarketing. Die beiden Beiträge der nächsten Rubrik (II) sind eher methodischer Art und behandeln *Ursachenstrukturen* (Hildebrandt) bzw. *Früherkennungssysteme* (Mertens/Koppelmann) für strategische Chancen und Risiken im Handel.

Die beiden ersten Rubriken befassen sich also mit Aspekten der strategischen Unternehmensführung, wie sie in der gesamten betriebswirtschaftlichen Forschung zur Zeit intensiv diskutiert werden. Auch auf dem Gebiet des strategischen Handelsmarketing sind in den letzten Jahren erhebliche Erkenntnisfortschritte erzielt worden.

Die anschließende Rubrik (III) befaßt sich mit der operativen Handelsbetriebsführung. Allerdings könnte man die drei Beiträge u.U. auch zu den strategischen Aspekten rechnen, wenn man einen entsprechend weitgefaßten Strategiebegriff unterstellt. Diese Beiträge untergliedern sich in zwei zur allgemeinen Unternehmensführung: Quantitative Steuerung bzw. *Controlling* (Ahlert/Günther) und Entscheidungsunterstützung durch *Expertensysteme* (Zentes/Hilgers) sowie in einen Beitrag, der sich mit dem einzelnen Instrument *Ladengestaltung* (Diller/Kusterer) befaßt.

Gebiete der Marketingforschung, die zur Zeit die meisten neuen Erkenntnisse hervorbringen, sind die *Methodik* der Marketingforschung, die *verhaltenswissenschaftlichen Grundlagen* des Marketing und die *technologische Entwicklung* mit Auswirkungen auf das Marketing. Es ist bemerkenswert, daß alle diese "Forschungsfronten" im vorliegenden Band mehrfach vertreten sind. Das gilt auch für mehrere Beiträge, bei denen diese Orientierungen nicht ausdrücklich im Thema formuliert sind.

Die "gesamtwirtschaftliche" Rubrik IV umfaßt zwei Beiträge zur Ordnungspolitik und einen zur Regionalpolitik. Die beiden ordnungspolitischen Beiträge sind engagierte und kompetente Stellungnahmen zu aktuellen *wettbewerbspolitischen* Fragen, einmal im Gesamtzusammenhang (Schenk) und einmal zu einem Einzelproblem beim *C&C-Großhandel* (Barth). Der regionalpolitische Beitrag befaßt sich mit dem Marketing für *Einzelhandelsstandorte* aus der Sicht des kommunalen Anbieters (Hammann).

Neben der Aktualität ist, wie eingangs gesagt, wissenschaftliche *Neutralität* eine existentielle Bedingung für die Arbeit der FfH. Gerade im Handel gibt es starke politisch oder kommerziell motivierte Interessenpositionen, die teilweise durch Forschungsergebnisse untermauert werden.

Ein klassisches Beispiel hierfür ist die Auseinandersetzung um die Regelung der Ladenöffnungszeiten. Die FfH nimmt in solchen Fragen nicht Partei, aber sie scheut sich nicht, auch zu brisanten Themen Stellung zu nehmen. Zum Beispiel ist eine solche Stellungnahme im Zusammenhang mit der kürzlich erfolgten "kleinen Liberalisierung" der Ladenöffnungsregelung in Berlin erfolgt.

CALL FOR PAPERS

Auch das Jahrbuch der FfH steht als Medium für wissenschaftliche Ergebnisse mit brisantem Verwendungsbezug zur Verfügung. So soll die HANDELSFORSCHUNG 1987 einen *Schwerpunkt Ladenöffnungszeiten* erhalten. Alle Wissenschaftler, die sich mit diesem Thema befassen, sind eingeladen, einen Beitrag einzureichen. Der Umfang soll unter 20 Seiten bleiben. Die Form soll den Beiträgen im vorliegenden Band entsprechen.
Redaktionsschluß ist der 31.5.1987.

Auch der vorliegende Band HANDELSFORSCHUNG 1986 enthält Beiträge zu kontrovers diskutierten Themen. Die FfH (und damit ihr Jahrbuch) ist *neutral, aber nicht abstinent.* Der Abdruck ist kein Indiz für eine Zustimmung des Herausgebers zur Meinung des Autors. *Kriterien* für die Annahme eines Beitrags sind Relevanz, Aktualität, Originalität, Validität und Verständlichkeit, aber nicht Übereinstimmung mit der zugrundeliegenden Meinung zu einer parteilichen Verwendung der Ergebnisse.

Ein Beispiel: Der Beitrag von Barth zum Sinn und Unsinn von Verwendungskontrollen im C&C-Großhandel ist handelspolitisch relevant, er betrifft eine aktuelle Diskussion, er ist in seiner interdisziplinär juristisch-verhaltenswissenschaftlichen Diktion originell, die Analyseschritte sind im logischen Sinne gültig und der Text ist gut zu lesen. Also wurde er genommen. Die FfH äußert sich aber damit keineswegs zu einem laufenden Rechtsstreit zwischen einem Einzelhandelsverband und einem C&C-Großhandelsunternehmen. In diesem Rechtsstreit wurde u.a. erörtert, ob eine Lösung in der Einführung bzw. Verschärfung von Verwendungskontrollen beim Kunden liegt. Die Meinung des Herausgebers zu der Frage, inwieweit sich das beklagte Unternehmen wettbewerbswidrig verhält, mag sich durchaus von der Meinung des Autors unterscheiden, das hat aber mit der Annahme oder Ablehnung des Beitrags nichts zu tun.

Das Buch ist trotz mancher Schwierigkeiten in der vorgesehenen Qualität und Zeit fertig geworden. Zu den Schwierigkeiten gehörten neben den üblichen Herausgeberproblemen zusätzliche innovationstypische "innerbetriebliche" Probleme. Sie alle sind in eigentlich überraschender Geschwindigkeit und Verständigungsbereitschaft beseitigt worden. Das ist jedem einzelnen unter den beteiligten *Mitarbeitern*, Partnern und Förderern zu verdanken. Allen *Autoren* sei an dieser Stelle besonders herzlich gedankt. Ihr Vertrauen in die Tragfähigkeit eines weiteren Fachmediums ist nicht selbstverständlich.

An dieser Stelle sollen unter den zahlreichen Adressaten meines Dankes nur drei Frauen persönlich erwähnt werden. Frau Andrea Wölk danke ich für ihre kompetente und einfühlsame, aufwendige Arbeit, die über das übliche Maß einer Schriftleitung hinausgeht. Frau Renate Lombardino hat dankenswerterweise "in letzter Minute" die Reinschrift übernommen. Sie hat mich wieder einmal mit ihrer erfahrenen und umsichtigen Methode beeindruckt, gegenüber der auch die beste elektronische Textverarbeitung blaß bleiben muß. Meiner Frau Birgitta schließlich danke ich dafür, daß sie mir bei der scheinbar hemmungslosen laufenden Vergrößerung des Arbeits-zu-Freizeit-Quotienten nicht gerade bei der Entscheidung für *dieses* langfristige Veröffentlichungsengagement Einhalt geboten hat.

Berlin, im August 1986 Volker Trommsdorff

Inhaltsverzeichnis

I. Neue Rahmenbedingungen des strategischen Handelsmarketing

Wertewandel und Wandel im Handel

Volker Trommsdorff, Berlin

1. ZUR BEDEUTUNG DES THEMAS

Gemessen an der Vielzahl der Veröffentlichungen ist das Thema 1985/86 auf dem Höhepunkt seiner Aktualität. Es ist noch nie so viel über den Wertewandel, den sogenannten neuen Konsumenten und über veränderte Lebensstile geschrieben und gesagt worden. Selbst wenn es bisher gar keinen solchen Wertewandel gäbe, müßte man damit rechnen, daß sich die Behauptung durch ihre starke Verbreitung selbst bewahrheitet.

Reaktionen aus dem Marketing lassen darauf schließen, daß es (echten oder herbeigeredeten) Wertewandel gibt. Spektakuläre Werbekampagnen knüpfen an neue Wertorientierungen an. Bereits vor Jahren sagte die Esso-Kampagne "Packen wir's an" als Antwort auf die Energiespardebatte. Die Anti-Opa-Image-Zigarrenwerbung von Dannemann wirbt mit einem neuen Wertetypus: Der erfolgreiche progressive Aussteiger mit Stil. Der Erfolg von IKEA wird auf konsequente Anpassung an einen neuen Konsumententyp zurückgeführt. Das Aufkommen der shopping malls geht auf den neuen erlebnisbetonten Einkaufsstil zurück, die Heimwerker-Fachmärkte auf die gewachsene positive Werthaltung gegenüber der Schattenwirtschaft. Und so weiter.

Es kann keine einfache Antwort auf die Frage nach dem *Wertewandel als Auslöser der Handelsdynamik* geben. Es kann nur versucht werden, in das Durcheinander von Aussagen und Befunden etwas Ordnung zu bringen. Statt eigener Prognosen über den Konsumenten der neunziger Jahre oder der Jahrtausendwende soll eine kurze Bestandsaufnahme erfolgen.

Am Anfang steht ein knapper Überblick zum Begriff und zur Messung. Dann werden Aussagen zum Wertewandel der Konsumenten diskutiert. Das führt zum Kern der schwierigen Frage, die ins Thema geschrieben ist. Dazu werden wenige wirklich wichtige Lebensstilfaktoren hervorgehoben. Auf die entsprechende moderne Marktforschung wird verwiesen. Abschließend sollen einige Hinweise auf die Umsetzung in der strategischen Planung des Handels erlaubt sein.

2. ZUM BEGRIFF UND ZUR MESSUNG DER WERTE UND DES WERTEWANDELS

Beim Thema Wetter liefert permanenter Wandel, verbunden mit we-

Handelsforschung 1986
Hrsg. Volker Trommsdorff

nig Wissen, stets guten Gesprächsstoff. Besondere Aufmerksamkeit gilt Behauptungen über *globalen Wandel*, z.B. durch eine neue Eiszeit. Wertwandelserscheinungen globaler Art sind ein ebenso anregender Gesprächsstoff, auch sind sie historisch genauso real wie die Eiszeiten. So unterminierte der Buddhismus im alten China den traditionellen Wert der Landesverteidigung. Die Lehre Christi bewirkte einen Wertewandel größten Ausmaßes. Neuerdings spricht man wieder von einer Revolution der Werte - die "stille Revolutión". Sie soll immer mehr weg vom "Materialismus" und hin zum "Postmaterialismus" führen. Nach einer begrifflichen und operationalen Klarstellung ist auf diese Hypothese noch näher einzugehen.

Wir besitzen zwar viele tausend Einstellungen gegenüber Situationen und Objekten, aber nur eine Handvoll Grundwerte. Das sind zentral in der Persönlichkeit verankerte, ziemlich dauerhafte grundsätzliche Überzeugungen. Werte sind daher *definiert* als Leitlinien für speziellere Einstellungen, Meinungen und Verhaltensweisen. Z.B. koordinieren die Werte Wohlstand, Leistung, soziales Glück sehr viele verschiedene Konsumgüter-Einstellungen. Wenn sich Werte einmal ändern, ändern sich viele verschiedene Meinungen, Einstellungen und Verhaltensweisen. Darin liegt der Grund für das Interesse des Marketing am Wertewandel.

Über Werte zu reden hat nur Sinn, wenn man sie auch *messen* kann. Dazu gibt es diverse Vorschläge, die meisten in Form von Befragungen. Einen kritischen Überblick geben Hildebrandt/Schuster (1985). Die am meisten verbreitete Skala (von Rokeach) besteht aus 2x18 Items, denen die Befragten Punkte zuordnen, je nachdem, wie wichtig sie die betreffenden Werte für sich persönlich einstufen. Die Items bezeichnen Zielaussagen wie "interessantes Leben", "soziale Anerkennung" usw. und Mittelaussagen wie "mutig sein", "intellektuell sein" usw.

Ein großes *Problem* besteht für die Erfassung von Wertewandel mit solchen Skalen darin, daß ganz *neue Werte* auftauchen können. Sie sind dann mit einer geeichten Werteskala nicht zu entdecken. Zum Beispiel enthält die Rokeach-Skala kein Umweltschutz-Statement. Nun ist aber der Wertebegriff gerade für die Erklärung von Änderungen (des Konsumentenverhaltens) interessant. Wenn *ein* gewandelter Wert zu Änderungen bei Essen und Trinken, beim Reisen, Kleiden, Fernsehen usw. führt, dann sind Wertemessungen höchst bedeutsam als *Früherkennungsmaße* für sich wandelnde Märkte.

Es gibt aber drei *Probleme bei der Wertemessung* für diesen Zweck:

Erstens ändern sich manche Werte im Laufe eines Lebens durch *Reifung*, andere kaum. Ein Wertewandel im Markt kann daher auf Verschiebungen im Altersaufbau der Bevölkerung zurückzuführen sein oder auf größere gesellschaftliche Umwälzungen. Die Zurechnung auf einen der beiden Faktoren ist schwierig.

Zweitens sind Wertemessungen historische *Momentaufnahmen*. Es ist sehr schwierig und aufwendig, diese Aufnahmen so vergleichbar zu machen, daß Veränderungen so zuverlässig erkannt werden wie Wetterveränderungen durch die bewegten Satellitenfotos der Wetternachrichten.

Drittens liefern Befragungen immer mehr oder weniger *verzerrte Bilder*. Das geringere Übel ist mangelnde Repräsentativität. Schlimmer sind Antwortverzerrungen, z.B. in die Richtung, wie man als Befragter gern gesehen werden möchte. Am schlimmsten ist ein spezieller Fehler der Wertwandelsforschung: Man weiß nicht, ob geänderte Wertemaße auf geänderte Werte zurückzuführen sind oder darauf, daß es zur Zeit gerade "schick" ist, so zu antworten.

Es ist zwar nicht unmöglich, zu gültigen Daten über den Wertewandel zu kommen, aber es erfordert eine *eigene Meßmethodik*. Zum Beispiel müssen standardisierte Befragungen mit qualitativen Explorationen und mit Beobachtungen gekoppelt werden. Für das Marketing muß außerdem das Werte-Meßkonzept offener sein als es die eigentliche Werteforschung im Sinn hat (vgl. Dahlhoff 1985). So hat es sich als sinnvoll erwiesen, bestimmte Konsumbereiche direkt mit in die Messung einzubeziehen, z.B. die Art der Wohnzimmereinrichtung der Befragten als Indikator für die Konsumwerte-Orientierung. Das führt zu einem pragmatischeren Wertekonzept, dem Lebensstilkonzept.

Sogenannte *Lebensstilstudien oder Typologien* sind zunehmend auch in Deutschland verfügbar, z.T. in globalen Ergebnissen veröffentlicht. Herausgeber sind häufig Verlage (Gruner + Jahr: Lebensziele - Potentiale und Trends alternativen Verhaltens; Burda: Männer-Lebensstile, Frauen-Lebensstile usw.), aber auch die Industrie (z.B. Shell: Jugendstudien) und Agenturen (z.B. Lürzer/Burnett: Lifestyle 1985). Lebensstilstudien mit Anspruch auf Generalisierbarkeit sind von seiten des Handels nicht bekannt. Da die für das Handelsmarketing interessanten Verhaltensweisen und Einstellungen der Konsumenten nicht mit denen übereinstimmen, die für die Medien bzw. für industrielles Marketing interessieren, sollte einmal über die Erstellung einer *Handels-Lebensstiluntersuchung* nachgedacht werden.

Für die *Methodik* der Lebensstilforschung ist "*Lifestyle 1985*" beispielhaft. Die Studie besteht aus einem qualitativen Explorationsteil, auch zur Entdeckung neuer Werthaltungen, und aus einem repräsentativen Umfrageteil mit Fragen nach Konsum und Besitz, Hunderten von Einstellungsstatements, Fragen nach Kommunikation und Demographie sowie einer Typisierung der Wohnzimmereinrichtung der Befragten. Die Veränderungen werden dadurch erfaßt, daß alle vier Jahre vergleichbare Erhebungen stattfinden. Veröffentlicht werden nur äußerst globale Ergebnisse. Detaillierte Ergebnisse innerhalb einzelner Zielgruppen bekommen nur die vertraglich beteiligten Firmen.

3. ÜBER VORLIEGENDE AUSSAGEN ZU "WERTEWANDEL UND WANDEL IM HANDEL"

Werteänderungen können durchgreifende Wirkungen auf alle Lebensbereiche haben, also auch politisch bedeutsame Felder wie das Wählerverhalten beeinflussen. Daher wundert es nicht, wenn unter einer wissenschaftlichen Oberfläche Konturen von politischer Ideologie sichtbar werden. Mit einem exemplarischen Fall dieser Art soll der Abschnitt beginnen. Es folgen Positionen der pragmatischen Marketingforschung, insbesondere der kommerziellen Trendforschung.

3.1 POLITISCH MOTIVIERTE AUSSAGEN

Den *theoretischen Unterbau* für die "fortschrittliche" Wertewandelsforschung lieferte der Amerikaner Inglehart (1979). Etwas vereinfacht gesprochen, stützt er sich auf folgende Aussagen:

1) Werte sind hierarchisch angeordnet - unten die primitiveren biologischen und materiellen Werte, weiter oben die sozialen Werte und ganz oben die "Selbstverwirklichung" (Maslow'sche Bedürfnishierarchie).

2) Je weniger Mangel es bei den unteren Werten gibt, desto wichtiger werden die höheren Werte.

   Westliche Industriegesellschaften streben einer Sättigung mit materiellen Gütern zu.

3) Die Nachkriegsgenerationen kennen weniger materiellen Mangel als ältere Generationen.

4) Daher werden insgesamt materielle Werte immer unwichtiger zugunsten der "postmateriellen" Werte wie Mitbestimmung, Umweltschutz, Selbstverwirklichung.

Abgesehen von manchen Zweifeln an der Gültigkeit der einzelnen Aussagen hat die skizzierte Theorie mindestens einen schweren *Denkfehler*. Die Vorkriegsgenerationen müßten heute subjektiv eher weniger materiellen Mangel empfinden als die Nachkriegsgenerationen, denn ein empfundener gegenwärtiger Mangel relativiert sich an der Lebenserfahrung. Das bedeutet: Gemessen an den schlechten Zeiten empfinden diese Generationen heute kaum einen Mangel. Inglehart unterstellt dagegen, daß der große Mangel von damals zusammen mit dem geringen Mangel von heute zu einer relativ großen Mangelempfindung bei jener Generation führe, wogegen die Nachkriegsgenerationen kaum je einen Mangel verspürt hätten und deshalb auf der Dimension der Mangelempfindung schwächer ausgeprägt seien. Die Fakten widersprechen der Theorie! Tatsächlich sind bei Umfragen ältere Menschen materiell zufriedener als jüngere.

Zur *Messung* von Materialismus und Postmaterialismus verwendet Inglehart Statements. Als Materialist gilt, wer "wichtig" sagt bei "Aufrechterhaltung der Ordnung in der Nation" und bei "Kampf gegen steigende Preise". Als Postmaterialist gilt, wer "wichtig" sagt bei "verstärktes Mitspracherecht der Menschen bei wichtigen Regierungsentscheidungen" und bei "Schutz der freien Meinungsäußerung". Es fällt nicht leicht, das alles mit der Dimension "Materialismus/Postmaterialismus" zusammenzubringen. Z.B. kommt aus diversen Lebensstiluntersuchungen heraus, daß der Typus, der Inglehart's Postmaterialisten am nächsten kommt, zu seiner "Selbstverwirklichung" ganz ansehnliche materielle Ansprüche geltend macht. Dagegen taucht der Typ des Antikonsumenten in diesen Untersuchungen gar nicht auf.

Interessant ist nun, was "fortschrittliche Handelsforscher" aus der These von Inglehart machen. Dazu drei sehr typische Zitate (Thieme/Richter 1984):

"83 % der Bürger sind für eine stärkere Nutzung alternativer Energiequellen (Sonne, Wind, Wasser), ein Ergebnis, das durch die massiven Proteste eines breiten politischen Spektrums gegen Brokdorf, Gorleben und Buschhaus bestätigt wird".

Was hier bestätigt wird, ist die *Manipulierbarkeit* von Umfrageergebnissen und deren Interpretation. Die zugrunde liegende Frage war eine einfache Ablehnung/Zustimmung-Frage, auf die bekanntlich mit Jasagertendenz reagiert wird - umsomehr, je komplizierter der fragliche Meinungsgegenstand ist.

"Bei postmateriell orientierten Konsumenten ist weiterhin ein höherer Informationsstand über die Konsequenzen der internationalen Arbeitsteilung und die damit zusammenhängenden Entwicklungsbedingungen der Dritten Welt zu verzeichnen. So lassen sich Nachfrageverlagerungen zugunsten entwicklungspolitisch förderlicher Güter (z.B. Nicaragua-Kaffee) feststellen ..."

Hier wird das politische *Wunschdenken* besonders deutlich.

"Vor diesem Hintergrund ist auch eine abnehmende Bedeutung der Wirtschaftswerbung festzustellen, da die postmateriell orientierten Verbraucher unternehmensgesteuerten Informationsquellen weniger Vertrauen entgegenbringen".

Die zur gleichen Zeit ansehnlich gestiegenen Umsätze der Werbewirtschaft werden mit dieser Behauptung nicht in Verbindung gebracht. Überhaupt werden alle *Wandelerscheinungen, die nicht ins Konzept passen, weggelassen,* so z.B. der neuerliche Trend zum "sportlichen" Autofahren oder zur prestigeträchtigen Markenkleidung.

Auf dem dünnen Boden der Postmaterialismus-These werden Konsequenzen für die *Produkt- und Sortimentspolitik* gezogen (Bioprodukte, keine Schildkrötensuppe usw.), aber auch konsequentzen für die *Kommunikationspolitik* (z.B. Einrichtung von Verbraucherbeschwerdestellen im Handel).

Dabei sind großangelegte Längsschnittuntersuchungen in den westlichen Industrieländern zu dem Ergebnis gekommen, daß selbst mit Inglehart's eigenen Skalen in Europa *kein* Wandel zum Postmaterialismus nachzuweisen ist (vgl. Jagodzinski 1984). Die "stille Revolution" steht still.

3.2 AUSSAGEN DER PRAGMATISCHEN MARKETINGFORSCHUNG

Probleme der wissenschaftlichen Marketingforschung bei der Analyse von Konsumentenwerten liegen weniger im Ideologischen als bei den *Daten* und *Finanzen*. Für eine aussagekräftige Konsumenten-Werteforschung braucht man regelmäßig wiederholte Standard-Befragungen von mindestens 2 000 Personen im Umfang von etwa zweistündigen Interviews. Weiterhin müssen qualitative Interviews mit marktpsychologisch ausgebildeten Interviewern durchgeführt werden. Die Budgets für ein derartiges Forschungsprogramm erreichen schnell die Millionen.

Entsprechende *Daten* liegen zwar in einigen kommerziellen Instituten vor, sie sind aber aus verständlichen Gründen *nicht zugänglich*. Veröffentlicht werden nur werbewirksame globale Ergebnisse und Mediadaten. Spezifische Zielgruppenanalysen sind so nicht möglich. Es bleibt als Grundlage für die neutrale Werteforschung die Analyse von verstreuter Literatur und von persönlichen Informationen aus der Praxis. Kleine empirische Untersuchungen, z.B. im Rahmen einer Doktorarbeit, reichen bei weitem nicht aus. Wiederholungsstudien oder Panelstudien sind von Lehrstühlen kaum zu realisieren. So müssen sich auch besonders kompetente Autoren die Subjektivität der Expertenschätzungen vorhalten lassen.

Auf diese Weise sind keineswegs widerspruchsfreie *Kataloge der Wertedynamik* entstanden. Demnach steigen zur Zeit und weiterhin angeblich folgende Werte in der Bedeutung an: Lebensqualität, Selbstverwirklichung, Genuß, Anerkennung, Freizeit, Preis-Leistungs-Faktor, Umweltbewußtsein, Naturbedürfnis und Natürlichkeit, Emanzipation und Individualismus (vgl. z.B. Tietz 1982). Man muß sich bei der Würdigung solcher Kataloge auf die wirklich überzeugenden und mehrfach bestätigten Trends konzentrieren, was wir im nächsten Abschnitt auch tun.

Die Methode der Expertise hat den *Nachteil*, daß Änderungen in der Wertestruktur erst sichtbar werden, wenn sie sich über verschiedene Konsumententypen hinweg durchgesetzt haben. Das bedeutet manchmal: Jahre nach dem Wendepunkt. Dabei ist der Anspruch der Werteforschung eher ein prognostischer als ein diagnostischer. Gesucht wird heute der Konsument der 90er Jahre und der Jahrtausendwende.

Interessant ist in diesem Zusammenhang ein Blick nach *Amerika*. Oft laufen Werteänderungen der Amerikaner denen in Europa um Jahre voraus. Allerdings muß auch hier wegen der strukturellen Unterschiede mit Vorsicht ausgewertet werden. Eine Analyse der amerikanischen Anzeigenwerbung erbrachte sieben Grundwerte, die zur Zeit stark in den Vordergrund gestellt werden: Freiheit (der Frau, auch des Mannes), Erfolg (gemessen an viel Geld und auffälligem Konsum), Patriotismus (sicher nicht auf deutsche Verhältnisse übertragbar), Gemeinsamkeit, Vergnügen-Aktivität-Freizeit, Fortschritt-Innovation.

Die Klage ist des Kaufmanns Lied. Danach werden nicht nur laufend die Märkte enger, der Wettbewerb härter, verfallen nicht nur die Preise und die Sitten. Auch ein geschäftsschädlicher Wertewandel der Konsumenten wird beklagt:

Die Markentreue läßt weiter nach, das Preisbewußtsein steigt weiter an, der demonstrative Konsum geht zurück, Kaufentscheidungen werden stärker problematisiert und rationaler, Warentests gewinnen an Bedeutung, die Freude am Konsum läßt nach usw. Seltener sind beruhigende Aussagen wie "No-Names-Vormarsch gestoppt" oder "Marktdurchbruch für alkoholfreies Bier durch neue Gesundheitswerte". Es gibt auch ambivalente Aussagen wie "Stärkere Differenzierung der Lebensstile und daher der Handelsbetriebstypen" oder "Steigende Polarisierung von Billigsegmenten und Luxussegmenten". Es gibt einen Trend zur hochpreisigen Mode, aber auch zum Bekleidungsdiscounter.

Nach Trendmeldungen aus "werben und verkaufen" (8.11.1985) verstärken sich die Werte Selbsthilfe, Partnerschaftlichkeit, Basisdemokratie, Konsumentensouveränität und cleverness beim Einkauf; und es schwächen sich ab: Besitzstreben, Status- und Prestigekäufe, Manipulation und Bedeutung des Markenartikels; und es gibt eine Polarisierung zwischen Gattungsprodukten und Prestigeprodukten.

Überhaupt wird bei offensichtlich widersprüchlichen Trendmeldungen gern von *"Polarisierung"* geredet. Das ist insoweit berechtigt, als manche Konsumenten in der einen Situation extrem sparsam und rational entscheiden, in der anderen Situation dagegen großzügig und scheinbar irrational. Ansonsten besteht der Verdacht, daß sich hinter einem "polarisierten Wertewandel" mangelnde Differenzierung nach Zielgruppen verbirgt.

Nicht alle Kassandrarufe sind Zweckbehauptungen. Manche Trendaussage hat ihre guten subjektiven Gründe, andere sind sogar wissenschaftlich belegt, so etwa die Aussage, daß die Markentreue nachgelassen habe. Theorien des Neugierverhaltens und des Lustgewinns infolge von Abwechslung stützen diesen Befund. Erst die Vielzahl solcher Meldungen konterkariert die Glaubwürdigkeit - zum Nachteil für die seriöse Marktforschung. Wichtige Veränderungen gehen dann leicht unter, werden nicht ernstgenommen.

Ohne eine eigene, auf den Handel bezogene Werteforschung muß die *Zusammenfassung* der veröffentlichten Aussagen zum Wertewandel und Wandel im Handel etwas resignativ ausfallen: "Fortschrittliche" Autoren neigen dazu, einen Wertewandel zugunsten ihrer Ideologie zu beschreiben. Den an der Marketingpraxis orientierten wissenschaftlichen Autoren fehlen Daten bzw. Geld für deren Erhebung. Den kommerziellen Autoren mangelt es durch Zweckpessimismus und manchmal vorschnelle Behauptungen an Glaubwürdigkeit. Die Lücke könnte durch eine neutrale und glaubwürdige Forschungsstelle für den Handel geschlossen werden.

4. SCHWERPUNKTE UND RELATIVIERUNGEN DES WERTEWANDELS FÜR DEN WANDEL IM HANDEL

Zunächst sollen drei für den Handel besonders wichtige Kategorien der Wertedebatte erörtert werden. Es geht um den sogenannten neuen oder kritischen Konsumenten, um das Umweltbewußtsein und um die Freizeit. Danach ist auf andere Einflüsse einzugehen, die für die Zukunft des Handels wichtig erscheinen.

4.1 "NEUER KONSUMENT", UMWELT- UND FREIZEITWERTE

Der *neue Konsument* ist das Schreckgespenst des Handels. Er ist besonders kritisch und rational, konsumiert wenig und bedächtig, nutzt Verbraucherinformationen, vertritt selbstbewußt seine Rechte und Interessen, bedenkt die ökologischen, politischen und sozialen Wirkungen seines Konsums und ist zugleich auf seine Selbstverwirklichung bedacht. Dieser Konsumententyp wird aufgrund von Umfrageergebnissen auch konkreter beschrieben: Mittleres Alter, mittleres bis gehobenes Einkommen, maßvoller Waschmittelverbrauch, wenig Einwegflaschen, Hautpflege mit Naturprodukten, Medikamentenverzicht, Präferenz für Naturtextilien. Je nachdem, wie er genau abgegrenzt wird, macht der Typus 9 % (Lürzer u.a. 1985) bis 25 % (Gruner + Jahr 1981) aus.

Das ist sicher nicht besonders erfreulich für den Handel, aber auch kein Anlaß zu akuter Beunruhigung. Diese Leute bilden ein kaufkräftiges und für viele Produkte *interessantes Marktsegment*. Die Wirksamkeit der Marketinginstrumente hat bisher durch den kritischen Konsumenten nicht gelitten, wenn seine Ansprache nach Inhalt und Medium auch angepaßt sein sollte. Aber auch der sogenannte neue Konsument hat nur begrenzte Informationsverarbeitungskapazität und ist auf die Vereinfachungen durch Marketinginformationen angewiesen. Auch er kann sich den Wirkungen der emotionalen Beeinflussung und der Bildbeeinflussung nicht entziehen.

Die Grundvoraussetzungen für ein weiteres *Wachstum des Segments* sind *schlecht*. Der Etablierungsprozeß seiner maßgeblichen Repräsentanten arbeitet dagegen, und es erfolgt kaum neuer Zulauf von unten. Zentrale Werte dieser Ideologie wie Umweltschutz, Natur, Frieden, Energieschonung werden salonfähig, so daß dem alternativen Segment der Argumentationsboden verlorengeht. Im übrigen sollte die Entwicklung des Segments "neuer Konsument" im Verhältnis zur Entwicklung anderer Segmente betrachtet werden (neue aktive Modeindividualisten, neue High-Tech-Konsumenten usw.).

Umweltbewußtsein: Das Wort ist in der Werteforschung erst vor wenigen Jahren neu aufgetaucht. Es erscheint wichtig festzustellen, daß Umweltbewußtsein nicht an den sogenannten neuen Konsumenten gebunden ist, sondern auch in anderen Gruppen fest verankert ist. Bei Repräsentativbefragungen (vgl. Raffée/Wiedmann 1983) bezeichnen um die 90 % den Umweltschutz als wichtiges Anliegen, 45 % würden angeblich einer Umwelt-zweckgebundenen Steuererhöhung zustimmen. 25 % der 14- bis 54jährigen sagen, daß sie auf umweltfreundliche Produkte achten.

Das Marketing hat die Chancen der Umweltwelle bei bestimmten Produkten für bestimmte Zielgruppen erkannt. Es gibt erfolgreiche Umweltmessen, das kommerzielle Recycling hat zugenommen, selbst der ADAC hat mit der Vorstellung von Katalysatorautos eine wirkungsvolle Umweltkampagne entfaltet.

Aber vor übertriebenen handelsstrategischen Konsequenzen der Umweltwelle ist trotzdem zu warnen. Umweltschutz ist eher ein akutes Thema als ein bleibender Grundwert. Mit einem *Abebben des Themas* ist zu rechnen, sobald die schlimmsten Schadensursachen beseitigt sind. Man denke z.B. an Griechenland (viel Umwelt, wenig Umweltbewußtsein) oder an die USA (abnehmende Umweltverschmutzung, sinkendes Umweltbewußtsein). Schon nehmen in den USA Plastik- und Blechverpackungen wieder zu - zu Lasten der umweltfreundlicheren Papier- und Glasverpackungen.

Freizeit: Auch Freizeit ist kein unmittelbarer klassischer Grundwert, aber vermutlich hat der Freizeitwandel *Auswirkungen* auf das Wertesystem. Die Freizeit ist ein stark in Bewegung geratener sozialökonomischer Faktor. In den nächsten Jahren wird die Menge der Freizeit weiter steigen, weil die Arbeitsproduktivität weiter steigt und größere Entlastungen am Arbeitsmarkt erst gegen Ende der 90er Jahre einsetzen. Bereits in den letzten fünf Jahren sind die Freizeitmärkte doppelt so schnell gewachsen wie der gesamte allgemeine Privatverbrauch.

Inwieweit der Freizeitwandel schon zu einem Wertewandel geführt hat, läßt sich nur indirekt sagen. Das Phänomen der Schattenwirtschaft scheint nicht so sehr eine Frage des Wertewandels zu sein, sondern des gestiegenen Anspruchsniveaus, also der relativen *Wichtigkeit der materiellen Werte.*

Den Umfragen zufolge verlagert sich allerdings allmählich die Erfüllung des Grundwerts Leistung von der Berufswelt in die private Welt. Auswirkungen auf die leistungsbetonten Freizeitmärkte sind naheliegend. Überhaupt muß man wohl die veränderten Freizeitbedingungen sehr strikt nach Konsumententypen getrennt untersuchen. Das führt zum nächsten Gesichtspunkt.

4.2 LEBENSSTILFORSCHUNG STATT WERTEFORSCHUNG

Die klassische Werteforschung hat für das Thema "Wertewandel und Wandel im Handel" zwei gravierende Nachteile. Erstens definiert sie die *Werte so allgemein,* daß die Bezüge zum Konsumentenverhalten unscharf werden. Zweitens werden die Inhaber der Werte entweder individuell oder als Gesamtheit betrachtet. Eine *Gruppierung nach Typen* findet kaum statt, jedenfalls nicht nach möglichen Zielgruppen. Beide Mängel zugleich versucht die Lebensstilforschung (life style research) oder Typologieforschung zu überwinden.

Ähnlich der Werteforschung mißt man in repräsentativen Befragungen den Grad der Zustimmung zu zahlreichen *Statements,* im Unterschied zur Werteforschung sind diese aber nicht nur für unterschiedliche Werthaltungen, sondern auch für konkretere Einstellungen, Meinungen, Konsum- und andere Verhaltensweisen charakteristisch - kurz: für unterschiedliche Lebensstile. Eine für das Marketing besonders wichtige Rolle spielt dabei das Kommunikationsverhalten. Außerdem erfaßt man die demographischen Merkmale wie Alter, Beruf usw.

Bei der Auswertung dieser großen Datensätze gilt es, *Gruppen* zu finden, die in ihren Lebensstilen weitgehend übereinstimmen und die von anderen Gruppen gut abgegrenzt sind. Sie sollen außerdem von der Größe her und nach Marktgesichtspunkten als Zielgruppen in Frage kommen. Standardauswertungen beschreiben diese Lebensstiltypen statistisch und geben ihre Größen an. Für komplexere Marktsegmentierungen können eigene Datenanalysen durchgeführt werden.

Zur Illustration soll kurz eine neuere Lebensstilanalyse referiert und mit ihrer Vorgängerin von 1981 verglichen werden. Die Studie (Lürzer u.a. 1985) findet elf verschiedene Lebensstiltypen:

- Der autoritäre Arbeiter (9 %)
- Der sportliche, aufgeschlossene Facharbeiter (7 %)
- Der selbstbewußte, arrivierte Konservative (11 %)
- Der spontane, gruppenorientierte Jugendliche (9 %)

- Die konventionelle Häusliche (15 %)
- Die vielseitig interessierte Selbstbewußte (7 %)
- Die moderne Angepaßte (8 %)

- Pflichtbewußte Rentnerpaare (12 %)
- Resignierte unzufriedene Paare (8 %)
- Alternativ orientierte intellektuelle Paare (9 %)
- Trend- und modebewußte freizeitorientierte Paare (5 %)

Gegenüber 1981 ergaben sich sowohl qualitative Änderungen, also andere Typenabgrenzungen, als auch Veränderungen der Anteile einzelner Typen. *Veränderungen* in den letzten vier Jahren lassen sich auf drei Punkte konzentrieren:

Erstens haben sich die Lebensstile der einkommens- und konsumstarken jüngeren Erwachsenen stärker profiliert, d.h. ihre Konsumstile sind eindeutiger geworden, sie sind besser zu unterscheiden. Bei den Männern ist das vor allem eine Altersabgrenzung, bei den Frauen eine Abgrenzung nach Stilsicherheit, Bildung und Emanzipation. *Zweitens* ist der alternative Typus etwas geschrumpft. *Drittens* sind die arrivierten und konservativen Typen etwas gewachsen.

4.3 DEMOGRAPHISCHE FAKTOREN

Der Wertewandel als Einflußgröße auf das Handelsmarketing wird stark relativiert, wenn andere Faktoren in Betracht gezogen werden. Die wichtigste Gruppe ist die der demographischen Faktoren, die u.a. als Indizes für Lebenszyklusphase und soziale Schicht dienen. Einerseits sind diese Faktoren unmittelbar zielgruppenrelevant - der Jugendmarkt, der Markt der jungen Familien usw. Andererseits sind Werte und Lebensstile über die Lebensphasen hinweg und zwischen den Schichten deutlich verschieden.

Ein *veränderter Bevölkerungsaufbau führt zu scheinbarem Wertewandel* im Gesamtmarkt. Für eine Generationenverschiebung der Werte (Postmaterialismus !) ist allerdings keine Bestätigung zu finden. Wahrscheinlich sind die anderen genannten Effekte (Reifung, Altersaufbau) zu stark, als daß der *Generationeneffekt* eine Rolle spielen könnte. Zum Beispiel ist die 68er Generation inzwischen weitgehend etabliert und assimiliert.

Daher ist für das strategische Handelsmarketing der nächsten zehn Jahre die radikale *Veränderung des Altersaufbaus* der Märkte und damit drastische Größenveränderungen der Zielgruppen entscheidend (vgl. Hofebauer 1984). Die Zahl der 19jährigen halbiert sich, nicht ganz so stark nimmt die Zahl der 45- bis 50jährigen ab. Die Märkte der Haushaltsgründer (zwischen 25 und 35) und der jungen Senioren (55 bis 65) wachsen stark an. Außerdem nimmt die Gesamtzahl der Bevölkerung weiter ab, nämlich bis zum Jahre 2030 um ein Drittel !

Die durchschnittliche *Schulbildung* steigt an, die durchschnittliche Wochen- und Lebens*arbeitszeit* nimmt ab, die *Haushaltsgröße* sinkt, die *Zahl der Haushalte* ist gestiegen und könnte wegen der sinkenden Heiratsrate auch noch weiter steigen, 1990 soll es 1o bis 15 % mehr Einpersonen-Haushalte geben.

Die *Auswirkungen für den Handel* werden erst richtig klar, wenn man einzelne Märkte bzw. Zielgruppen herausgreift. So wächst nach Müller-Lenz (1985) z.B. die Zielgruppe der höhergebildeten Haushaltsgründer um 70 % oder um 36 Mrd DM Kaufkraft. Die Zahl der Trendsetter, Meinungsführer und Konsumpioniere, die zwischen 14 und 60 Jahre alt sind, wächst von 20 auf 25 % usw. Die Folgen für einzelne Branchen sind klar. Man muß sich nur darauf einstellen.

4.4 TECHNOLOGIEEINFLÜSSE

Bei der Diskussion um den neuen Konsumenten werden die technologischen Entwicklungen unterschätzt. Wir stehen erst am Anfang einer Innovationswelle, wie sie seit 1800 etwa alle fünfzig Jahre einmal vorgekommen ist (vgl.Kondratieff 1926). Sie wird alle Lebensbereiche und Märkte so stark verändern, daß es vermessen erscheint, den Blick starr auf den sogenannten Wertewandel zu richten. Die derzeitigen *Basisinnovationen* in der Gentechnologie, bei den neuen Werkstoffen und der elektronischen und optischen Informationstechnologie haben kaum absehbare Konsequenzen für Konsum und Werte, für Marketing und Handel.

Aber man muß die Entwicklungen auch realistisch sehen. Geschlossene Warenwirtschaftssysteme setzen sich nur langsam durch, das Teleshopping bringt nicht die Revolution im Handel, ein Scannersystem ist Voraussetzung, aber es garantiert nicht die optimale Sortiments- und Preispolitik. In der Praxis bleibt die überwiegende Datenmasse doch ungenutzt. Der Engpaß ist nicht die technische Hardware, sondern die *menschliche Software*.

Jedenfalls wird die technologische Innovationswelle noch zu außerordentlichen Turbulenzen auch im Handel führen. Über die Auswirkungen auf die Produzenten- und Konsumentenseite kann heute noch wenig gesagt werden, ebenso über die Auswirkungen auf zukünftige Wettbewerbsstrategien. Es ist aber berechtigt, aus diesen Gründen heute von einer *Verunsicherung der Unternehmer* zu sprechen, nachdem die Verbraucherforschung jahrelang den verunsicherten Konsumenten heraufbeschworen hat. Es kann auch von einem *Wertewandel der Unternehmer* (Tietz 1982) gesprochen werden. Er ist sicher bisher zu wenig untersucht worden, obwohl die Auswirkungen auf das Marktgeschehen, besonders auf die Handelsdynamik, auf der Hand liegen. Schließlich werden Innovationsneigung, Investitionsbereitschaft, Expansionsstreben, Wettbewerbs- und Kooperationsneigung maßgeblich von den Werten der Manager und Unternehmer beeinflußt. Es gibt zwar zur Zeit keinen negativen Wertetrend der Unternehmer, aber die Anstöße für positive Trends aus dem Wettbewerbs- und Ladenschlußrecht könnten deutlicher sein.

In der jungen Generation ist teilweise von einem neuen *Unternehmergeist* die Rede. In Berlin ist während der letzten zwei Jahre eine regelrechte Aufbruchstimmung zu spüren, die durch die Medien unterstützt wurde. Allerdings sind diese Unternehmensgründer eher High-Tech- als Handelsunternehmer.

Die oft pessimistische Grundstimmung der *Fachhandelsunternehmer* hängt wahrscheinlich damit zusammen, daß sie ihre strategischen Möglichkeiten nicht klar genug sehen und aus einer konservativen Haltung heraus nicht beherzt genug umsetzen. Vielmehr können hier die Verbände des Handels noch mehr Anstöße und Entscheidungshilfen geben. Die unternehmerischen Grundwerte der Fachhändler sollten durch die Hilfsmittel der strategischen Planung wieder aktiviert werden. Dazu gehört in erster Linie eine kompetente technologische und sozioökonomische Prognose. Andere Instrumente der strategischen Planung müssen auf die Belange des Handels hin angepaßt werden.

5. STRATEGISCHES FAZIT

Wenn bis hierher der Eindruck einer Ablehnung des Wertekonzepts entstanden ist, dann bedarf das nun einer Korrektur. Das Konzept wird nicht abgelehnt, sondern es wird ihm mit konstruktiv-kritischer Distanz begegnet. Die Wertewandelsdebatte ist zumindest in folgenden vier Punkten zu relativieren:

1. Der "neue Konsument" läßt sich in die Lebensstiltypologien einordnen wie andere Segmente auch. Es gibt einige qualitative und quantitative Veränderungen, aber es gibt *kein neues Phänomen.*

2. Das *Umwelt*bewußtsein, derzeit Thema Nr. 1, ist eine *aktuelle Wertewelle*, die von anderen Wellen abgelöst werden wird.

3. Die starken Veränderungen im *Freizeit*bereich sind nicht mit Wertewandel gleichzusetzen. Grundlage ist die akute sozioökonomische und technologische Entwicklung. Ob und welche Grundwerte davon beeinflußt werden, bleibt zu beobachten.

4. *Demographische* und *technologische* Faktoren überlagern die Wertedynamik so stark, daß man sie zumindest mit den Werten zusammen beachten muß. Im Zweifel gehen diese Faktoren vor.

Die Grundwerte der Konsumenten (und der Unternehmer) sind zwar bedeutsam für das Handelsmarketing. Allein schon die *Diskussion* um den Wertewandel hat der Wirtschaft genügend zugesetzt. Sicher falsch ist es aber, immer nur eine passive und defensive Haltung einzunehmen.

Es gibt eine interessante junge Theorie des Meinungs- und Wertewandels, nämlich die Theorie des *agenda setting*, das heißt des *Thematisierens* (vgl. Kroeber-Riel 1984, S. 587 ff.). Danach kommen die Wellen der öffentlichen Meinung nicht so sehr aus den sachlichen Entwicklungen, auch nicht immer von den sachlich kompetenten Meinungsführern. Sie werden vielmehr in ungeahnt starkem Maße über die Massenmedien beeinflußt, und zwar durch Personen, die die Themenauswahl der öffentlichen Diskussion bestimmen: Bestimmte Redakteure, Öffentlichkeitsarbeiter der Wirtschaft, Politiker, Prominente. Daraus kann man lernen, wie eminent wichtig professionelle, u.U. kooperative Öffentlichkeitsarbeit ist.

Die zweite Konsequenz für den Wandel heißt *beobachten statt orakeln*. Man sollte sich nicht so sehr auf veröffentlichte Werteprognosen einstellen und daraus Strategien für Sortimente, Zielgruppen, Standorte machen. Dazu wird Wertewandel zu spät erkannt und viel zu unsicher vorhergesagt. Aber man sollte mögliche aktuelle Wertebewegungen zusammen mit den anderen strategischen Signalen der Märkte sorgfältig beobachten und auswerten. Damit ist der einzelne Fachhändler natürlich überfordert, aber nicht ein Verband. Zum Beispiel kann jährlich oder öfter eine systematische Auswertung aller potentiell die Branche tangierenden Informationen vom Verband durchgeführt und den Mitgliedern als Frühwarninformation angeboten werden. Die *Chancen des Fachhandels* durch Marketingintelligenz sind konkret:

- Verbesserte Position gegenüber der Industrie;
- Flexiblere und geschicktere Segmentierungs- und Nischenpolitik, als es den großflächigen und niedrigpreisigen Betriebsformen möglich ist;
- Bessere Beherrschung des leistungsbezogenen Wettbewerbsinstrumentariums.

Das setzt aber voraus, daß die Organisationen des Fachhandels kräftig *in die strategische Marketingforschung investieren* - nicht zuletzt auch in die Erforschung der Lebensstile der Zielgruppen. Es ist besser, die Wetterkarte genau zu kennen als nur die Bauernregeln.

ZUSAMMENFASSUNG

Der Beitrag untersucht, inwieweit der sogenannte Wertewandel in Deutschland eingetreten ist und welche Auswirkungen dies auf das Handelsmarketing hat. Dazu wird der Wertewandel theoretisch und meßmethodisch konkretisiert und seiner politischen Interessen entkleidet. Das Ergebnis ist ein pragmatisches Konzept der Messung von sich wandelnden Lebensstilen und ihrer Berücksichtigung im strategischen Handelsmarketing.

LITERATUR

Banning, T. E. (1985): Lebensstilorientierte Marketing-Theorie. Diss. Dortmund 1985

Dahlhoff, H. D. (1985): Wertewandel als Ausgangspunkt für praktische Kommunikationsarbeit. FfH-Mitteilungen 26 (1985), 1, S. 1-8

Gruner + Jahr Verlag (Hrsg) (1981): Lebensziele - Potentiale und Trends alternativen Verhaltens. Hamburg 1981

Hildebrandt, L.; Schuster, H. (1984): Wertemessung in der Marktforschung. FfH-Mitteilungen 25 (1984), 12, S. 1-7

Hofebauer, A. (1984): Konsumgüter-Marketing im Zeichen veränderter Marktstrukturen. In: Deutsche Unilever GmbH (Hrsg.), gleicher Titel. Hamburg 1984, S. 9-22

Inglehart, R. (1979): Wertewandel in den westlichen Gesellschaften: Politische Konsequenzen von materialistischen und postmaterialistischen Prioritäten. In: Klages, H.; Kmieciak, P.: Wertewandel und gesellschaftlicher Wandel. Frankfurt, New York 1979

Jagodzinski, W. (1984): Die zu stille Revolution. In: Stiksrud, A. (Hrsg): Jugend und Werte. Berlin (FU) 1984

Kondratieff, N. D. (1926): Die langen Wellen der Konjunktur. Archiv für Sozialwissenschaft und Sozialpolitik. 56 (1926), 3, S. 573-609

Kroeber-Riel, W. (1984): Konsumentenverhalten. 3. neu bearbeitete Aufl. München 1984

Lürzer, C.; Burnett, L. (Hrsg) (1985): Life Style Research 1985, unveröffentlichte Broschüre. Frankfurt 1985

Müller-Lenz, P. (1985): Pro Indianer ein Häuptling? Absatzwirtschaft 1o/1985, S. 178-185

Raffée, H.; Wiedmann, P. (1983): Das gesellschaftliche Bewußtsein in der Bundesrepublik und seine Bedeutung für das Marketing. In: Gruner + Jahr Verlag (Hrsg): Dialoge. Hamburg 1983

Thieme, U.; Richter, P. (1984): Der Wertewandel - Auswirkungen auf den Konsumbereich und Reaktionsmöglichkeiten des Handels. FfH-Mitteilungen 25 (1984), 8/9, S. 1-5, 1O, S. 1-7

Tietz, B. (1982): Die Wertedynamik der Konsumenten und Unternehmer in ihren Konsequenzen auf das Marketing. Marketing ZFP 4 (1982), S. 91-1O2

Tietz, B. (1985): Opp-price Stores and Factory Outlets. Neue Betriebstypen in den USA. Marketing ZFP 7 (1985), S. 77-84

Trommsdorff, V. (1984): Der Handel im Wertewandel - Wunschdenken oder Managementfakten ? FfH-Mitteilungen 25 (1984), 1O, S. 7-9

Die Auswirkungen des technischen Entwicklungsprozesses auf den Handel im Investitionsgüterbereich

Karl-Heinz Strothmann; Mario Kliche, Berlin

EINLEITUNG

Im Investitionsgüterbereich dominiert ganz eindeutig der Direktvertrieb (vgl. zum Begriff Direktvertrieb bzw. indirekter Vertrieb: Backhaus 1982, S. 289 ff.; Keller 1975, S. 10 ff.). Dies dürfte auch in Zukunft in den meisten Branchen der Investitionsgüterindustrie der Fall sein. Der zentrale Grund für die große Verbreitung dieses Vertriebssystems ist in dem Tatbestand der hohen Erklärungsbedürftigkeit der meisten Investitionsgüter zu sehen. Daraus wird die Überzeugung abgeleitet, daß es nur in unmittelbarer personaler Kommunikation zwischen Fachleuten der Anbieter- und Abnehmerseite möglich ist, eine völlige Klarstellung des Produktangebots herbeizuführen (vgl. hierzu die Möglichkeiten des persönlichen Verkaufsgesprächs: Strothmann 1986). Davon ausgehend sind die meisten Hersteller von Investitionsgütern bestrebt, fest angestellte Verkäufer mit hinreichendem technischen Sachverstand einzusetzen, die verkaufspolitisch in die Abnehmerbetriebe hineinwirken und vor Ort die erforderliche Aufgabe der Produkterläuterung wahrnehmen.

Trotz dieser Bedeutung des Direktvertriebs lassen sich recht zahlreiche Investitionsgüter-Branchen identifizieren, in denen der Absatz über Handelsbetriebe erfolgt. Keineswegs handelt es sich dabei um Investitionsgüterbereiche, die einen problemfreien Vertrieb wenig erklärungsbedürftiger Erzeugnisse vorzunehmen haben, wie es etwa bei Werkstoffen oder einfacheren Zulieferteilen der Fall ist. Auch Produzenten eines hochtechnisierten Erzeugnisses vertreiben nicht selten über den Handel. Beispiele dafür sind der Werkzeugmaschinenbau und spezielle Hersteller der Büromaschinenbranche.

Über die vergangenen Jahrzehnte hinweg schienen diese Verhältnisse klargestellt. Es konnte davon ausgegangen werden, daß die Hersteller des Investitionsgüterbereichs auf ihren Vertriebsweg festgelegt waren, nachdem sie über die Alternative indirekter oder direkter Vertrieb anscheinend endgültig befunden hatten. Diese recht starren Verhältnisse wurden erst in Frage gestellt, als der Marketing-Gedanke auch in die Investitionsgüterindustrie Einzug nahm. Die damit gekennzeichnete Entwicklung war nicht unbedingt zum Vorteil des in den Investitionsgütervertrieb eingeschalteten Handels. Vielfach kamen die Hersteller im Zuge dieser Entwicklung zu der Erkenntnis, daß ein auf den Letzt-

Handelsforschung 1986
Hrsg. Volker Trommsdorff

abnehmer auszurichtendes Marketing durch eine zwischengeschaltete Handelsstufe behindert wurde. Dies hat in manchen Fällen auch bei bislang handelstreuen Herstellern eine Hinwendung zum Direktvertrieb verursacht.

Gegenwärtig sind Tendenzen erkennbar, den umgekehrten Weg einzuschlagen, nämlich den Handel als Partner im Investitionsgüterabsatz zu gewinnen. Wenn derartige Bestrebungen auch von großen marketingintensiven Herstellern mit einem gut funktionierenden Direktvertrieb ausgehen, ist die Frage nach den Hintergründen zu stellen. Da der Handel offenkundig von besonders innovationsträchtigen Herstellern umworben und schon jetzt in den Absatz innovativer Erzeugnisse eingeschaltet wird, ist der gegenwärtig verlaufende technische Entwicklungsprozeß als zentrale Ursache für eine im Entstehen begriffene Renaissance des Investitionsgüter-Handels zu erkennen. Davon ausgehend erscheint es lohnenswert, die wesentlichen Charakteristika technologischer Prozesse herauszuarbeiten und deren Auswirkung auf die Vertriebssysteme der Hersteller, insbesondere auf den Investitionsgüter-Handel zu untersuchen.

1. MERKMALE DES TECHNISCHEN ENTWICKLUNGSPROZESSES

1.1 TENDENZEN ZUNEHMENDER ERZEUGNIS-KOMPLEXITÄT

Mit der Mikroelektronik ist eine Basistechnologie entstanden, die im Zuge ihrer industriellen Anwendung zu einer ständig wachsenden technischen Komplexität von Systemen, Anlagen und Maschinen führt (zu den technologischen Grundlagen der Mikroelektronik vgl. Fotilas 1983, S. 15 ff.). Aus Marketingsicht ist der Begriff der technischen Komplexität vornehmlich vom Standort der Abnehmer zu deuten. Sieht man als das wesentliche Ergebnis der Mikroelektronik-Anwendung eine neue Generation funktionsgewährleistender Bauelemente, dann sind mit diesen Komponenten neue Anlagen- und Maschinen-Bestandteile entstanden, die sich dem Beurteilungsvermögen einkaufsentscheidender Fachleute in Abnehmerbetrieben weitgehend entziehen. Dies hängt zweifellos mit Verständnisschwierigkeiten von Maschinenbau-Ingenieuren und traditionell ausgebildeten Elektro-Ingenieuren gegenüber der Basistechnologie Mikroelektronik zusammen. Noch größere Beurteilungsprobleme haben kaufmännisch ausgebildete Investitionsentscheider, wenn sie unter dem Bemühen stehen, auf derartigen Technologien beruhende Investitionsobjekte zu werten. Angesichts dieser abnehmerseitig auftretenden Schwierigkeiten ist die Komplexität von Investitionsgütern als Beurteilungsproblem zu sehen, das in Entscheidungssituationen auftritt.

Die Komplexität als Verständnisproblem erhält eine größere Tragweite dadurch, daß die Mikroelektronik immer umfassendere Systeme ermöglicht. Dies führt zur Verknüpfung von bislang isoliert operierenden Maschinen und Anlagen. Als Beispiel dafür können flexible Fertigungszellen und -systeme angeführt werden, die die Funktion mehrerer Werkzeugmaschinen übernehmen. Analoge Entwicklungen sind auf dem Gebiet der Büro-Kommunikationstechnik zu verzeichnen. Hier werden Büromaschinen und Kommunikationsgeräte mit bisher unterschiedlicher Funktion in einem geschlossenen System zur Integration gebracht.

In diesem Zusammenhang darf auf den Hinweis nicht verzichtet werden, daß die auf Mikroelektronik basierenden Systeme und Anlagen gravierende Veränderungen innerhalb der Abnehmerbetriebe auslösen. Bei einer auf sie gerichteten Investition sind die bisherigen betrieblichen Abläufe in Frage zu stellen; auch die Unternehmensorganisation wird tangiert. Darüber hinaus ergeben sich Auswirkungen auf den Personalbestand. Hier sind vor allem Veränderungen der Qualifikationsanforderungen an die in Systemnähe arbeitenden Mitarbeiter zu erwarten (vgl. Simon 1984, S. 265 ff.; Strebel, u.a. 1982, S. 11 f.). Dies alles ist bei innovativen Investitionsentscheidungen zu berücksichtigen. Damit stehen die Anbieter mit zur Beurteilung. Sie sind unter dem Aspekt zu werten, inwieweit sie optimale Zusatzleistungen erbringen, die dem Abnehmer die Bewältigung derartiger Investitionsfolgen erleichtern.

1.2 MÖGLICHKEITEN DER ERZEUGNIS-MINIATURISIERUNG

Das auffälligste Merkmal des gegenwärtig verlaufenden technischen Entwicklungsprozesses ist in der Möglichkeit zu sehen, die Produkte durch den Einsatz mikroelektronischer Bauelemente permanent zu verkleinern. Dieser Miniaturisierungs-Prozeß, der letztlich auf der drastisch steigenden Informations-Integrationsdichte in Mikrochips und Mikroprozessoren beruht, führt nun keineswegs zu einer Einengung herkömmlicher Produkt-Funktionen; es ist vielmehr eine zunehmende Ausweitung von Produkt-Funktionen und -Applikationen zu erkennen.

Mit diesem fortschreitenden technologischen Wandel geht eine ebenso rasant verlaufende Verbilligung der Produkte einher. Sie hat ihre Ursachen in immer perfekteren Verfahren zur Herstellung von Mikrochips, die bei optimaler Auslegung einer Großserienfertigung eine ständige Senkung der ursprünglich sehr hohen Ausschußquoten ermöglichen.

Die aufgezeigten Entwicklungen können nicht als abgeschlossen gelten. Sie werden vielmehr eine Verstärkung durch den Mega-Bit-Chip erfahren, mit dem neue, noch nicht übersehbare Chancen zur Verstärkung der angesprochenen Trends gegeben sind.

Als Beispiel für den gezeichneten technologischen Wandel läßt sich die Groß-EDV anführen, die in weiten Bereichen durch vielfach kleinere Personal-Computer ersetzt werden kann. Ebenso steht dafür das moderne Komfort-Telefon, das gegenüber herkömmlichen Telefonapparaten vielfache Möglichkeiten der Kommunikations-Erweiterung und -Erleichterung aufweist. Die Reihe der Belege für deutlich verbilligte und mit größerer Funktionsvielfalt ausgestattete Produkte ließe sich beliebig fortsetzen.

An dieser Stelle ist die Miniaturisierung und Verbilligung von Produkten, Anlagen und Systemen insoweit interessant, als neue Anwendergruppen in den Stand versetzt werden, diese Produkte einzusetzen. Was in früheren Jahrzehnten nur von finanzstarken Großabnehmern zur Anwendung gebracht werden konnte, ist heute auch für kleinere Abnehmer erschwinglich geworden. Kleine und mittlere Unternehmen sowohl des produzierenden als auch des Dienstleistungsgewerbes sind zunehmend zu interessierten potentiellen Abnehmern hochkomplexer Technologien geworden. Sie haben die Möglichkeit, eine prozeßautomatisierte Fertigung ebenso zu installieren wie moderne Verfahren der Bürokommunikationstechnik in ihrer Verwaltung.

Dabei ist zu berücksichtigen, daß kleine und mittlere Betriebe die überwältigende Mehrheit in einer Volkswirtschaft darstellen. Wenn sie als potentielle Abnehmerkreise für neue Technologien in Betracht kommen, dann sind für das Marketing der Hersteller Konsequenzen zu ziehen. Davon wird auch das Verhältnis von Direktvertrieb zum indirekten Vertrieb unter Einschaltung des Handels berührt. Die hiermit zusammenhängenden Fragen werden an späterer Stelle aufgegriffen.

1.3 BESCHLEUNIGUNG DES INNOVATIONSGESCHEHENS

Die fortschreitende Anwendung der Mikroelektronik in nahezu allen Wirtschaftsbereichen (vgl. Knetsch/Kliche 1986) hat nicht nur zu einer erhöhten technischen Komplexität und zur Miniaturisierung der erzeugten Güter beigetragen, sondern darüber hinaus führen die in der Mikroelektronik liegenden Möglichkeiten in immer kürzeren Zeitabständen zu neuen Produkten, insbesondere zu ständigen Verbesserungen herkömmlicher Erzeugnisse. Damit unterliegen technische Entwicklungsprozesse einem bisher nicht gekannten Beschleunigungseffekt.

Für die Abnehmer der auf Mikroelektronik basierenden Technologien ergeben sich daraus extreme Schwierigkeiten. Sie stehen bei Investitionsvorhaben vor der Frage, ob sie die Vielzahl der am Markt befindlichen Produktangebote hinreichend geprüft und in den Erwägungsprozeß einbezogen haben. Insbesondere stellt sich in Entscheidungssituationen das Problem der schnellen Veralterung am Markt befindlicher Techniken. Damit zusammenhängend ist die Schwierigkeit zu sehen, die Amortisationszeiträume für Maschinen und Anlagen abschätzen und tragfähige Investitionsrechnungen aufstellen zu können. Verunsichernd wirkt dabei die gegenwärtig zu machende Erfahrung, daß eine noch jetzt aktuelle Technik in kürzester Zeit als überholt gilt bzw. durch deutlich verbesserte Nachfolge-Techniken sehr schnell an Wert verliert.

Werden die Folgen des Einsatzes komplexer Technologien mit in Betracht gezogen, dann erweist sich die Problemlage potentieller Investoren als erdrückend. Sie stehen vor einer schnelleren Abfolge des Technologieaustausches und, was gravierender ist, vor einem dadurch ausgelösten Permanent-Anpassungsprozeß ihres Unternehmens an technik-ausgelöste Bedingungen.

Damit sind Investitions-Barrieren gezeichnet, die auf den ersten Blick unüberwindlich erscheinen. Sicherlich ist in diesen Hemmnissen eine Ursache dafür zu sehen, daß die Verkaufsprognosen mancher Anbieter innovativer Technologien nicht aufgegangen sind. Ein Beispiel dafür sind die CAD/CAM-Systeme, die sich sehr viel zögerlicher durchsetzen als allgemein erwartet. Es erweist sich auf nahezu allen Gebieten neuer komplexer Technologien, daß die Einsatzbereitschaft der Abnehmer mit der Produktentwicklungsgeschwindigkeit auf der Anbieterseite nicht Schritt hält.

Sieht man die abnehmerseitig zu verzeichnende Verunsicherung als eine Folge mangelnder Information über Verlauf und Richtung des technischen Entwicklungsprozesses, dann stellt sich die Frage nach der richtigen Informationspolitik der Anbieter. In diesem Zusammenhang bedarf es der Klärung, ob das im Investitionsgüterbereich verbreitete Direkt-Vertriebssystem noch als tragfähige Lösung angesehen werden kann. Diese Aufgabe erhält eine höhere Priorität, wenn die Vielzahl der kleinen und mittleren Unternehmen in ihrer Rolle als potentielle Abnehmer in die Betrachtung einbezogen wird. Es ist gegenwärtig noch nicht klargestellt, ob im Direktvertrieb eine so intensive Informationspolitik, wie sie durch neue Technologien abverlangt wird, gegenüber einer großen Zahl von Abnehmern betrieben werden kann.

1.4 FOLGEN FÜR DAS INNOVATIONSMARKETING

Grundsätzlich ist aus der vorstehenden Betrachtung zu folgern, daß beim Umgang mit neuen Technologien das bislang verfolgte Investitionsgütermarketing in Richtung eines Innovationsmarketing zu modifizieren ist. Im Kern bedeutet dies, daß die Charakteristika des technischen Entwicklungsprozesses und die daraus resultierenden Folgen für die Abnehmer innovativer Technologien bei dem Entwurf dieses Innovationsmarketing zu berücksichtigen sind. Dabei ist auch die Frage nach dem Primat des Direktvertriebs aufzuwerfen. In diesem Zusammenhang ist zu untersuchen, ob und inwieweit der Handel in ein neues Marketinggeschehen einbezogen werden kann. Dies dürfte nicht zuletzt von der Verfassung des Handels abhängen, insbesondere von seinem in ihm angelegten Potential, innovative komplexe Technologien zu vermarkten.

Im einzelnen sind dabei folgende Probleme zu sehen:
Die Tendenz zu höherer Erzeugnis-Komplexität bedeutet, wie bereits erwähnt, einen zunehmenden Erklärungsaufwand, der den Herstellern dieser Technologien abverlangt wird. Mit Blick auf den in Betracht kommenden Handel für Investitionsgüter stellt sich die Frage, inwieweit das dort tätige Personal eine hinreichende fachliche Qualifikation besitzt, die Voraussetzung für eine erfolgversprechende Einbindung von Handelsbetrieben in das Vertriebsgeschehen ist. Des weiteren sind die Bereitschaften des Handels auszuloten, auch auf dem Gebiet der Organisationsberatung tätig zu werden, damit eine reibungslose Einführung neuer Technologien in die Unternehmen der Abnehmerseite gewährleistet werden kann. Das gleiche gilt für die Übernahme von Service- und Ersatzteildienst.

Die Aufgabe der Bewältigung eines drastisch gestiegenen Erklärungsaufwandes gilt verstärkt, wenn es um den zitierten Bereich der kleinen und mittleren Betriebe geht. Ihre informatorischen Anforderungen sind dabei als ebenso hoch einzuschätzen wie die der bislang nahezu ausschließlich belieferten Großunternehmen.

Ein Innovationsmarketing hat den dargelegten Gegebenheiten eines extrem beschleunigten technischen Entwicklungsprozesses Rechnung zu tragen. Dies diktiert aus den bereits dargestellten Gründen die Notwendigkeit, den Abnehmer kompetent über den gegenwärtigen Stand technischer Entwicklungen zu informieren, ihn bei der für eine Investitionsrechnung erforderlichen Prämissenbestimmung zu unterstützen und ihm - soweit übersehbar - die künftigen Entwicklungstendenzen zu verdeutlichen.

Insgesamt beurteilt, bedeutet dies gravierende Veränderungen auf dem Gebiet der Kommunikationspolitik des Investitionsgütermarketing (vgl. hierzu auch: Strothmann u.a. 1981, S. 24 ff.). Alles deutet darauf hin, daß der einzelne Verkaufsakt von einer Informationspolitik begleitet werden muß, die nicht nur einen völlig neuen Inhalt, sondern auch bislang ungekannte Intensitäten aufweist. Der Handel kann in diesen vom Innovationsmarketing geprägten Geschehen nur dann seinen Platz einnehmen, wenn er sich an diesen neuen Anforderungsdimensionen messen läßt. Es wird im folgenden zu prüfen sein, ob und inwieweit der Handel die geforderten Leistungen erfüllen kann.

2. ZUR GEGENWÄRTIGEN SITUATION DES HANDELS IM INVESTITIONSGÜTERBEREICH

2.1 DOMINANZ DES DIREKTVERTRIEBS

Wie bereits einleitend dargelegt, ist der Direktvertrieb das Vertriebssystem, das in der Investitionsgüterindustrie in größter Verbreitung anzutreffen ist. Die Ursachen dafür sind vielfältiger Natur. Zunächst sind die Bereiche der Investitionsgüterindustrie zu sehen, die über keine Alternative zum Direktvertrieb verfügen, weil eine für sie geeignete Handelssparte nicht existiert. Des weiteren sind jene Ursachen für das Festhalten am Direktvertrieb zu sehen, die von marketingkonzeptionellen Erwägungen bestimmt sind.

So scheint es aufgrund der größeren Weisungsgebundenheit eines Direktvertriebsnetzes leichter, konzeptionsgebundene Maßnahmen innerhalb einer Vertreterorganisation durchzusetzen. Damit ist eher zu gewährleisten, daß der Abnehmer in stringenter Weise unter die Einwirkung von Marketingmaßnahmen gesetzt wird, die den Marketingzielen der Anbieter entsprechen. Hiermit zusammenhängend ist auf verbesserte Möglichkeiten zur Gestaltung eines optimalen Marketing-Mix zu verweisen. Insbesondere fest angestellte, zu einem Direktvertriebssystem gehörige Vertreter sind koordinierbar, d.h. auf Argumentationsrichtungen festlegbar, die den über andere Marketinginstrumente vermittelten Aussagen nicht widersprechen.

Entscheidend ist dabei auch die geringere Schwierigkeit, Vertreter einer Direktvertriebs-Organisation mit der hinreichenden fachlichen Kompetenz auszustatten, die eine umfassende Information und Beratung des Abnehmers garantiert. Fest angestellte Verteter sind eher in entsprechende Verkäuferschulungen einzubeziehen als freie Handelsvertreter oder angestellte Vertreter kooperierender Handelsbetriebe.

Die Zusammenarbeit mit freien Handelsvertretern wird oft dem Direktvertriebssystem gleichgesetzt. Insbesondere kleine und mittlere Unternehmen arbeiten häufig mit freien Handelsvertretern zusammen, um in den Vorteil einer geringeren Fixkostenbelastung zu kommen.

Inwieweit in derartigen Fällen vom Direktvertrieb gesprochen werden kann, hängt davon ab, ob die Vertreter zumindest bedingt weisungsgebunden sind. Ist dies in Grenzen der Fall, dann kann davon ausgegangen werden, daß die Vorteile des Direktvertriebs zum Tragen gebracht werden können; d.h. nach der vorstehenden Betrachtung vornehmlich, daß ein konzeptionsgebundenes Marketing innerhalb der Vertreterorganisation durchsetzbar ist.

Eindeutig als Direktvertrieb müssen die Niederlassungssysteme größerer Investitionsgüterhersteller verstanden werden. Beeinträchtigungen in der Gewährleistung des von der Zentrale geplanten und praktizierten Marketing sind nicht zu erwarten, weil die Niederlassungsleiter dem Management ihrer Firma zuzurechnen sind. Alle in der Niederlassung tätigen Verkäufer und Berater haben in der Regel feste Anstellungsverträge mit der jeweiligen Zentrale.

Wie dargelegt, spricht der Marketing-Gedanke relativ eindeutig für den Direktvertrieb. Weshalb dennoch Bereiche feststellbar sind, in denen der Handel seine feste, traditionell begründete Position einnimmt, wird im folgenden dargestellt.

2.2 DER HANDEL ALS ALTERNATIVE ZUR FLÄCHENDECKUNG

Unter der Zielsetzung, flächendeckend verkaufspolitisch zu operieren, ist der Handel im Investitionsgüterbereich als eine echte Alternative zum Direktvertrieb zu sehen. Es ist davon auszugehen, daß ein Direktvertriebssystem eine sehr große Zahl fest angestellter Verkäufer und damit eine hohe, meist nicht tragbare Fixkostenbelastung bedeutet. Um insbesondere dem Nachteil hoher Fixkosten zu entgehen, wird unter dem Bestreben, eine flächendeckende verkaufspolitische Präsenz zu erreichen, oftmals dem Vertrieb über den vor Ort ansässigen Handel der Vorzug gegeben. Dies ist insbesondere für diejenigen Hersteller möglich, die nicht erklärungsbedürftige Erzeugnisse vertreiben.

Als typisches Beispiel für einen handels-geeigneten Bereich ist die stahlerzeugende Industrie anzuführen. Die Abnehmerschaft von Stahlerzeugnissen setzt sich aus einer Vielzahl von Unternehmen unterschiedlicher Größe zusammen. Insbesondere stahlverarbeitende Handwerksbetriebe gehören zu den ständigen Kunden. Diese Abnehmerschaft weist eine Verteilung über die Bundesrepublik auf, die der Bevölkerungsverteilung annähernd entspricht. Damit ist für den Hersteller der Zwang zu sehen, das gesamte Verkaufsgebiet - in diesem Fall die Bundesrepublik - mit einer diesen Verhältnissen entsprechenden Vertriebsorganisation zu bearbeiten.

Der damit angesprochene Stahlhandel hat aus den dargelegten

Gründen Tradition; er wird auch in Zukunft nicht an Bedeutung verlieren. Dies gilt umso mehr, als Stahl und Stahlerzeugnisse Produkte darstellen, die zum fertigungssynchronen Bedarf der Abnehmer gehören. Zur Sicherstellung dieses vom Fertigungsprozeß der Kunden determinierten Bedarfs ist vom Hersteller zu gewährleisten, daß eine schnelle und fristgerechte Lieferung erfolgt. Damit ist das Erfordernis verbunden, Lagerhaltung in Kundennähe zu betreiben. Insbesondere durch diesen Zwang zu einer umfangreichen Lagerhaltung erfährt der Vertrieb über einen Handel mit hinreichender Lagerkapazität seine besondere Rechtfertigung. Es würde die Möglichkeiten der meisten Stahlwerke weit übersteigen, in Ergänzung eines Direktvertriebssystems eigene Läger mit einer der Kundenstreuung adäquaten Verbreitung zu unterhalten.

Diese Betrachtung wird auch nicht durch die von den großen Stahlkonzernen geschaffenen Verhältnisse gestört. Unter dem Bemühen um eine weisungsgebundene Vertriebsorganisation sind von großen Produzenten Handelsorganisationen aufgekauft worden, die den Charakter eines firmeneigenen Niederlassungssystems erhalten. Andere Hersteller haben unter gleicher Zielsetzung ein ähnliches Handelssystem selbst aufgebaut. Derartige Lösungen sind nur unter der Voraussetzung einer mit der Unternehmensgröße einhergehenden Kapitalkraft möglich.

Das vorstehend gezeichnete Bild wird durch diese Bemühungen nicht in Frage gestellt. Trotz anderer rechtlicher Bezüge bleiben die Verhältnisse eines Vertriebs über den Stahlhandel aufrechterhalten. Im übrigen steht dieses Beispiel für manchen Rohstoffbereich, in dem eine breit gestreute Kundschaft regelmäßig fertigungssynchron beliefert werden muß. Zu denken ist dabei an den Baustoff- oder den Schmieröl-Vertrieb.

2.3 HANDELSBEDEUTUNG IN AUSWIRKUNG VON SERVICEINTENSITÄT

Weitere Gebiete, auf denen der Handel im Investitionsgüterbereich traditionell eine große Rolle spielt, sind der Vertrieb von LKW's, Landmaschinen und Baumaschinen. Alle diese Erzeugnisse müssen an eine zahlenmäßig große, über ein Verkaufsgebiet breit streuende Kundschaft verkauft werden. Für die Hersteller ergibt sich damit der Zwang, ein flächendeckendes Vertriebssystem zu praktizieren. Es gilt das unter 2.2 Gesagte.

Unabhängig davon verdankt der Handel in den angesprochenen Bereichen seinen Fortbestand einem anderen wichtigen Grund. Bei den angeführten Erzeugnissen ist von allen Herstellern eine hohe Serviceintensität zu gewährleisten. Damit ergibt sich das produkt-bedingte Erfordernis, in Kundennähe Werkstätten und Ersatzteillager zu unterhalten. Es braucht nicht darauf hingewiesen zu werden, daß im Interesse eines reibungslosen Permanent-Einsatzes der verkauften Objekte im Abnehmerbetrieb ein schnell reagierender und funktionierender Werkstattdienst herausgefordert ist.

Dieser Aufgabe des möglichst kundennahen perfekten Reparatur- und Ersatzteildienstes haben sich die Händler auf den zitierten

Gebieten gestellt. Es ist kaum denkbar, daß hier eine Substitution des Vertriebs über den Handel durch den Direktvertrieb erfolgen könnte. Auch große Hersteller sind angesichts des erforderlichen Kapitalaufwandes für Werkstatteinrichtung und -ausstattung sowie aus Gründen der erforderlichen Lagerhaltung vor Ort als überfordert anzusehen. Anzumerken bleibt, daß der Handel über Jahre hinweg innerhalb seiner Region enge persönliche Beziehungen aufbauen konnte, die bei einer Umstellung auf ein anderes Vertriebssystem abhanden kämen.

2.4 ABKEHR VOM HANDELSVERTRIEB IN ABHÄNGIGKEIT VOM TECHNISCHEN ENTWICKLUNGSPROZESS

Im Zuge der fortschreitenden technischen Entwicklung kam es bei Investitionsgüter-Produzenten, die an sich als handelstreu galten, zu einem Überdenken der zum Handel bestehenden Beziehungen. So diktierte nun nicht mehr allein der Marketing-Gedanke eine Hinwendung zum Direktvertrieb mit fest angestellten Vertretern, vielmehr wurden die komplexer werdenden Produkte aus den bereits dargelegten Gründen jetzt so erklärungsbedürftig, daß sie die Kompetenz des Handels zu überfordern begannen. Das Ergebnis der auf das Vertriebssystem gerichteten Überlegungen war oftmals ein Kompromiß, der in der weiteren Aufrechterhaltung des bis dahin geübten Handelsvertriebs und im Neuaufbau einer Vertreterorganisation bestand. Dieses Nebeneinander von zwei recht unterschiedlichen Vertriebssystemen führte zu Konflikten. Ein Rivalisieren beider Systeme war insbesondere dann nicht auszuschließen, wenn es nicht zu einer klaren Abgrenzung von zu bearbeitenden Regionen, Wirtschaftsbereichen und Aufgabenfeldern kam. Insbesondere die Verprovisionierung von Aufträgen, an denen beide, Vertreter und Handel, beteiligt waren, löste Ärgernis aus.

Zwei Beispiele verdeutlichen diese Entwicklung. Als erstes sei der Büromaschinenbereich angesprochen. Schreibmaschinen werden nicht nur in Unternehmen der verschiedensten Art, sondern auch in privaten Haushalten eingesetzt. Schon um den Privatanteil im Umsatz zu sichern, ist der Vertrieb über den Büromaschinen-Fachhandel unerläßlich. Mit zunehmender Bedeutung der Entwicklung zu Schreibsystemen und speicherfähigen Schreibautomaten wurde die Frage drängender, inwieweit der Handel die Befähigung besitzt, derartige höherwertige Produkte vertriebspolitisch zu betreuen. Wurde die Lösung in der Einrichtung eines fest angestellten Vertreter- und Beraterstabes gesucht, dann erschien der Handelsumsatz mit einfacheren Schreibmaschinen gefährdet. Der Handel geriet unter die Erkenntnis einer nicht mehr gegebenen Handelstreue der Hersteller.

Diese Tendenzen zur parallelen Nutzung zweier Vertriebssysteme entstanden in den 60er bzw. 70er Jahren. Sie betrafen auch - und das ist das zweite Beispiel - den sehr beratungsintensiven Bereich der Büromöbel. Büromöbel werden teilweise als Einzelobjekt verkauft oder in gleichartiger Ausführung in größeren Stückzahlen an denselben Kunden. Hier liegt eindeutig eine Domäne des Bürofachhandels. Anders sind die Verhältnisse, wenn es um Objektgeschäfte geht, d.h. um die Erstausstattung größerer Gebäudekomplexe. In diesen Fällen ist der Produktverkauf oftmals mit einer innenarchitektonischen Beratung zu verbinden. Eben diese Objektgeschäfte leiteten die Hersteller, eine analoge Betrachtung anzustellen wie die Produzenten von Schreibmaschinen. Im Ergebnis zeigte sich eine Dominanz des Direktvertriebs auf Kosten des langjährig von den Herstellern präferierten Handelssystems.

Seit Anfang der 80er Jahre ist ein gegenläufiges Bestreben der Hersteller zu erkennen. Inzwischen hat sich die Entwicklung zu noch komplexeren, aber miniaturisierten und damit verbilligten Systemen für die Bürokommunikation ergeben. Darauf wurde bereits eingegangen. Dieses Ergebnis technischer Entwicklung zwingt die Hersteller, neue Kundenkreise in die absatzpolitische Betrachtung einzubeziehen. Insbesondere kleine und mittlere Unternehmen kommen zunehmend als Anwender bürotechnischer Systeme in Betracht. Die Vielzahl und breite Streuung dieser Kunden über das Absatzgebiet erzeugen einen Zwang zu flächendeckenden Vertriebssystemen. Die dadurch herausgeforderten Investitionen und Fixkostenbelastungen machen es erforderlich, das stark gewachsene Direktvertriebssystem zu überdenken und den Handel unter neuen Vorzeichen in die Betrachtung einzubeziehen.

2.5 SCHWIERIGKEITEN KLEINER UND MITTLERER UNTERNEHMEN

Insbesondere für kleine und mittlere Unternehmen sind große Probleme zu sehen, wenn sie auf ein vom Standpunkt des Marketing "richtiges" Vertriebssystem hinarbeiten und dieses zu realisieren suchen (vgl. Strothmann u.a. 1984, S. 18 f.). Das gilt vornehmlich für Unternehmen, die angesichts der universellen Einsetzbarkeit ihrer Produkte eine flächendeckende Verkaufsorganisation benötigen. Ist im Produktzusammenhang eine hohe Serviceintensität zu erbringen, dann geraten kleine und mittlere Unternehmen meistens an die Grenze ihrer Möglichkeiten. Zumindest ist zu vermuten, daß sie dem Wettbewerb großer Hersteller mit einem optimal ausgelegten Vertriebssystem nicht standhalten können.

Dies ist zu bedenken, wenn speziell Gründerunternehmen die Entwicklung von Produkten nahegelegt wird, für die im konkreten Vertriebsgeschehen ein hoher Beratungs- und Serviceaufwand flächendeckend erbracht werden muß. In günstigerer Position sind demgegenüber neu gegründete Unternehmen, die ein sehr eingeengtes Marktsegment vertriebspolitisch zu bearbeiten haben, wie es bei speziell einsetzbaren, für bestimmte Branchen entwickelte Produkte der Fall ist.

Es braucht nach dem zuvor Dargelegten an dieser Stelle nicht vertieft zu werden, daß kleine und mittlere Unternehmen nur in Ausnahmefällen in der Lage sein werden, die Mittel bereitzustellen, die für den Aufbau einer flächendeckenden Verkaufs- und Serviceorganisation erforderlich sind. Auch aufgrund relativ kleiner Produktionsmengen werden die mit einer eigenen Vertriebsorganisation entstehenden Fixkostenbelastungen unerträglich, schon weil die Menge der Kostenträger, also der zu verkaufenden Produkte, relativ klein sein wird.

Mit Blick auf diese hier zur Diskussion stehenden kleinen und mittleren Unternehmen lohnt sich die Frage, ob und inwieweit der Investitionsgüterhandel Entlastung bieten kann. Wird der Direktvertrieb über fest angestellte Vertreter aus Kapital- und Kostengründen ausgeschlossen, dann bleibt der Handel als die Alternative zum freien Handelsvertreter. Wird unterstellt, daß freie Handelsvertreter - soweit sie für den Verkauf komplexerer Investitionsgüter in Betracht kommen - bereits feste Bindungen mit größeren Herstellern eingegangen sind und damit eine Ergänzung bestehender Direktvertriebssysteme darstellen, dann engen sich die Möglichkeiten kleiner und mittlerer, speziell der Gründerunternehmen, erheblich ein. Schon daraus resultiert die Notwendigkeit, geeignete Sparten des Investitionsgüterhandels in die Betrachtung einzubeziehen.

Bei alledem ist auf den durch Mikroelektronik bedingten technischen Entwicklungsprozeß zu verweisen. Die Mikroelektronik hat den kleinen und mittleren Investitionsgüterunternehmen die Möglichkeit erschlossen, komplexere Produkt-Lösungen und damit erklärungsbedürftigere Erzeugnisse zu entwickeln. Sind diese Erzeugnisse für den breiten Einsatz in allen Wirtschaftsbereichen geeignet, wie es bei der Bürokommunikation der Fall ist, dann entstehen die vorstehend erörterten Probleme.

2.6 PROBLEME DER REAKTIVIERUNG DES HANDELS

In Anbetracht der offenkundigen Schwierigkeiten, marktadäquate Vertriebsorganisationen im Investitionsgüterbereich zu gewährleisten, stellt sich die Frage nach der Reaktivierbarkeit bestimmter Sparten des Handels. Dabei ist insbesondere den Auswirkungen des technischen Entwicklungsprozesses Rechnung zu tragen. Diese bescheren eine Problemfülle, der der Handel als Partner der Hersteller innerhalb eines neuen Vetriebssystems gerecht werden müßte.

Bei dem Versuch, die damit aufgeworfene Frage zu beantworten, ist zunächst zu sehen, daß das unmittelbare Vertriebsgeschehen vor Ort auf die Vertreter der Handelsfirmen verlagert wird. Es ist zu prüfen, inwieweit diese den durch neue Technologien entstehenden Qualifikationsanforderungen gerecht werden.

Ausgehend von der meistens zu fordernden Serviceaktivität, bedarf es der Klärung, welche Handelssparten einen qualifizierten Reparatur- und Ersatzteildienst übernehmen können.

Nicht zuletzt müssen die Hersteller, die auf den Handel setzen wollen, Gewähr dafür haben, daß das von ihnen geplante Marketing durch den Handel mitvollzogen wird. Dies bedeutet gleichzeitig Einbindung des Handels in das Herstellermarketing sowohl organisatorisch als auch inhaltlich. Gerade dieser Hinweis macht darauf aufmerksam, daß dem Handel von den mit ihm kooperierenden Herstellern ein gewisser Freiraum abverlangt wird, der nach herkömmlichem Verständnis dem Entscheidungs- und Kompetenzbereich eines selbständigen Unternehmers zuzurechnen ist. Das Bewußtsein der Selbständigkeit ist in Handelsunternehmen sicherlich stark ausgeprägt. Inwieweit sind angesichts dessen Bereitschaften zu verzeichnen, in einem Kooperationsverhältnis Beeinträchtigungen dieser Art in Kauf zu nehmen?

Anhand verschiedener Kriterien ist also zu prüfen, ob der Handel von Herstellern insbesondere innovativer Technologien für eine Entlastung evidenter Vertriebsprobleme gewonnen werden kann. Die Suche wird sich auf Handelssparten zu konzentrieren haben, die den vorstehenden Kriterien genügen, insbesondere jedoch die Flächenabdeckung antendierter Verkaufsgebiete ermöglichen, ohne daß allzu große regionale Lücken entstehen. Zweifellos ist damit eine schwierige Aufgabe angesprochen, deren Lösung sicherlich durch die Einsicht des Handels in die durch den technischen Entwicklungsprozeß ausgelösten Gegebenheiten und eine daraus resultierende Anpassungsbereitschaft erleichtert wird.

3. ANSÄTZE FÜR EIN KOOPERATIVES HANDELSMARKETING FÜR TECHNISCHE INNOVATIONEN

3.1 AUSWAHLPROBLEME DER HERSTELLER UNTER ZIELGRUPPENASPEKTEN

Will ein Investitionsgüter-Hersteller Handelsunternehmen als Vertriebspartner gewinnen, dann steht er vor dem zuvor genannten Problem, diejenige Handelssparte ausfindig zu machen, die seinen Abnehmerkreis optimal abdeckt. Hiermit ist ein mehrstufiger Auswahlprozeß angesprochen. Zunächst einmal gilt es, eine regionale Flächendeckung anzuvisieren. Damit ist eine Anzahl von Handelsbetrieben für die Zusammenarbeit zu gewinnen, die eine Bearbeitung aller in einem Absatzgebiet ansässigen effektiven und potentiellen Kunden gewährleistet.

Schon dieser Suchprozeß ist der einengenden Bedingung unterworfen, daß es sich bei den zu findenden Handelsbetrieben um solche handeln muß, die mit ihrem bisherigen angestammten Verkaufsprogramm diejenigen Branchen bearbeiten, die auch die Zielgruppe des Investitionsgüterherstellers darstellen. Unter diesem Aspekt der Zielgruppenidentität tut sich beispielsweise ein Hersteller von CAD-Systemen relativ leicht, der in die Überlegung eintritt, mit dem Werkzeugmaschinenhandel zusammenzuarbeiten, falls er seine Abnehmer in der metallverarbeitenden Industrie sucht.

Das Beispiel macht jedoch auch deutlich, daß trotz dieser weitgehenden Zielgruppenübereinstimmung dann Kooperationshemmnisse in die Betrachtung geraten, wenn über die Ansprechpartner innerhalb der Abnehmerbetriebe diskutiert wird. Der Werkzeugmaschinenhandel hat in seinem traditionellen Geschäft weitgehend mit dem Fertigungsleiter und dem industriellen Einkauf zu tun. Demgegenüber wird über CAD-Systeme von anderen Entscheider-Gespannen entschieden. Primär wird der Konstrukteur in den sich konstituierenden Entscheidungsgremien eine Rolle spielen, aber auch die Unternehmensleitung ist nicht zu übersehen, weil es sich bei der CAD-Technik um eine Innovation handelt, die nach ihrer Einführung Folgen für das gesamte Unternehmen nach sich zieht.

In einem solchen Fall ist die Frage aufgeworfen, inwieweit der Handel bereit ist, seine Vertreter auf neue, bisher nicht erreichte betriebliche Entscheidungsträger anzusetzen. Im Zweifel entsteht damit der Nachteil, daß eine Verlagerung von Verkaufsaktivitäten eintritt, die sich nachteilig für das bisher verkaufte Programm von Werkzeugmaschinen auswirkt. Unter Umständen ist eine Aufstockung des Vertreterstabes des Handels anzuraten, um eine Spezialisierung der Vertreter auf alte und neue Produkte zu erreichen. Eine solche Entscheidung wirft jedoch unmittelbar die Frage nach den damit verbundenen Kosten auf. Der Handel könnte hier leicht an seine Grenzen geraten, wenn das neue Verkaufsprogramm angesichts seines innovativen Charakters nicht relativ schnell zu realisierende und gesicherte Umsätze erbringt.

Größere Probleme werden unter dem Zielgruppenaspekt entstehen, wenn gravierendere Veränderungen von der zu gewinnenden Handelssparte herbeigeführt werden müssen,als es im Beispiel der Fall ist. Dies wird immer dann der Fall sein, wenn Schwerpunktverlagerungen auf neue Branchen und nicht nur auf andere Entscheidungsträger vorgenommen werden müssen.

3.2 DIE BESTIMMUNG DER HANDELSPARTNER ALS IMAGE-PROBLEM

Investitionsgüterhersteller, die über Jahre hinweg mit verschiedenen kommunikationspolitischen Maßnahmen auf ihren Markt eingewirkt haben, verfügen über ein ausgeprägtes Image innerhalb ihrer Abnehmerschaft. Bestandteil dieses Image ist der Imagefaktor, in dem sich die Zuordnung zu einer bestimmten Stufe der technischen Hierarchie durch die Abnehmer ausdrückt. Ist ein Hersteller auf dem Gebiet sogenannter High-Tech-Produkte tätig, dann wird ihm im allgemeinen ein relativ hoher Forschungs- und Entwicklungsaufwand bescheinigt.Auch dieser Tatbestand findet seinen Niederschlag in einem markanten Image-Faktor. Derartige Image-Bestandteile sind typisch für Hersteller auf dem Gebiet der Datenverarbeitung und der integrierten Bürokommunikations-Systeme.

Operiert nun ein Hersteller mit einem Direktvertriebssystem, dann lassen sich Image- und Vertriebspolitik relativ leicht koordinieren. Durch eine entsprechende Verkäuferschulung ist zu gewährleisten, daß sich die Vertreter imagekonform verhalten und nur Argumente an den Abnehmer herantragen, die ein bestehendes Image weitergehend verfestigen. Diese Verzahnung von Image- und Vertriebspolitik wird jedoch in Frage gestellt, wenn ein derartiger Hersteller etwa mit dem Büromaschinen-Fachhandel oder gar mit dem Bürofachhandel zu kooperieren beginnt.

Ausgehend von diesen imagebedingten Synchronisationsschwierigkeiten,ist nahezulegen, möglichst mit solchen Handelspartnern zusammenzuarbeiten, die sich auf einem ähnlichen Imageniveau befinden wie der Hersteller. Das angeführte Beispiel zeigt, wie problematisch die Suche nach imagekonformen Partnern sein wird.

Der Büromaschinen-Fachhandel verkauft zwar als technisch zu bezeichnende Geräte, diese befinden sich jedoch eindeutig auf einer niederen technologischen Ebene, was Rückwirkungen auf das Image des Handelsunternehmens auslöst.

Wenn dem so ist, dann müssen die Anforderungen wohl oder übel herabgesetzt werden. Bei der Suche nach geeigneten Handelspartnern kann es nur darum gehen, möglichst diejenigen Unternehmen ausfindig zu machen, die sich bei der Gestaltung ihres Vertriebsprogramms, soweit es möglich war, am technischen Entwicklungsprozeß orientiert haben. Diese werden mutmaßlich geringere Imagediskrepanzen zum Hersteller-Image aufweisen als andere. Das läßt darauf schließen, daß ihr Image in Richtung des Hersteller-Image entwicklungsfähig ist.

3.3 QUALIFIKATION DER VERTRETER DES HANDELS

An verschiedenen Stellen der vorliegenden Abhandlung wurde dargelegt, daß innovative komplexe Anlagen und Systeme extrem erklärungsbedürftig sind und einen dementsprechenden Beratungsaufwand abverlangen. Es wurde aufgezeigt, daß auch die durch den Technologieeinsatz bedingten Folgen für die Organisation des Abnehmerbetriebs, u.U. für die gesamte Unternehmensstruktur mit zum Beratungsgegenstand werden. Die damit gezeichnete Aufgabe wirft die Frage nach der Qualifikation der Vertreter auf, die die potentiellen Kooperationspartner im Handel beschäftigen. Leichter werden sich sicherlich diejenigen Vertreter tun, die eine technische Ausbildung haben und im Verkaufsgeschehen mit Produkten umgegangen sind, die denen hinsichtlich ihrer technischen Komplexität nahekommen, um die sie angesichts der Kooperation ihr Verkaufsprogramm erweitern müssen. Diese als nahezu ideal zu bezeichnenden Verhältnisse werden sich bei der Suche nach Kooperationspartnern nur schwerlich oder nur in Ausnahmefällen finden lassen.

Es kann deshalb an dieser Stelle nur auf dieses existierende Qualifikationsproblem aufmerksam gemacht werden, von dem im übrigen auch manche Direktvertriebsorganisationen nicht frei sind. Auch hier kann die Forderung nur lauten, diejenigen Handelsunternehmen zu suchen und für eine Kooperation zu gewinnen, die die technikbedingten Qualifikationsvoraussetzungen mitbringen bzw. bei denen darauf zu rechnen ist, daß bestehende Defizite durch eine technisch und verkaufspolitisch ausgerichtete Schulung beseitigt werden können.

Neben der technischen Weiterbildung kommt der verkaufspolitischen Schulung immer dann eine besondere Bedeutung zu, wenn andere Verkaufsvoraussetzungen dadurch entstehen, daß neue, bislang nicht besuchte Branchen bearbeitet werden müssen bzw. eine andere Spezies von einkaufentscheidenden Fachleuten Kontrahenten im Verkaufsgeschehen werden.

3.4 SERVICE-BEREITSCHAFT IM HANDEL

Die Auseinandersetzung mit dem technischen Entwicklungsprozeß und dessen Ergebnis in Form hochkomplexer Technologien macht deutlich, daß deren Funktionieren innerhalb der Abnehmerbetriebe nicht zuletzt von der Service-Bereitschaft und -qualität der Technologie-Hersteller abhängig ist. Dies bedeutet für die Hersteller einen relativ hohen Aufwand für die Bereitstellung von Software-Spezialisten, Organisationsberatern, Monteuren u.dergl. mehr. Außerdem muß ein flächendeckendes Ersatzteillagersystem und die dazugehörige Logistik unterhalten werden.

Bei einer Kooperation mit dem Handel besteht insbesondere bei mittleren und kleinen Anbieterfirmen die Vorstellung, möglichst viele dieser Aktivitäten auf die Handelspartner zu übertragen. Großanbieter werden demgegenüber eher dazu neigen, ein eigenes Servicenetz aufrechtzuerhalten und dieses sozusagen zur Handelsunterstützung in die Kooperation einzubringen.

Unabhängig davon bestimmt das Kriterium der Service-Möglichkeiten und der Service-Bereitschaft die Auswahl denkbarer Kooperationspartner im Handel. Manche der im technischen Handel angesiedelten Unternehmen verfügen über eigene Werkstätten, Lagerräume und Monteure, mit denen sie zumindest einen Teil der auch im Zusammenhang mit komplexen Technologien einzubringenden Service-Leistungen übernehmen können. Wenn dem so ist, dann dürfte dies eine entscheidende Entlastung der Hersteller bedeuten.

Auch bei dieser Beurteilung sollten wahrscheinlich keine allzu strengen Maßstäbe angelegt werden. Es geht mehr darum, Handelsunternehmen zu entdecken, in denen Keimzellen für die Realisierung regional begrenzter Servicemaßnahmen vorhanden sind. Wichtiger ist dann die Bereitschaft in den Handelsunternehmen, sich aus diesen schon bestehenden Verhältnissen herauszuentwickeln, um auch auf dem Gebiet des Service ein adäquater Partner des Herstellers zu werden.

3.5 MASSNAHMEN ZUR GEWÄHRLEISTUNG EINES KOOPERATIVEN HANDELSMARKETING

Es ist davon auszugehen, daß es angesichts der vorstehend behandelten Kriterien nur in Ausnahmefällen möglich sein wird, auf einen im Sinne des Hersteller-Marketing präparierten Handel zurückgreifen zu können. Dies wäre erforderlich, um bestehende Direktvertriebssysteme zu ersetzen oder mit Blick auf zahlenmäßig stark besetzte Zielgruppen zu ergänzen. In der Mehrzahl der Fälle, in denen eine Kooperationsnotwendigkeit entsteht, ist der Hersteller herausgefordert, zunächst unter Zielgruppenaspekten geeignete Handelssparten in erwähnter Weise auf ihre Eignung hin zu prüfen. Steht eine unter diesem Gesichtspunkt geeignete Handelssparte zur Verfügung, dann sind Maßnahmen zu planen und umzusetzen, die die gewonnenen Handelsunternehmen in die Lage versetzen, im Interesse des Herstellermarketing zu agieren.

Im ersten Schritt ist durch geeignete kommunikationspolitische Maßnahmen dafür Sorge zu tragen, daß die Handelspartner am Herstellerimage partizipieren. Dies setzt voraus, daß der Hersteller sich in der absatzpolitisch relevanten Öffentlichkeit zu seinen Handelspartnern bekennt. Des weiteren müssen werbliche Bemühungen des Handels konzeptionell, u.U. auch finanziell unterstützt werden, die darauf abstellen, dem Handel eine Imageprofilierung zu ermöglichen, die auf ähnliche Imagekonturen hinausläuft, wie sie das Herstellerimage aufweist. Dabei sollten handelsspezifische Imageausprägungen nicht auf der Strecke bleiben. Insbesondere der Imagefaktor der größeren Flexibilität, wie er mit kleineren Unternehmen verbunden wird, kann den gemeinsamen Bemühungen förderlich sein.

Des weiteren steht das genannte Qualifikationsproblem der Vertreter des Handels zur Lösung an. Den Herstellern muß daran gelegen sein, daß die Vertreter des Handels auf dem gleichen Niveau operieren können, wie sie es von den eigenen im Direktvertriebssystem arbeitenden Mitarbeitern erwarten. Ist die quantitative Voraussetzung einer hinreichenden Vertreterzahl im Handel geschaffen, dann muß eine auf Anhebung des Qualifikationsniveaus gerichtete Vertreterschulung durchgeführt werden. Anzunehmen ist, daß diese nicht vom Handel allein betrieben werden kann. Es liegt im Interesse des Herstellers, daß die Vertreter des Handels sein Produkt beherrschen und eine Verkaufsstrategie vollziehen, die sein Marketing inhaltlich widerspiegelt. Schon unter der Zielsetzung der Fortsetzung des eigenen Marketing durch den Handel sollten sich die Hersteller soweit wie möglich in die zu vollziehende Verkäuferschulung einschalten. Die dadurch herbeigeführten Synergieeffekte werden dem gemeinsamen Marketingerfolg der Kooperationspartner zugute kommen.

Letztlich ist auf die zumeist hohen Aufwendungen zu verweisen, die durch die Etablierung einer Serviceorganisation abverlangt werden. Der Handel dürfte im allgemeinen nicht über die hinreichende Kapitalkraft verfügen, die dafür notwendigen Einrichtungen zur Verfügung zu stellen. Das Gleiche gilt für das Service-Personal, das wie die Vertreter relativ hohen Qualifikationsanforderungen zu unterwerfen ist. Eine finanzielle Unterstützung des Handels durch die Hersteller stellt wahrscheinlich eine zwar naheliegende, aber zu einfache Lösungsmöglichkeit dar. Sinnvoller erscheint es, mit dem Handelspartner darüber zu befinden, welche der Service-Leistungen nach wie vor zentral vom Hersteller wahrzunehmen sind und welche dem Handel übertragen werden können. Eventuell ist ein längerfristiger Entwicklungsprozeß zu beschließen, der im Endstadium auf eine Übertragung aller Service-Leistungen auf einen bis dahin service-gewohnten Handel hinausläuft.

Mit diesem Überblick konnte nur ein relativ grobes Raster anstehender Globalmaßnahmen aufgezeigt werden. Es würde den Rahmen der vorliegenden Abhandlung sprengen, alle betriebswirtschaftlichen, juristischen und technischen Detailprobleme abzuhandeln, die im Zusammenhang mit einer angestrebten Kooperation zwischen den Herstellern und den Handelsunternehmen im Investitionsgüterbereich auftreten.

AUSBLICK

Das Vertriebsproblem der Hersteller von Investitionsgütern wird noch auf einige Zeit zur Lösung anstehen, insbesondere wenn es um die Vermarktung innovativer komplexer Technologien geht. Gravierend wird die Frage nach den Möglichkeiten zur Wahrnehmung eines flächendeckenden Vertriebs immer dann, wenn die Vielzahl der kleinen und mittleren Unternehmen als potentielle Abnehmer mit ebenso großen Informations- und Beratungsansprüchen auftreten wie die großen Unternehmungen.

Die Kooperation mit einer im Investitionsgüterbereich tätigen Handelssparte kann eine der denkbaren Lösungen darstellen. Hinsichtlich der in Betracht kommenden Handelssparten sind der Fantasie keine Grenzen gesetzt. Eigentlich kommt jedes Handelsunternehmen als Vertriebspartner in Betracht, das mit technischen Erzeugnissen umzugehen und diese zu verkaufen versteht. Voraussetzung ist immer die Bereitschaft zur Kooperation und zur Diversifikation der Handelsunternehmer, auch wenn damit finanzieller Aufwand verbunden ist. Entscheidender dürfte die Fähigkeit des Unternehmers und seiner Mitarbeiter sein, sich den Anforderungen des technischen Fortschritts zu stellen und in ein neues Terrain vorzudringen.

Zwei Beispiele drängen sich auf: Der Landmaschinen- und der Baumaschinenhandel. Beide Handelssparten decken wichtige Branchen ab, die jedoch von der Konjunktur nicht sonderlich begünstigt sind. Sowohl in der Landwirtschaft als auch in der Bauwirtschaft ist eine Rationalisierung der administrativen Abläufe dringend erforderlich. Diese könnte durch eine moderne Datentechnik ohne allzugroßen finanziellen Aufwand begünstigt werden. Es läßt sich fragen, ob die erwähnten Handelssparten nicht prädestiniert sind, mit einem PC-Hersteller zu kooperieren, dem an einer segmentbezogenen Bearbeitung einzelner Branchen gelegen ist. Mit einer derartigen Kooperation würde der PC-Hersteller von den persönlichen Beziehungen profitieren, die der oben genannte Handel im jahrelangen Kontakt mit seinen Kunden aufgebaut hat.

Vielleicht sind die angeführten Beispiele abwegig. Sie wurden dennoch an den Schluß dieser Abhandlung gestellt, weil darzulegen ist, daß nur ein Überwinden herkömmlicher Betrachtungen und Vorgehensweisen bei der Lösung der anstehenden Vertriebsprobleme weiterführt.

ZUSAMMENFASSUNG

Der durch Mikroelektronik geprägte technische Entwicklungsprozeß hat die Möglichkeit zur Miniaturisierung sogenannter High-Tech-Produkte und damit gleichzeitig eine drastische Verbilligung derartiger Erzeugnisse erschlossen. Dadurch sind zahlreiche kleine und mittlere Unternehmen zu potentiellen Abnehmern komplexer Anlagen und Systeme geworden. Für die Hersteller ergibt sich hieraus eine Vertriebsproblematik, die mit dem im Investitionsgüter-Bereich verbreiteten Direktvertriebssystem nur schwer lösbar ist.

Diese durch Innovation geschaffene neue Vertriebssituation zwingt zur Auseinandersetzung mit den Charakteristika des verlaufenden technologischen Entwicklungsprozesses. In vorliegendem Aufsatz wurde die Frage aufgeworfen, in welchen Bereichen des Investitionsgüter-Absatzes sich ein Vertrieb über den Handel erhalten konnte. Des weiteren war die Frage zu prüfen, ob der Handel eine Lösung anstehender Vertriebsprobleme darstellt. Dabei wurden die Schwierigkeiten herausgearbeitet, die einer Kooperation zwischen den Herstellern von Investitionsgütern und dem Handel entgegenstehen.
Als Fazit dieser Betrachtung wäre letztlich ein Kooperationsmodell anzudenken, mit dem eine zufriedenstellende Zusammenarbeit zwischen den beiden Seiten ermöglicht werden kann.

LITERATUR

Backhaus, K. (1982): Investitionsgüter-Marketing. München 1982

Fotilas, P. (1983): Mikroelektronik im Industriebetrieb. Betriebswirtschaftlich-organisatorische Auswirkungen auf Produktentwicklung und Produktionsprozeß. Berlin 1983

Keller, U. (1975): Die Bedeutung des Handels für den Investitionsgüterabsatz. Göttingen 1975

Knetsch, W.; Kliche, M. (1986): Die industrielle Mikroelektronik-Anwendung im verarbeitenden Gewerbe der Bundesrepublik Deutschland. Haar bei München 1986

Maas, R.-M. (1980): Absatzwege: Konzeptionen und Modelle. Wiesbaden 1980

Simon, D. (1984): Technisch-organisatorischer Wandel und Personalentwicklung in kleinen und mittleren Unternehmen (KMU's). In: Meyer, N.; Friedrich, H.R. (Hrsg): Neue Technologien in der beruflichen Bildung. Ergebnisse einer Fachtagung des Berufsförderungs-Zentrums Essen e.V.. Köln 1984

Strebel, H.; Strothmann, K.-H.; Baaken, T. (1982): Auswirkungen der Mikroelektronik auf die industrielle Fertigung - Ergebnisse einer empirischen Untersuchung. Veröffentlicht als Arbeitspapier des Instituts für Markt- und Verbrauchsforschung der Freien Universität Berlin. Berlin 1982

Strothmann, K.-H.; Clemens, B.; Ziegler, R. (1981): Auswirkungen der Mikroelektronik auf das Investitionsgüter-Marketing - Eine Untersuchung bei Marketingleitern mit Mikroelektronik-Erfahrung. Würzburg 1981

Strothmann, K.-H.; Strebel, H.; Böhme, J. (1984): Anwendung der Mikroelektronik in kleinen und mittleren Unternehmen. Ergebnisse einer Primärerhebung. Würzburg 1984

Strothmann, K.-H. (1986): Das persönliche Verkaufsgespräch. In: Technischer Vertrieb, hrsg. v. W. Plinke, Projektgruppe Technischer Vertrieb. Freie Universität Berlin. Berlin 1986

II. Neue Marktforschungsmethoden für strategisches Handelsmarketing

Erfolgsfaktorenforschung im Handel

Lutz Hildebrandt, Berlin

1. PROBLEMSTELLUNG

Mit dem Wandel der gesamtwirtschaftlichen Rahmenbedingungen in den letzten Jahren und den veränderten Wettbewerbsbedingungen der Unternehmen haben sich auch die Handels- und Marketingforscher neuen Problemkreisen zugewandt. Einerseits ist eine Wende von operativen zu strategischen Forschungsproblemen festzustellen, zum anderen haben sich Marketingforscher für eine Erweiterung des Marketingkonzeptes zur expliziten Berücksichtigung von Wettbewerbsaspekten ausgesprochen (Wind/Robertson 1983 ; Oxenfeld/Moore 1978). So sind zunehmend Modellansätze zu finden, die explizit die Handlungen der Wettbewerber mit modellieren oder die Wettbewerbsbeziehungen in den Modellvariablen berücksichtigen, etwa durch die Verwendung relativer Variablen, d.h. bezogen auf die oder den stärksten Wettbewerber.

Weiter hat die Wettbewerbsorientierung dazu geführt, daß vermehrt auf analytische mikroökonomische und spieltheoretische Modelle zurückgegriffen wird, um das Wettbewerbsverhalten in Produktmärkten zu verstehen (vgl. Eliashberg/Chatterjee 1985). Das häufig erwähnte DEFENDER-Modell (Hauser/Shugan 1983) ist in den Bereich der normativen Ansätze einzuordnen und gibt u.a. Informationen, wie ein Unternehmen auf den Markteintritt eines neuen Wettbewerbers reagieren sollte.

Die relativ strengen Annahmen der analytischen Modelle und ihr geringer empirischer Gehalt haben bisher ihre Berücksichtigung in praktischen Entscheidungssituationen verhindert. Aufgegriffen von der Unternehmenspraxis wurde dagegen ein Ansatz, der maßgeblich von der Industrie-Organisations-Forschung (IO-Forschung) beeinflußt worden ist und heute als Erfolgsfaktorenforschung bezeichnet wird.

Beide Forschungsrichtungen benutzen nahezu das gleiche Paradigma, aber mit anderer Zielsetzung. Während die IO-Forschung empirisch das Wettbewerbsverhalten von Unternehmen und das Marktergebnis unter wettbewerbstheoretischen Gesichtspunkten untersucht (vgl. z.B. Böbel 1984), steht im Mittelpunkt der Erfolgsfaktorenforschung die Fragestellung: Wie erreichen und erhalten Unternehmen einen Wettbewerbsvorteil gegenüber ihren Konkurrenten, und welches sind die Bestimmungsgründe - oder Gesetzmäßig-

Handelsforschung 1986
Hrsg. Volker Trommsdorff

keiten - des Erfolgs. Als Erfolgsfaktoren werden dabei ganz einfach die Einflußgrößen verstanden, die erfolgreiche von nicht-erfolgreichen Unternehmen (oder Produkten) unterscheiden (vgl. Cooper 1979).

Im Marketing hat dieser Forschungsansatz insbesondere im Rahmen des PIMS-Projekts (PIMS = Profit Impact of Market Strategies) zur Untersuchung von Gesetzmäßigkeiten des Erfolgs von Geschäftseinheiten Beachtung gefunden. Am PIMS-Projekt sind zur Zeit mehr als 200 Unternehmen beteiligt (vgl. SPI, 1980).

Inwieweit der Erfolgsfaktorenansatz bisher von der Handelsforschung aufgegriffen worden ist, welche Ergebnisse vorliegen und wie Erfolgsfaktorenforschung im Handel durchgeführt werden kann, soll in diesem Beitrag erörtert werden. Kern ist die Entwicklung eines Kausalmodells des Unternehmenserfolgs.

2. MARKETING-MIX UND ERFOLGSFAKTOREN

Sucht man in der Standardliteratur zur Handelsforschung den Begriff Erfolgsfaktor, so wird man feststellen, daß kaum ein Autor den Begriff im oben genannten Zusammenhang gebraucht. Der Begriff Erfolgsfaktor taucht in den Glossaren der einschlägigen Lehrbücher nicht auf (vgl. z.B. Gümbel 1985; Müller-Hagedorn 1984; Hansen 1976; Tietz 1985).

Das Konzept des Erfolgsfaktors findet aber durchaus implizit Verwendung, wenn vom strategischen Einsatz absatzpolitischer Instrumente im Handel gesprochen wird. Im Sammelband von Treis (1981) findet man zum Beispiel zum mittelständischen Einzelhandel häufig den allgemeineren Begriff 'Wettbewerbsvorteil', wenn Problemstellungen diskutiert werden, die mit Erfolgsfaktoren zu tun haben. So nehmen Hörschgen/Kachel (1981, S. 81) einen (Wettbewerbs-)Vorteil an, wenn bei vergleichbaren Zielen einem Einzelhändler ein quantitativ und/oder qualitativ relativ höheres Mittelpotential zur Erreichung bestimmter absatzwirtschaftlicher Zielsetzungen zur Verfügung steht als seinen Wettbewerbern.

Der Wettbewerbsvorteil ergibt sich dann aus dem Grad, zu dem ein bestimmtes absatzpolitisches Instrument zum Erfolg bzw. Zielerreichungsgrad gegenüber den Wettbewerbern beiträgt. Die Literatur zur Handelsforschung im deutschen Sprachraum trennt dabei nicht zwischen Wettbewerbsvorteilen auf der operativen und strategischen Ebene, wie es etwa allgemein in der amerikanischen Literatur zu finden ist (vgl. z.B. Arnold/Capella/Smith 1983). Inhaltlich werden Erfolgsfaktoren und absatzpolitische Instrumente meist als gleiche Sachverhalte behandelt. Diese Überschneidung wird deutlich, stellt man allgemeine Systematiken des absatzpolitischen Instrumentariums einer Liste von Erfolgsfaktoren aus der anglo-amerikanischen Forschung gegenüber (*Tabelle 1*).

Tabelle 1. Marketing-Mix und Erfolgsfaktoren im Handel

Absatzpolitisches Instrumentarium		Erfolgsfaktoren
Müller-Hagedorn (1984)	Hansen (1976)	Applebee/Nitzberg (1974)
Betriebsform Standort	Standort Sortiments-/ Produkt-Politik	Location Merchandizing
Sortimentsplanung	Verkaufsorganisation	Good Personal
Preispolitik	Preispolitik	Store Layout
Werbeplanung	Absatzfinanzierung	Managerial Capability
Personal-entscheidung	Absatzwerbung	Financial Aspects

Die enge Übereinstimmung zwischen den absatzpolitischen Instrumenten und den auf der strategischen Ebene angesiedelten Erfolgsfaktoren ist zum einen dadurch zu erklären, daß auch jedes Instrument im Marketing-Mix strategische Komponenten besitzt. Andererseits geht das Erfolgsfaktorenkonzept über die absatzpolitischen Instrumente hinaus. Es bezieht auch Größen mit ein, die nicht explizit im Marketing-Mix enthalten sind. Zu nennen sind hier zum Beispiel Charakteristiken des Personals oder Einflußfaktoren aus der Leistungsmotivationsforschung.

Um Erfolgsfaktoren gegenüber den absatzpolitischen Instrumenten in der Handelsforschung abzugrenzen, soll folgende Definition dienen:

1. Als Erfolgsfaktoren werden Faktoren oder Charakteristiken verstanden, die den Erfolg, aber auch den Mißerfolg
   - einer Unternehmung oder Branche,
   - einer strategischen Geschäftseinheit,
   - eines Produktes oder einer Marke

   beeinflussen.

2. Erfolgsfaktoren haben immer eine strategische Dimension, d.h. sie sind langfristig wirksam und begründen einen Wettbewerbsvorteil oder auch -nachteil gegenüber den Konkurrenten.

3. Erfolgsfaktoren sind innerbetrieblich aber auch außerbetrieblich zu suchen.

Neben den bekannten innerbetrieblichen Faktoren (wie Ladengröße, Anzahl der Läden im Gebiet, Angestellte pro Quadratmeter) können auch die Charakteristiken der Nachfrager in einem Absatzgebiet sowie ökonomische Rahmenbedingungen, Konkurrenzsituationen und Marktverhältnisse den Erfolg begründen.

Mit dieser Definition wird in (1) herausgestellt, daß es sich bei den Erfolgsfaktoren um empirisch begründete Konzepte handelt. Abgrenzung (2) stellt den strategischen Aspekt der Erfolgsfaktoren heraus und (3) zeigt, daß das Konzept der Erfolgsfaktoren weiter ist als das des Marketing-Mix in der Absatzpolitik.

3. DER STAND DER ERFOLGSFAKTORENFORSCHUNG IM HANDEL

Wenn in den vorstehenden Abschnitten immer wieder auf die PIMS-Forschung hingewiesen wurde, dann liegt dies daran, daß das PIMS-Projekt *das* Forschungsprojekt zur Erfolgsfaktorenforschung schlechthin ist. Es liegt deshalb nahe, zunächst zu untersuchen, welchen Beitrag die PIMS-Forschung zur Erfolgsfaktorenforschung im Handel liefert. Daneben existieren in der Handelsforschung eine ganze Reihe, zum Teil ältere Studien, die unter Verwendung der oben entwickelten Definition der Erfolgsfaktorenforschung zugerechnet werden sollen.

3.1 PIMS-FORSCHUNG UND HANDELSUNTERNEHMEN

Kein Projekt in der strategischen Forschung hat soviel Zustimmung und Kritik gleichermaßen erhalten wie die PIMS-Forschung (zum Projekt vgl. Schoeffler/Buzzell/Heany 1974; zur Kritik z.B. Aaker/Jacobson 1985; Anderson/Paine 1978). Die Anfänge von PIMS gehen bis 1960 zurück. Basisziel war es zunächst, generelle Gesetzmäßigkeiten zu explorieren, welches die Haupteinflußfaktoren auf den Return on Investment einer (industriellen) Geschäftseinheit sind. Heute liefert das PIMS-Projekt den beteiligten Unternehmen u.a. auch Informationen über relative Wettbewerbspositionen ihrer Geschäftseinheiten.

Die PIMS-Forschung beruht auf subjektiven Urteilen des Managements über die strategischen Faktoren und die Wettbewerbspositionen von Geschäftseinheiten. Für mehr als 2 000 Geschäftseinheiten wird diese Information in einer Datenbank gesammelt. Da sich das PIMS-Projekt nur am Rande mit Handelsunternehmen befaßt, ist die PIMS-Datenbank allenfalls bedingt geeignet, um Erfolgsfaktoren für Handelsunternehmen zu entdecken.

Das PIMS-Projekt erhebt zwar Daten für den Bereich "Retail and Wholesale Distribution" (vgl. PIMS-Data Manual 1984, S. 3.3), es existieren aber bisher keine Publikationen über speziell auf den Handel bezogene Untersuchungen. Dies mag zum Teil daran liegen, daß reine Handelsunternehmen nicht oder nur in beschränkter Zahl am PIMS-Projekt beteiligt sind.

Publiziert wurden dagegen Forschungsergebnisse zu Geschäftseinheiten der Konsumgüter-Industrien. Es kann angenommen werden, daß diese Geschäftseinheiten im industriellen Bereich aufgrund ihrer Produkte u.U. Handelsfunktionen übernehmen.

Gibt man sich mit dieser Einschränkung zufrieden, dann ist als methodisch anspruchsvollste Studie für diesen Bereich die kausalanalytische Untersuchung von Phillips/Chang/Buzzell (1983) zu nennen. Die Ergebnisse zum Verbrauchsgüterbereich sollen auszugsweise den Stand der PIMS-Forschung dokumentieren. Basishypothesen und Schlüsselvariablen sind im Pfaddiagramm von *Abbildung 1* wiedergegeben.

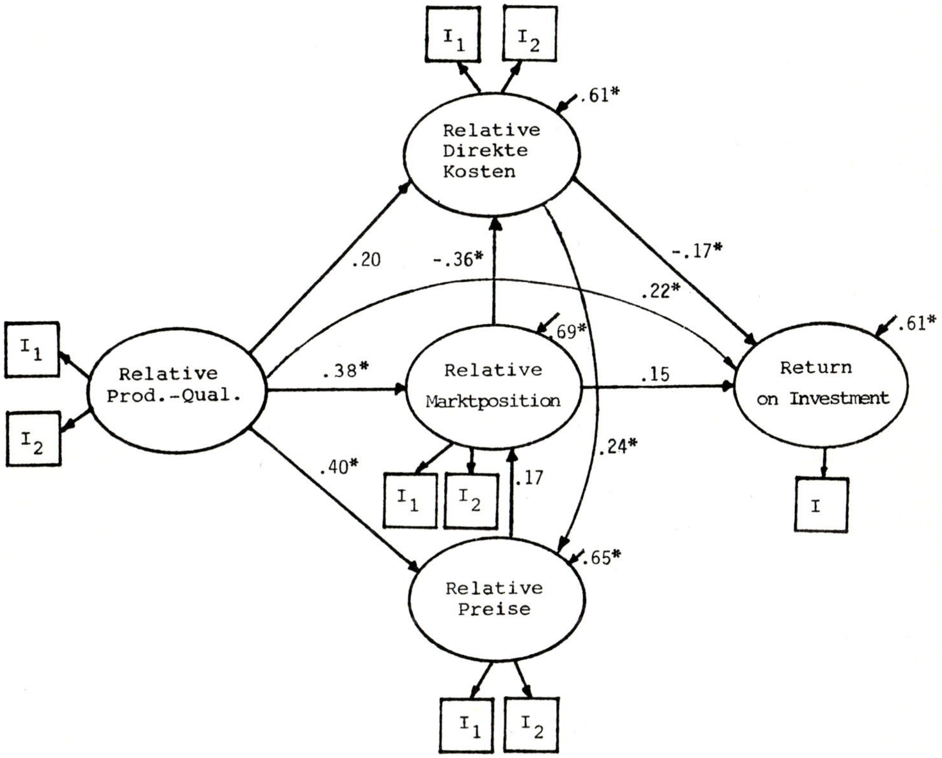

I_1 und I_2 : Messungen des jeweiligen Faktors zu zwei Zeitpunkten
Die Ladungen λ_i liegen zwischen .89 und .99

Fit des Gesamtmodells : $\chi^2 = 101.2$; $p = .13$
Residuenkorrelation $\psi_{43} = -.01$ nicht im Pfaddiagramm

Abbildung 1. Eine PIMS-Studie zum Konsumgüterbereich

Die Analyse untersucht die kausalen Beziehungen zwischen den relativen Variablen Produkt-Qualität, Direkte Kosten, Preis und Marktposition und deren Einfluß auf den Erfolgsindikator Return on Investment (RoI). Die unabhängigen Variablen sind zu je zwei Zeitpunkten gemessen, und es lassen sich so Test-Retest-Reliabilitäten berechnen. Die Parameter des Modells geben den Einfluß der Variablen an.

Das Modell stützt Basishypothesen der PIMS-Forschung, nämlich daß eine höhere relative Produktqualität einen direkten positiven Einfluß auf den Erfolg (RoI) hat, daß die relative Marktposition eine wichtige vermittelnde Variable ist, die durch die relative Produktqualität beeinflußt wird. Der negative Effekt der relativen Marktposition auf die relativen direkten Kosten stimmt mit der Erfahrungskurven-Hypothese und der Strategie der Kostenführerschaft überein (vgl. Porter 1984, S. 63 ff.).

Aufgrund der oben gemachten Einschränkungen und der relativ globalen Aussagen des Modells ist die Übertragung der Ergebnisse auf den Handel jedoch problematisch. Die abweichenden Wettbewerbsverhältnisse in den Branchen Handel und Konsumgüterindustrie lassen unterschiedliche Basisstrategien und Erfolgsfaktoren erwarten (vgl. auch Porter 1984, S. 236). Zudem schränkt eine gewisse Fluktuation im Sample der Unternehmen die Reichweite der PIMS-Ergebnisse ein.

Die Erfassung der Unternehmens-, Markt- und Wettbewerbsdaten durch subjektive Einschätzungen der Schlüsselinformanten auf der Geschäftsebene bringt außerdem Meßprobleme mit sich. So konnte Phillips in einer vergleichbaren Untersuchung (vgl. Phillips 1981) bis zu 50 % Fehlervarianz in den Unternehmensdaten nachweisen. Dies kann heute - wie oben dargelegt - durch die Verwendung kausalanalytischer Methoden kontrolliert werden. Die geringe Repräsentanz von Handelsunternehmen im PIMS-Sample ist jedoch durch statistische Methoden nicht auszugleichen.

Die PIMS-Forschung kann daher wenig Substantielles zur Erfolgsfaktorenforschung im Handel beitragen. Auf der anderen Seite können sowohl der Ansatz der PIMS-Forschung an sich und die Methoden der Datenaufbereitung als richtungweisend angesehen werden. Die vielfältigen Forschungsergebnisse des PIMS-Projekts liefern zudem einen umfangreichen Pool von Erfolgsfaktorenhypothesen, die auch in der Handelsforschung überprüft werden sollten.

3.2 HANDELSFORSCHUNG UND ERFOLGSFAKTOREN

Nach Durchsicht der Quellen zur Handelsforschung fällt zunächst auf, daß Erfolgsfaktorenuntersuchungen im deutschen Bereich im Gegensatz zur amerikanischen Handelsforschung relativ selten sind. Daneben wird auch methodisch unterschiedlich vorgegangen.

In der deutschen empirischen Handelsforschung überwiegen Untersuchungen, die sich auf bivariate Zusammenhänge zwischen betriebswirtschaftlichen Kenngrößen wie Arbeits- und Flächeneinsatz, Sortiment etc. und deren Einfluß auf Indikatoren des Geschäftserfolgs, z.B. des Umsatzes konzentrieren (vgl. Hruschka 1984). Es finden sich aber auch Forschungsarbeiten zur Schätzung von Marktreaktionsfunktionen für den strategischen Einsatz absatzpolitischer Instrumente. Hierzu gehört etwa die Untersuchung von Müller-Hagedorn/Heidel (1986), die einen Zusammenhang zwischen Sortimentstiefe als Angebotsstrategie und Umsatz in einer Artikelgruppe nachweisen. Diese Studien untersuchen zwar Faktoren, welche den Erfolg von Handelsunternehmungen beeinflussen, bivariate Analysen sind jedoch nicht charakteristisch für die Erfolgsfaktorenforschung, die im allgemeinen multivariat-explorierend oder hypothesengeleitet vorgeht.

Als erste Studie in der deutschen Handelsforschung, die als typische multivariate Erfolgsfaktorenstudie angelegt ist, kann deshalb eine Untersuchung der Rationalisierungsgesellschaft des Handels (RGH) bezeichnet werden (vgl. Bierbaum 1979). In einer multiplen Regressionsanalyse werden der Einfluß von neun Leistungsfaktoren (u.a. Arbeit, Fläche, Sortiment, Verkaufsform) auf den Erfolgsindikator 'betriebliche Nettowertschöpfung' untersucht. Das Ergebnis einer stufenweisen Regression sind vier Erklärungsvariable, die 46 % der Varianz des Erfolgs erklären. Als erfolgsbestimmende Faktoren der Untersuchung aus dem Bekleidungsbereich erweisen sich Sortimentspolitik und Personal, einen negativen Einfluß haben Verkaufsform und Preispolitik. Die Studie ist beschränkt auf traditionelle, intern kontrollierbare Leistungsfaktoren des Handels.

Da die Analyse nur mit Daten aus 24 Betrieben des Textil-Einzelhandels durchgeführt wurde, ist die Reichweite der substantiellen Ergebnisse gering. Die Untersuchung ist aber aufgrund ihres methodischen Ansatzes für die handelsbezogene Erfolgsfaktorenforschung bedeutsam. Mit der Wahl von intern kontrollierbaren Faktoren als erfolgserklärende Variablen folgt sie einem Ansatz, der auch in Untersuchungen der amerikanischen Forschung zu finden ist. Zu nennen ist die Untersuchung von Baumol/Ide (1962), die den Einfluß von Sortimentstiefe und Sortimentsbreite auf Umsatz und Gewinn nachweisen. Komplexer ist die Studie von Dalrymple (1966). Er untersucht sechs kontrollierbare Faktoren, wie Lagerhaltung, Preisreduktionen etc. auf ihren Erfolgseinfluß.

Studien, die über den Modellansatz der RGH, d.h. über die Berücksichtigung von betrieblichen Leistungsfaktoren hinausgehen, sind in der deutschen Handelsforschung bisher nicht vorzufinden. Dagegen hat sich die amerikanische Handelsforschung in den letzten Jahren an der Vorgehensweise der PIMS-Forschung orientiert. Es wird empirisch nach generellen Gesetzmäßigkeiten zwischen betrieblich kontrollierbaren oder nichtkontrollierbaren Einflußfaktoren und dem Erfolg von Geschäften gesucht. Die erste Studie, die über die Analyse von betrieblichen Leistungsfaktoren hinausgeht, führten Hise et al. (1983) durch. Sie ist von der Anzahl der Variablen und der Unterschiedlichkeit der Einflußfaktoren gesehen zur Zeit die umfassendste Erfolgsfaktorenuntersuchung in der Handelsforschung. Es sind zwar eine ganze Reihe von weiteren Erfolgsfaktorenstudien publiziert worden, diese untersuchen aber in der Regel Variablenzusammenhänge geringerer Komplexität, wie z.B. Lusch/Moon (1984) den Einfluß von Marketing-Mix und Firmencharakteristiken auf die Wertschöpfung pro Beschäftigten; Cronin/Skinner (1984) den Einfluß von Marketing-Ergebnis-Variablen auf die Finanzsituation und den Erfolg (RoI) oder Anderson (1985) den Einfluß von Standortvariablen auf den Erfolg.

Die Untersuchung von Hise et al. (1983) ist kennzeichnend für den gegenwärtigen methodischen Ansatz der Handelserfolgsfaktorenforschung und soll deshalb ausführlicher dargestellt werden. Die Untersuchung orientiert sich am Grundansatz der PIMS-Forschung. Ein multiples Regressionsmodell soll die Beiträge von potentiellen Erfolgsfaktoren zur Varianz von Erfolgskriterien schätzen. Die Auswahl der Faktoren erfolgt sowohl explorierend als auch hypothesengeleitet. So greift die Studie auf Hypothesen und Ergebnisse der Leistungsmotivationsforschung zurück, um Variablen zu selektieren. Mit stufenweisen Regressionsanalysen wird der Einfluß von 18 Faktoren auf drei unterschiedliche Erfolgskriterien analysiert. Ziel war es nicht nur, die erfolgsbestimmenden Faktoren zu identifizieren, sondern auch den Grad der Erfolgsveränderung quantitativ zu prognostizieren. Eine Übersicht der anfangs in Betracht gezogenen potentiellen Erfolgsfaktoren im Regressionsmodell der Untersuchung wird in *Tabelle 2* gegeben.

Tabelle 2. Variablen der Studie von Hise et al. (1983)

	Einflußfaktoren (unabhängige Variablen)	
(1)	Eigenschaften des Geschäftsführers	
	u.a.	- Alter - Berufserfahrung - Bildungsstand - etc.
(2)	Variablen des Geschäfts	
		- Geschäftsgröße - Höhe des Anlagevermögens - Warenbestand - Anzahl der Beschäftigten - etc.
(3)	Wettbewerbs-Variablen	
		- Ähnliche Geschäfte im gleichen Mall - Ähnliche Abteilungen im gleichen Mall
(4)	Standort-Variable	
		- Größe des Malls - Größe des Marktes
	Erfolgs-Kriterien (abhängige Variablen)	
		- Umsatz - Brutto-Gewinn - Rentabilität (Return on Assets)

Die Studie analysiert Bilanz- und Berichtsdaten von Geschäften eines Filialunternehmens. Merkmale des Managements wurden durch eine Befragung erfaßt. Für jedes Geschäft lagen Erfolgs-, Arbeits- und Flächenfaktoren vor sowie Wettbewerbs- und Standortmerkmale.

Die Regressionen der 18 Einflußfaktoren auf jedes der drei Erfolgskriterien führten zu Modellen mit einer beschränkten Anzahl von Variablen, die zwischen 40 und 60 Prozent der Varianz des jeweiligen Erfolgskriteriums erklärten. In allen Modellen erwiesen sich folgende Variablen als strategisch bedeutsam:

- der Warenbestand,
- die Anzahl der Beschäftigten,
- das Anlagevermögen und
- die Anzahl der Jahre der Beschäftigung des Managers in der Unternehmung.

Außerdem zeigte sich eine inverse Beziehung zwischen den Fähigkeiten des Managers (gemessen durch die Dauer der Beschäftigung in der augenblicklichen Position) und dem Return on Investment.

Diese substantiellen Ergebnisse sollten jedoch nicht überbewertet werden. Die Autoren schränken die Aussage ihrer Studie mit Hinweis auf die Datenbasis (Querschnittsdaten, eine Unternehmung) mehrfach ein und stellen den methodischen Beitrag für die Handelsforschung in den Vordergrund.

Die Zahl der empirischen Untersuchungen in der Handelserfolgsfaktorenforschung ist bisher auch zu gering und die Datenbasis häufig zu eng angelegt, um überhaupt von substantiellen Ergebnissen größerer Reichweite zu sprechen. Es soll deshalb auf weitere Darstellungen von Einzeluntersuchungen zugunsten der methodischen Beurteilung der Erfolgsfaktorenforschung verzichtet werden.

4. METHODISCHE BEURTEILUNG

Anhand der dokumentierten Studien wird deutlich, daß die Erfolgsfaktorenforschung im Handel noch weit davon entfernt ist, allgemeingültige Gesetzmäßigkeiten zur Entwicklung von Wettbewerbsstrategien aufzudecken. Ursachen hierfür sind sowohl in den analysierten Daten als auch in fehlenden Erfolgsfaktorenhypothesen zu suchen. Zusätzlich sind mit dem linearen Regressionsmodell methodische Annahmen verbunden, die theoretisch nicht zu begründen sind.

Während Studien der strategischen Marketingforschung mit den PIMS-Daten auf die Erfassung langfristiger, branchenunabhängiger Effekte ausgerichtet sind, haben die Handelsstudien entweder einen festen Bezug zum Firmentyp wie bei Cronin/Skinner (1984), oder sie befassen sich mit einer speziellen Unternehmung (Hise et al. 1983). Branchenübergreifende Daten mit Längsschnittcharakter, wie sie die PIMS-Datenbank bereithält, sind für die Handelsforschung bisher nicht verfügbar, sieht man von

Branchendaten in der amtlichen Statistik ab. Aufgrund der verfügbaren Datenquellen in der Handelsforschung sollten sich Erfolgsfaktorenstudien vorerst mit Modellen mittlerer Reichweite begnügen, d.h. mit Branchen- oder Unternehmensbezug. Hier haben zumindest die Einzelhandelsfilialisten und Mittel- und Großbetriebe des Einzelhandels entsprechende interne Daten der einzelnen Filialen mit Längsschnittcharakter. Längsschnitt-Analysen sind Voraussetzung, um den Einfluß von weniger kontrollierbaren und kurzfristig nicht reversiblen Faktoren wie Standort und Wettbewerbsstruktur sichtbar zu machen.

Die PIMS-Forschung führt den Wettbewerbsbezug explizit - wie im Modell von Phillips et al. (1983) gezeigt - durch relative, auf die Wettbewerber bezogene Indikatoren ein. Die Handelsforschung verwendet diese relativen Faktoren bisher nicht, obwohl Daten dieser Art einfach durch Einschätzungen des (Filial-) Managements oder auch durch Konkurrenzdaten aus Haushaltspanels - wie noch ausgeführt wird - zu erheben sind.

Die Handelserfolgsfaktorenforschung ist bisher ein relativ hypothesenarmes Gebiet, sowohl im deutschen Bereich als auch in der amerikanischen Forschung überwiegen exploratorische Studien mit betrieblichen Leistungsfaktoren. Weitere Einflußgrössen, hierzu gehören auch kontrollierbare nicht-ökonomische Leistungsfaktoren, werden nur in den neueren Studien berücksichtigt. Hypothesen aus anderen Forschungsgebieten werden allenfalls zur Selektion von Variablen abgeleitet, um zu bewerten, ob eine Variable Relevanz zur Erklärung des Erfolgs hat oder nicht.

Diese Betrachtungsweise sollte aufgegeben werden. Es sind nicht nur Beziehungen zwischen einem prospektiven Erfolgsfaktor und dem Erfolgsindikator zu erwarten, sondern auch Beziehungsstrukturen unter den Erfolgsfaktoren, die zu indirekten oder vermittelten Effekten auf den Erfolg führen. Hypothesen für diese Beziehungen sollten durch Aufarbeitung anderer Forschungsgebiete 'entdeckt' werden. Die PIMS-Forschung und andere Gebiete wie die strategische Planung, die managementorientierte Organisationsforschung und die Industrieorganisationsforschung bieten sich als Quellen für Hypothesen an.

Daneben ist zu berücksichtigen, daß bisher bei den Einflußgrößen die Konsumentenseite vernachlässigt wurde, obwohl für viele Handelsunternehmen Panel-Informationen über das Verbraucherverhalten vorliegen. Gebiete wie die Zufriedenheits-, Einstellungs- und Imageforschung bieten Ansatzpunkte für Hypothesen über geschäftsbezogene Erfolgsfaktoren auf der Konsumentenseite und Beziehungen zwischen betrieblichen Leistungsfaktoren. So können zwischen den betrieblichen Leistungsfaktoren und den Einstellungen bzw. der Zufriedenheit der Konsumenten kausale Verknüpfungen bestehen (vgl. Hildebrandt/Trommsdorff 1985, 1986; Trommsdorff 1984). Faktoren auf der Konsumentenseite wie etwa das Geschäftsimage können die Einflüsse des Standorts auf den Erfolg vermitteln oder absorbieren.

Multiple Hypothesenverknüpfungen lassen sich mit den bisher eingesetzten Analysemodellen der Erfolgsfaktorenforschung nicht prüfen. Das multiple lineare Regressionsmodell gestattet keine engen Beziehungen zwischen den erklärenden Variablen. Bei Befragungen auftretende Meßfehler in den Variablen werden vernachlässigt. Viele (auch neuere) Studien haben derartige methodische Probleme.

Lösungsmöglichkeiten bieten sich in der kausalanalytischen Vorgehensweise (vgl. Abbildung 1). Komplexe Modellstrukturen oder Variablennetze können heute mit dem Programmpaket LISREL bei strengen Hypothesen (vgl. Jöreskog/Sörbom 1985; Hildebrandt 1983; Hildebrandt/Trommsdorff 1983) oder mit dem LVPLS-Modell für hypothesenarme Variablengeflechte (vgl. Lohmöller 1984) geschätzt werden.

Ausgehend von diesen Beurteilungen soll anschließend ein kausalanalytischer Modellansatz zur Erfolgsfaktorenforschung im Handel dargestellt werden.

5. EIN ALLGEMEINER MODELLANSATZ FÜR DIE ERFOLGSFAKTORENANALYSE

Das im folgenden dargestellte Modell beruht auf einer Untersuchung in einer Filialunternehmung des Einzelhandels mit unterschiedlich breiten Sortimenten. Die Filialen werden als Geschäftseinheiten betrachtet. Es liegen betriebsspezifische Bilanzgrößen, Informationen über Arbeits- und Flächenfaktoren vor. Außerdem sind Daten aus einem Haushaltspanel vorhanden, die den einzelnen Geschäftseinheiten zugeordnet werden können. Die Größe des Modells richtet sich nach der Zahl der Variablen und vorhandenen Wirkungshypothesen. Aus Gründen der Anschaulichkeit wird ein weniger komplexes Modell dargestellt.

Zugrunde liegen drei Basishypothesen, die aus Ergebnissen der Handelsforschung und der verhaltensorientierten Marketingforschung abgeleitet wurden.

H_1 : Die betrieblichen Leistungsfaktoren Arbeit, Fläche und Sortiment beeinflussen den Erfolg.

H_2 : Je besser das Image eines Geschäftes, desto größer der Erfolg dieses Geschäfts.

H_3 : Das Image eines Geschäfts ist abhängig von den betrieblichen Leistungsfaktoren Arbeit, Fläche und Sortimentsbreite der Geschäftseinheit.

Die drei Hypothesen postulieren, daß das Geschäftsimage eine intervenierende Variable für den Einfluß von Leistungsfaktoren des Geschäfts ist, daß aber auch ein direkter Einfluß zu erwarten ist. Die Hypothesenstruktur des Modells ist in *Abbildung 2* dargestellt. Die fetten Pfeile stehen für die erwarteten Kausalbeziehungen zwischen den Faktoren. Die Gesamteffekte ergeben sich aus direkten Wirkungen, z.B. Sortiment -> Erfolg, und indirekten Wirkungen, z.B. Sortiment -> Image -> Erfolg.

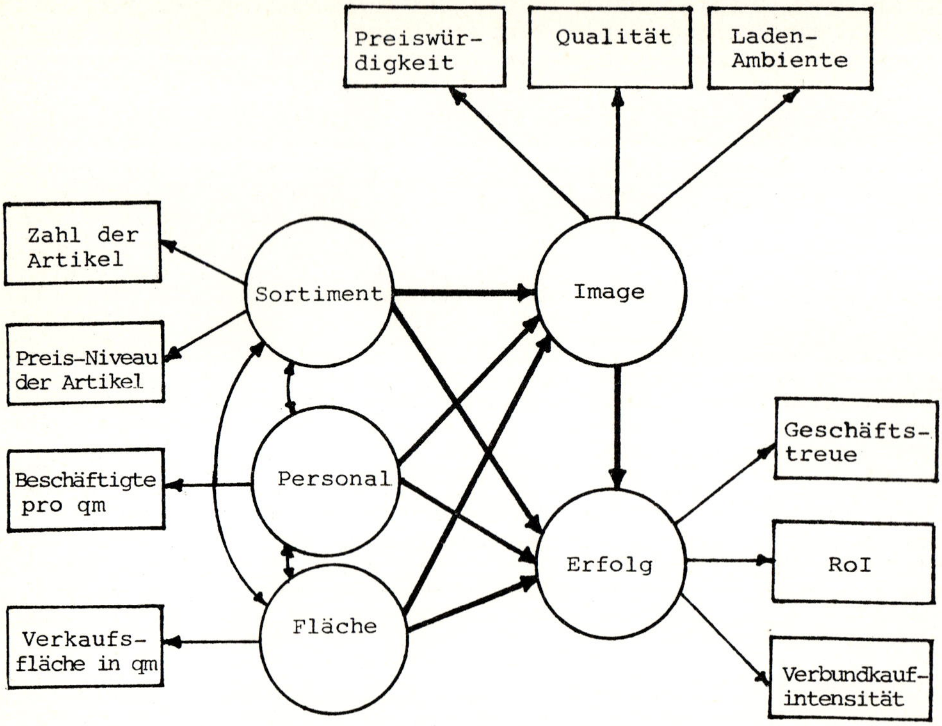

Abbildung 2. Ein Erfolgsfaktoren-Kausalmodell

Das Modell ist sowohl geeignet, neue Hypothesen bzw. deren Einflußstärken zu entdecken (explorierend), als auch geeignet, vorliegende Hypothesen zu prüfen (konfirmierend). So liegt eine spezifische Hypothese über die Richtung des Einflusses (positiv/negativ) nur für die Beziehung zwischen Geschäftsimage und Erfolg vor. Für die anderen Variablenbeziehungen wird zwar angenommen, daß Effekte bestehen, es wird aber offen gelassen, welcher Art diese Beziehungen sind. Insofern wird hier explorierend vorgegangen.

Die zweite Charakteristik des Modells ist, daß es multiple Indikatoren verwendet, um Meßfehler explizit einzubeziehen. Für die Faktoren Personal und Fläche ist dies nicht notwendig, da hier im allgemeinen "harte" Daten vorhanden sind. Der Einflußfaktor Sortiment kann dagegen unterschiedlich operationalisiert werden (vgl. z.B. Bierbaum 1979). Hier werden als Indikatoren für den Faktor Sortiment die Anzahl der Artikel und das Preisniveau der Artikel verwendet. Der Faktor Image beruht auf Urteilen von Konsumenten und ist geschäftsbezogen, z.B. aus einem Haushaltspanel zu erheben. Für das Erfolgskriterium könnte von einer mehrfachen Zielsetzung der Geschäfte ausgegangen werden (vgl. Müller-Hagedorn 1984, S. 45). Neben den betriebsinternen Erfolgskriterien aus der Bilanz (z.B. RoI) könnten aus den Paneldaten Indikatoren für Geschäftstreue und Verbundkaufintensität als geschäftsbezogene Erfolgskriterien im Modell mit berücksichtigt werden.

Die Parameter des Modells sind schätzbar mit LISREL oder PLS. Um auch noch andere Einflußfaktoren zu erfassen, kann das Modell um Variablen und Beziehungen erweitert werden. Über Panelinformationen lassen sich auch relative Variablen 'auf der Konsumentenseite' bilden. Die (Kauf-)Verhaltensdaten der Haushalte erfassen automatisch Kaufmengen und Kauffrequenzen bei den Hauptkonkurrenten. Sie können als Basis für relative Grössen dienen. Relative Indikatoren auf der Ebene der betrieblichen Leistungsfaktoren müßten geschätzt werden.

Das Modell soll Anhaltspunkte für eine methodische Weiterentwicklung der Erfolgsfaktorenforschung liefern. Die Hypothesenstruktur erfaßt nur einen Ausschnitt der Einflußfaktoren für den Erfolg einer Handelsunternehmung. Es wird aber deutlich, daß der methodische Ansatz hinsichtlich Komplexität und analysierbaren Beziehungsstrukturen den in der Erfolgsfaktorenforschung üblichen Regressionsansätzen überlegen ist. Validierungsstudien mit der Kausalanalyse auf der Ebene von betrieblichen Leistungsfaktoren und Konsumentenurteilen liegen vor (vgl. FfH 1981 und darauf aufbauend Hildebrandt/Trommsdorff 1985).

Die Anwendung der kausalanalytischen Methoden für Erfolgsfaktorenanalysen mit Unternehmens- und Konsumentendaten schafft valide wettbewerbsbezogene Information zur Planung von Marketingstrategien im Handel.

ZUSAMMENFASSUNG

Der Beitrag untersucht den Stand der Erfolgsfaktorenforschung für Handelsunternehmungen. Es wird zunächst eine definitorische Abgrenzung für Erfolgsfaktoren gegenüber den absatzpolitischen Instrumenten des Handels geliefert. Ergebnisse der marketingbezogenen PIMS-Forschung und Erfolgsfaktorenstudien des Handels werden dargestellt und hinsichtlich ihrer Datenbasis, der Hypothesengrundlage und der Analysemethodik beurteilt. Aus den Ergebnissen lassen sich Vorschläge für die Weiterentwicklung des Erfolgsfaktorenansatzes ableiten. Erarbeitet wird ein Kausalmodell mittlerer Komplexität, das sowohl die Informationsquellen des Handels - Bilanz-, und Leistungsinformation sowie haushaltsbezogene Konsumenteninformation - berücksichtigt und dessen Ergebnisse die Grundlage für wettbewerbsbezogene Entscheidungen im Handel liefern kann.

LITERATUR

Applebee, R.; Nitzberg, S. (1974): Factors Contributing to a Successful Operation of a Retail Department Store. Research Paper. 1974. Zitiert nach Arnold, D.R.; Capella, L.M.; Smith, G.D. (1983): Strategic Retail Management. Reading/Mass. 1983

Anderson, P.M. (1985): Association of Shopping Center Anchors with Performance of a Nonanchor Speciality Chain's Stores. Journal of Retailing. 61, 1985, pp. 61-74

Anderson, C.R.; Paine, F.T. (1978): PIMS: A Reexamination. Academy of Management Review. Vol. 3, 1978, pp. 602-611

Arnold, D.R.; Capella, L.M.; Smith, G.D. (1983): Strategic Retail Management. Reading/Mass. 1983

Baumol, W.J.; Ide, E.A. (1962): Variety in Retailing. In: Bass, F.M. et al. (eds) (1962): Mathematical Models and Methods in Marketing. Homewood/Ill. 1962, pp. 128-144

Bierbaum, H. (1979): Leistung und Leistungsbedingungen im Einzelhandel. Rationalisierungs-Gemeinschaft des Handels beim RKW e.V. Köln. Köln 1979

Böbel, I. (1984): Wettbewerb und Industriestruktur. Berlin 1984

Cooper, R.G. (1979): The Dimensions of Industrials New Product Success and Failure. Journal of Marketing. 43, 1979, pp. 93-103

Cronin, J.J.; Skinner, S.J. (1984): Marketing Outcomes, Financial Conditions, and Retail Profit Performance. Journal of Retailing. 60, 4, 1984, pp. 9-22

Dalrymple, D.J. (1966): Merchandising Decision Models for Department Stores. East Lansing. Michigan State University. 1966

Eliashberg, J.; Chatterjee, R. (1985): Analytical Models of Competition with Implications for Marketing Issues, Findings, and Outlook. Journal of Marketing Research. 22, 1985, pp. 237-261

FfH, Forschungsstelle für den Handel Berlin e.V. (1981): Die Qualität der Versorgung mit Einzelhandelsleistungen in Bayern. Forschungsbericht. Berlin 1981

Gümbel, R. (1985): Handel, Markt und Ökonomik. Wiesbaden 1985

Hansen, U. (1976): Absatz- und Beschaffungsmarketing des Einzelhandels. Bd. 1 und 2. Göttingen 1976

Hauser, J.R.; Shugan, S.M. (1983): Defensive Marketing Strategies. Marketing Science, 2, 4, 1983, pp. 319-360

Hildebrandt, L. (1983): Konfirmatorische Analysen von Modellen des Konsumentenverhaltens. Berlin 1983

Hildebrandt, L.; Trommsdorff, V. (1983): Konfirmatorische Analysen in der empirischen Forschung. In: Kroeber-Riel, W. et al. : Forschungsgruppe Konsum und Verhalten (1983): Innovative Marktforschung. Wien 1983

Hildebrandt, L.; Trommsdorff, V. (1985): Satisfaction with Retailing Supplies-Inferences and Causal Models of German Survey Results. Arbeitspapier. 3. CESCOM IRM. International Conference on Distribution. Milan 1985

Hildebrandt, L.; Trommsdorff, V. (1986): Die Messung der Zufriedenheit von Konsumenten am Beispiel der Versorgungszufriedenheit. In: Hansen, U. (Hrsg) (1986): Verbraucherzufriedenheit und Verbraucherberatung. Frankfurt 1986 (im Druck)

Hise, R.T.; Kelly, J.P.; Gable, M.; McDonald, J.B. (1983): Factors Affecting the Performance of Individual Chain Store Units. An Empirical Analysis. Journal of Retailing. 59, 2, 1983, pp. 22-39

Hörschgen, H.; Kachel, H. (1981): Größenbedingte Vor- und Nachteile mittelständischer Einzelhandelsunternehmen im Absatzbereich. In: Treis, B. (Hrsg) (1981): Der mittelständische Einzelhandel im Wettbewerb. München 1981, S. 77-125

Hruschka, H. (1984): Betriebsorientierte Handelsforschung. In: Hasitschka, W.; Hruschka, H. (1984): Handelsmarketing. Berlin 1984, S. 127-150

Jacobson, R.; Aaker, D.A. (1975): Is Market Share All That It's Cracked Up To Be. Journal of Marketing. 49, 1975, 4, pp. 19-22

Jöreskog, K.G.; Sörbom, D. (1985): LISREL VI - Analysis of Linear Structural Relationships by Maximum-Likelihood and Least Squares Methods. Chicago 1985

Lohmöller, J.B. (1984): LVPLS 1.6 Program Manual, Latent Variable Path Analysis with Partial Least-Squares Estimation. Zentralarchiv Köln 1984

Lusch, R.F.; Moon, S.J. (1984): An Exploratory Analysis of the Correlates of Labor Productivity in Retailing. Journal of Retailing. 60, 1984, pp. 37-61

Müller-Hagedorn, L. (1984): Handelsmarketing. Stuttgart 1984

Müller-Hagedorn, L.; Heidel, B. (1986): Die Sortimentstiefe als absatzpolitisches Instrument. Zeitschrift für betriebswirtschaftliche Forschung. 38, 1986, 1, S. 39-63

Oxenfeld, A.R.; Moore, W.L. (1978): Customer or Competitor: Which Guideline for Marketing. Management Review. 1978, pp. 43-48

Phillips, L.W. (1981): Assessing Measurement Errors in Key Informants Reports: A Methodological Note in Organizational Analysis in Marketing. Journal of Marketing Research. 18, 1981, pp. 395-415

Phillips, L.W.; Chang, D.R.; Buzzell, R.D. (1983): Product Quality, Cost Position, and Business Performance: A Test of some Key Hypothesis. Journal of Marketing. 47, 1983, pp. 26-43

Porter, M.E. (1984): Wettbewerbsstrategien. Frankfurt 1984

Schoeffler, R.D.; Buzzell, R.D.; Heany, D.F. (1974): Impact of Strategic Planning on Profit Performance. Harvard Business Review. 52, 1974, pp. 137-145

SPI, Strategic Planning Institute (1980): The PIMS-Program. Cambridge/Mass. 1980

SPI, Strategic Planning Institute (1984): The PIMS Program. Data Manual. Cambridge/Mass. 1984

Tietz, B. (1985): Der Handelsbetrieb. München 1985

Treis, B. (1981): Der mittelständische Einzelhandel im Wettbewerb. München 1981

Trommsdorff, V. (1984): Predicting Consumer Choice Probabilities by Causal Models of Competition. in: Kinnear, T.C. (ed): Advances in Consumer Research. Vol. XI, Ann Arbor 1984

Wind, Y.; Robertson, T.S. (1983): Marketing Strategy: New Direction for Theory and Research. Journal of Marketing. 47, 1983, pp. 12-25

Strategische Früherkennung für die Beschaffung im Handel

Jürgen Mertens; Udo Koppelmann, Köln

1. EINLEITUNG

Die Nutzung der Frühwarnsysteme im Handel stellt immer noch die Ausnahme dar, obwohl dieses Informationsinstrument Wesentliches dazu leisten kann, den Erfolgsbeitrag der Beschaffung zu steigern. Dies mag daran liegen, daß der Einkäufer durch eine Vielzahl denkbarer zu beobachtender Frühindikatoren überfordert ist. Das Ziel des vorliegenden Beitrages besteht deshalb darin, Wege aufzuzeigen, wie man relevante Beobachtungsbereiche von weniger bedeutenden unterscheiden kann und somit ein auf die speziellen Bedürfnisse des Handelsbetriebes zugeschnittenes und entscheidungstechnisch handhabbares Frühwarnsystem entwickeln kann.

1.1 ZUR BEDEUTUNG DER BESCHAFFUNG IM HANDEL

Die Geschwindigkeit, der Innovationsgrad und die Komplexität der Veränderungen im Umfeld von Handelsunternehmungen haben sich in den letzten zwei Jahrzehnten wesentlich erhöht. Dies gilt nicht nur für den Transaktionsbereich Absatz, in dem die Verhaltensweisen der produktiven bzw. konsumtiven Abnehmer sowie die Aktionen der direkten und indirekten Absatzkonkurrenten den Erfolg des eigenen Handelsunternehmens wesentlich beeinflussen, sondern auch für den hier zu untersuchenden zweiten Transaktionsbereich, die Beschaffung.

Im Handel kommt der Beschaffung aus mehreren Gründen besondere Bedeutung zu. Zum einen sind die Beschaffungskosten im Einzelhandel mit durchschnittlich über 70 % an den Gesamtkosten dominant (Statistisches Bundesamt 1985, S. 122), zum anderen werden die Beschaffungsobjekte (Handelswaren) in der Regel unverändert abgesetzt (Buddeberg 1959, S. 24 ff.), so daß die Auswahl und der Bezug objektleistungs- und modalitätsgerechter Angebote aus dem Beschaffungsmarkt als Erfolgsvoraussetzung für die Absatzpolitik anzusehen sind. Umgekehrt induzieren Nachfrageveränderungen direkte Konsequenzen für die Beschaffung, so daß auch der Absatzmarkt in die Konzeption eines Frühwarnsystems einzubeziehen ist.

Handelsforschung 1986
Hrsg. Volker Trommsdorff

1.2 ABSATZ-, BESCHAFFUNGS- UND RECHTLICH-POLITISCH SOWIE MAKROÖKONOMISCH BEDINGTE FAKTOREN, DIE DEN BESCHAFFUNGSERFOLG DETERMINIEREN

Auf dem *Absatzmarkt* interessieren nun den Einkäufer im Handelsbetrieb

- die Verhaltensweisen seiner *Abnehmer* und der *Absatzkonkurrenten*

auf dem *Beschaffungsmarkt*

- diejenigen seiner *Beschaffungskonkurrenten* und *Lieferanten* und

- Entwicklungen im *rechtlich-politischen* und *makroökonomischen* Umfeld, in dem sich Beschaffungs- und Absatzprozesse vollziehen. Dabei sind jedoch nicht nur gegenwärtige, sondern auch potentielle Transaktionspartner in das Kalkül mit einzubeziehen.

Zumindest für den institutionellen Einzelhandel gilt (Tietz 1985, S. 4-5), daß die Nachfragefaktoren auf das regional begrenzte Einzugsgebiet zu konkretisieren sind; als Absatzkonkurrenten kommen jedoch nicht nur andere Einzelhandelsbetriebe, sondern alle Unternehmen in Betracht, die sich um die Befriedigung des gleichen Bedarfs bemühen, z.B. Hersteller, die ihre Produkte direkt vertreiben, Versandhändler usw.

Zu den Beschaffungskonkurrenten (Stangl 1985, S. 154) zählen neben den konkurrierenden Handelsunternehmen - diese sind zugleich Absatzkonkurrenten - alle Institutionen (z.B. Unternehmen, Großverbraucher), die Bedarf an den gleichen Handelswaren haben und somit Anbieterkapazitäten für sich beanspruchen können. In Anbetracht der Internationalisierung der Beschaffungsbeziehungen des Handels - über 20 % der eingekauften Warenmengen werden im Ausland bezogen, wobei die Importe eine steigende Tendenz aufweisen (Knoblich 1980, S. 1084 ff.) - sind nicht nur nationale, sondern auch internationale Entwicklungen zu berücksichtigen.

Die Beschaffungsaktivitäten vollziehen sich innerhalb eines Systems rechtlich-politischer Regelungen (vgl. zu der Vielzahl möglicher rechtlicher Limitierungen im Beschaffungsbereich Böcke 1986, S. 42 ff.) sowie makroökonomischer und währungsbezogener Entwicklungen im Nachfrager- und Anbieterland, die vom einzelnen Unternehmen als Daten hingenommen werden müssen und die dessen Erfolg zu beeinträchtigen oder zu steigern vermögen. Problemverschärfend kommt hinzu, daß diesbezügliche Veränderungen häufig unregelmäßig, kurzfristig sowie in Ausmaß und Richtung unkontrollierbar erfolgen, eine Prognose auf der Basis von Vergangenheitswerten deshalb kaum möglich ist. Als Beispiele dafür mögen die Entwicklung des DM/US-Dollar-Wechselkurses in den letzten Jahren, die kurzfristige Verhängung von Straf- bzw. Dumpingzöllen oder die Quotierung von Einfuhren gelten.

1.3 FRÜHWARNSYSTEME ALS INFORMATIONSINSTRUMENT DER BESCHAFFUNGSLEITUNG UND ANFORDERUNGEN AN FRÜHINDIKATOREN

Primäre Aufgabe der Beschaffungsleitung in Handelsbetrieben ist es deshalb, durch rechtzeitiges Erkennen und richtiges Einschätzen zukünftig möglicher Ereignisse auf dem Beschaffungs- und Absatzmarkt sowie im rechtlich-politischen Bereich frühzeitig Beschaffungsstrategien und Maßnahmen zu konzipieren bzw. zu ergreifen, um drohende *Risiken* zu bewältigen oder sich ergebende *Chancen* zu nutzen. Die dazu benötigten *Informationen* sollen durch Frühwarnsysteme bereitgestellt werden. In der betriebswirtschaftlichen Literatur, aber auch in der betrieblichen Praxis wurde eine Vielzahl von Frühwarnsystemen - vorwiegend für den Absatzbereich - entwickelt (vgl. z.B. Böhler 1983; Morner 1973, S. 35 ff.; Meyer, Backhaus 1984, S. 64 ff.; Malzinger 1983, S. 173 ff.; Hahn 1979, S. 25 ff.).

Frühwarnsysteme bestehen aus einer Vielzahl von *Frühindikatoren*, Beobachtungsfeldern, auf denen Veränderungen wahrgenommen werden können, noch bevor deren Konsequenzen sich auf die Zielerreichung des Handelsunternehmens ausgewirkt haben. D.h., daß diese Indikatoren so frühzeitig Signale geben, daß noch genügend Zeit verbleibt, drohenden Konsequenzen durch entsprechende Maßnahmen zu begegnen oder sich ergebende Chancen durch entsprechende Maßnahmen konsequent zu nutzen (Ansoff 1976, S. 129 ff.).

An Frühindikatoren müssen verschiedene *Anforderungen* gestellt werden. So muß beispielsweise aufgrund von Erfahrungswerten bekannt oder aufgrund von Plausibilitätsüberlegungen vorstellbar sein, welche *unternehmensspezifischen Konsequenzen* beobachtete Veränderungen nach sich ziehen können. Ein Indikator ist dann entscheidungsbezogen unbrauchbar, wenn seine Konsequenzen völlig unkalkulierbar sind und keine Hinweise auf beschaffungspolitische Maßnahmen ableitbar sind (vgl. zu der Vielzahl beschaffungspolitischer Handlungsalternativen Mertens 1986, S. 47 ff.). Weiterhin müssen die verwendeten Frühindikatoren zumindest in der Weise *operationalisierbar* sein, daß die Fixierung von *Schwankungszonen* ermöglicht wird, innerhalb derer Veränderungen als tolerierbar hingenommen werden, d.h. für das beschaffende Unternehmen keine Handlungskonsequenzen hervorrufen. Bei Über- oder Unterschreiten bestimmter Schwellenwerte werden dagegen beschaffungspolitische Aktionen zur Verhinderung oder zur Bewältigung von Beschaffungskonstellationen ausgelöst. *Abbildung 1* verdeutlicht diesen Zusammenhang.

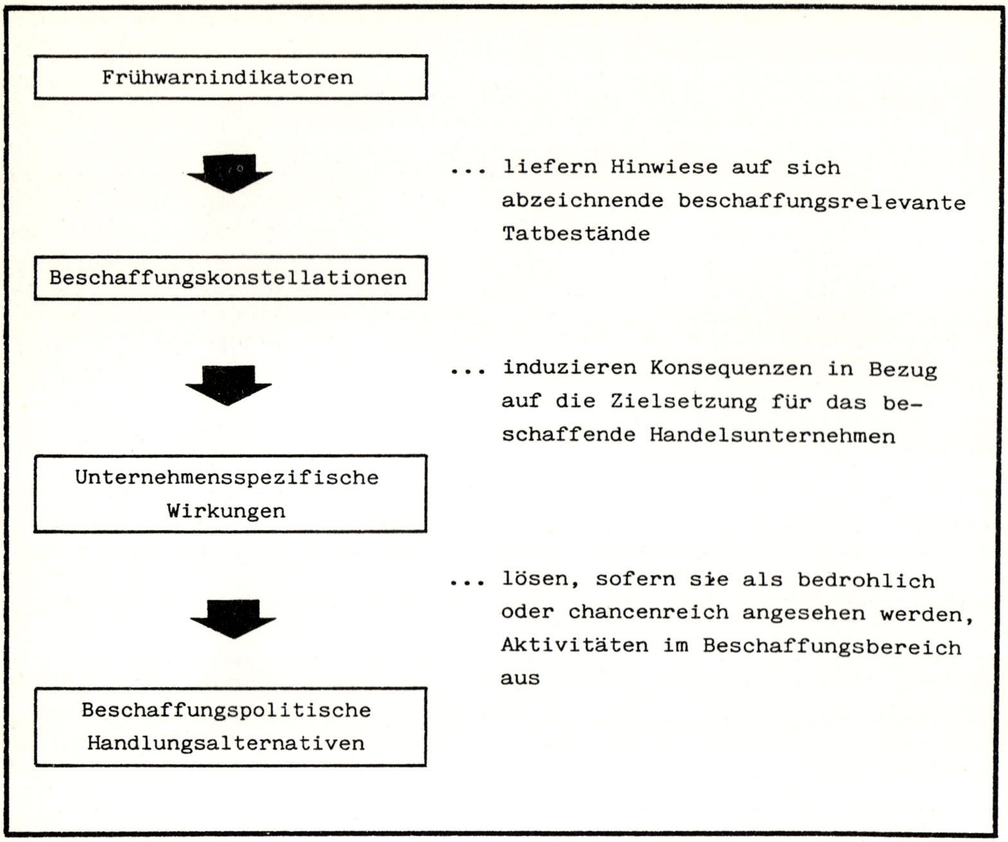

Abb. 1. Zum Zusammenhang von Frühwarnindikatoren und beschaffungspolitischen Handlungsalternativen

2. VORGEHENSWEISE ZUR KONZIPIERUNG EINES ENTSCHEIDUNGSTECHNISCH HANDHABBAREN FRÜHWARNSYSTEMS

2.1 DENKBARE BESCHAFFUNGSKONSTELLATIONEN

Ausgangspunkt der weiteren Überlegungen sollen denkbare *Beschaffungskonstellationen* sein. Dabei handelt es sich um beschaffungsrelevante Ereignisse und Entwicklungen, die von *Handelsunternehmen* nicht oder kaum beeinflußbar sind, aber deren Zielerreichung dennoch mit determinieren. Durch den Einsatz von Frühwarnsystemen gilt es, derartige Beschaffungskonstellationen rechtzeitig zu erkennen, um - wenn die Unternehmenszielerreichung im konkreten Fall bedroht ist - konstellationsverhindernde oder -bewältigende Maßnahmen zu initiieren. Einen Überblick über mögliche Beschaffungskonstellationen vermittelt *Abbildung 2*.

Beschaffungskonstellationen

- **Rechtlich-politisch bedingte Beschaffungskonstellationen**
  - Politische Instabilitäten
  - Streik|Aussperrung
  - Quantitätsrestriktionen
  - Schwankungen der Wechselkurse
  - Produktbezogene Angaben
  - Produktbezogene Subventionen
  - Produktionsauflagen
  - Vorgaben für die Produktgestaltung
  - Vermarktungsauflagen
  - Gebrauchs-|Verbrauchslimitierungen
  - usw.
- **Beschaffungsmarktbedingte Beschaffungskonstellationen**
  - Lieferunwilligkeit des Anbieters
  - Monopolistisches Lieferantenverhalten
  - Überkapazität des Lieferanten
  - Liquiditätsengpaß des Lieferanten
  - Lieferantenkonkurs
  - Marktverengung
  - Konstruktions-, Produktionsprobleme des Lieferanten
  - Lieferantenfehler
  - Konkurrenzstörung auf dem Beschaffungsmarkt
  - usw.
- **Absatzmarktbedingte Beschaffungskonstellationen**
  - Unvorhergesehene Anspruchsänderung
  - Rückgang der Kundenzahl
  - Anstieg der Kundenzahl
  - Kaufkraftanstieg
  - Kaufkraftrückgang
  - Episodische Kaufhausse
  - Episodische Kaufbaisse
  - Konkurrenzausfall auf dem Absatzmarkt
  - Konkurrenzstörung auf dem Absatzmarkt
  - usw.

Abb. 2. Beschaffungskonstellationen

2.2 MÖGLICHE KONSTELLATIONSINDUZIERTE WIRKUNGEN

Situationen, wie sie in der obigen Übersicht dargestellt wurden, induzieren im einkaufenden Handelsunternehmen Wirkungen, die die *Zielerreichung* (vgl. zu den Möglichkeiten der Zielformulierung im Beschaffungsbereich Meyer 1986) beeinflussen können. Besteht die Gefahr, daß gesteckte Ziele infolge der drohenden oder eingetretenen Auswirkungen der Beschaffungskonstellationen nicht erreicht werden, so soll von Risiken gesprochen werden. Existiert dagegen die Möglichkeit, daß Ziele übererreicht werden, so sollen derartige Wirkungen als Chancen bezeichnet werden. Den Beschaffungserfolg beeinträchtigende (Risiken) oder begünstigende (Chancen) Wirkungen von Ereignissen bzw. Entwicklungen stellt die nachfolgende *Abbildung 3* dar.

Risiken	Chancen
- Absatzausfall - Intensive Absatzschwankungen - Objektleistungsverschlechterungen - Starke Leistungsschwankungen - Lieferausfall, -verzug - Fehlmengen - Preiserhöhungen - Verringerung des Anbieterkreises - Angebotsmengenengpaß - usw.	- Absatzanstieg - Objektleistungsverbesserung - Beschaffungspreissenkung - Erweiterung des Anbieterkreises - Günstige Einkaufsgelegenheit - Angebotsmengenüberschuß - usw.

Abb. 3. Beschaffungskonstellationsinduzierte Wirkungen

2.3 EXEMPLARISCHE DARSTELLUNG DES KONSTELLATIONS-WIRKUNGS-GEFÜGES SOWIE RELEVANTER INDIKATIONSBEREICHE AM BEISPIEL EINES DROHENDEN LIEFERAUSFALLS

Es würde nun den Rahmen der beabsichtigten Ausführungen bei weitem sprengen, wenn allen aufgezählten Konstellationen alle denkbaren Wirkungen und diesen wiederum eine Vielzahl möglicher Indikationsbereiche zugeordnet würden (vgl. dazu ausführlich Mertens 1986, S. 202 ff.). Aus diesem Grunde soll dies an dieser

Stelle ausführlich nur für eine Wirkung, einen (drohenden) Lieferausfall erfolgen, eine Wirkung, die einen hohen Risikofaktor für die Beschaffung im Handel aufweist (Koppelmann 1980,S.426 ff.).

Ein Lieferausfall kann beispielsweise durch einen *Importstop* oder ein *Lieferembargo* des Anbieterlandes bedingt sein. Während Lieferembargos oder Handelssanktionen oftmals lange vorher an der Entwicklung der politischen Beziehungen (politische Instabilitäten) zwischen Anbieter- und Nachfragerland ablesbar sind, besteht auch bei prinzipiell intakten politischen Beziehungen die Möglichkeit, daß eingeräumte *Importquoten* ausgeschöpft sind und somit ein weiterer Warenbezug verhindert wird. Auch kurzfristige Einfuhrverbote (Vergeltungsmaßnahmen) sind bei schwelenden Handelskonflikten (z.B. zwischen der EG und den USA) denkbar und schon praktiziert worden, wobei derartige protektionistische Maßnahmen oftmals mit ausgeprägten Zahlungsbilanzungleichgewichten oder wettbewerbsverzerrenden Praktiken (z.B. Subventionen) einhergehen.
Eine andere administrativ bedingte Ursache für Lieferausfälle kann in verschärften *Produktionsauflagen* oder *Produktgestaltungsauflagen*, beispielsweise als Konsequenz intensivierter Umwelt- oder Verbraucherschutzbemühungen bestehen. Hier kann es im Extremfall zu Stillegungen der Produktion oder zur langwierigen Lieferverzögerung wegen der Umstellung der Produktionsabläufe oder der (teilweisen) Neuentwicklung von Produkten kommen. Als Beobachtungsbereiche wären hier die Trends in der politischen Diskussion sowie die Mehrheitsbildung in der betreffenden Frage zu nennen.
Ebenfalls eignen sich die Indikationsbereiche politische Diskussion (z.B. Streikdrohungen), aber auch die Aktivitäten der Tarifparteien (ergebnislose Verhandlungsrunden, umstrittene Forderungen, Urabstimmungen), um rechtzeitig Informationen über bevorstehende Arbeitskämpfe (Streiks, Aussperrungen) zu erhalten.
Eine andere Ursache für einen Lieferausfall liegt in dem *Konkurs des Anbieters* begründet, weshalb hier dessen Ertrags- und Liquiditätsentwicklung sowie der Verschuldungsgrad (Eigenkapitalanteil) zu beobachten sind.
Nicht nur eine Ziel- und Strategieveränderung im Absatzbereich, sondern auch die Abhängigkeit eines Anbieters von einem Nachfragekonkurrenten können dazu führen, daß der Lieferant nicht mehr gewillt ist, eine bestehende *Lieferbeziehung* aufrechtzuerhalten, oder daß er schlichtweg nicht mehr liefern darf. Aus diesem Grunde sind die Beobachtung der Eigentumsanteile (Beteiligungen) oder der Lieferanteil bestimmter Nachfragekonkurrenten wichtige Indikatoren für die Zuverlässigkeit und Stabilität einer Lieferbeziehung.

Die Beschaffungsmarktanteile einzelner oder aller Einkaufskonkurrenten liefern zudem weitere Hinweise darauf, ob andere Beschaffer die Anbieterkapazitäten an sich binden und somit *Bezugsquellen* für das eigene Handelsunternehmen *blockieren* können. Diese Frage kann man jedoch nicht losgelöst davon beurteilen, ob sich kurzfristig Potentialreserven des oder der Anbieter (re-)aktivieren lassen bzw. wie hoch der Auslastungsgrad der Anbieter gegenwärtig ist. Je geringer die diesbezüglichen Flexibilitätspotentiale einzuschätzen sind, desto bedeutender sind Informationen über die Bedarfsverläufe der Mitbewerber. Eine Analyse darf sich jedoch nicht auf die aktuellen Beschaffungskonkurrenten beschränken, sondern muß potentielle zukünftige Entwicklungen, insbesondere das Auftauchen neuer Beschaffungskonkurrenten oder die Erschließung neuer *Verwendungsbereiche* für ein Beschaffungsobjekt einbeziehen. Schließlich sei noch auf die Möglichkeit *ernteausfall- oder spekulativ bedingter Marktverengungen* und dadurch induzierter Lieferausfälle verwiesen. Die nachfolgende *Abbildung 4* faßt die Aussagen zusammen.

Beschaffungskonstellationen	Indikationsbereiche
Arbeitskampf beim Lieferanten im Transportbereich	Konfliktbeladene Forderungen, Streikdrohungen, Aktivitäten der Tarifparteien
Quantitätsrestriktionen, z.B. Lieferembargo, Importstopp	politische Entwicklung, latente Handelskonflikte, Protektionismustendenzen, Zahlungsbilanzungleichgewichte
Produktionsauflagen	politische Sensibilität, Mehrheitsbildung
Konkurs des Anbieters	Ertragsverlauf, Liquiditätsentwicklung, Verschuldungsgrad
Konkurrenzstörung auf dem Beschaffungsmarkt	Marktanteil der Beschaffungskonkurrenten, Auslastungsgrad| Potentialreserven der Anbieter, Auftauchen neuer Beschaffungskonkurrenten, Entwicklung neuer Verwendungsbereiche
Marktverengung	Ernteausfall, Spekulation
Lieferunwilligkeit des Anbieters	Ziel- und Strategieänderung im Absatzbereich, Abhängigkeit des Anbieters von bestimmten Abnehmern

Abb. 4. Ursachen und Indikationsbereiche, dargestellt am Beispiel eines *Lieferausfalls*

2.4 BESCHAFFUNGSOBJEKTMERKMALE ALS SELEKTIONSKRITERIEN FÜR DIE HERAUSFILTERUNG RELEVANTER BEOBACHTUNGSBEREICHE UND SOMIT RELEVANTER FRÜHINDIKATOREN

Aus ökonomischen Gründen ist die permanente Analyse aller Faktoren für alle einzukaufenden Produkte wenig sinnvoll. Aus diesem Grunde gilt es, Kriterien zu finden, mit Hilfe derer aus der unübersehbaren Zahl möglicher zu beobachtender Indikatoren die jeweils relevanten segmentiert werden, so daß das Frühwarnsystem insgesamt handhabbar bleibt.

Zunächst erscheint es sinnvoll, sich auf solche Produkte zu konzentrieren, die einen gewissen *Umsatz* auf sich vereinen (z.B. große Bedarfsmenge, hoher Produktwert) oder die aus *Sortimentsprofilierungsgründen* (hohe Leistungsdeterminierung, Sortimentskompetenz) von besonderer Bedeutung für das Handelsunternehmen sind. Eine weitere Reduktion des Analyseumfangs ergibt sich, wenn man *Beschaffungsmerkmale* dazu benutzt, das breite Spektrum möglicher Entwicklungen und Indikationsbereiche dahingehend einzuschränken, daß man sich objektspezifisch auf naheliegende Beschaffungskonstellationen und somit Frühwarnbereiche konzentriert. Als hilfreich dazu erweisen sich die in Analogie zu Koppelmann (Koppelmann 1978, 1986) entwickelten Beschaffungsobjektklassifikationen von Biergans und Stangl (Biergans 1984, S. 357 ff.; Stangl 1985, S. 164).

So liegt es beispielsweise nahe, sich bei gegebener *Importabhängigkeit* auf die Beobachtung der politischen Entwicklung, des Streikrisikos, von Erhältlichkeitsbeschränkungen oder von Wechselkursveränderungen zu konzentrieren.
Je *individualisierter* Produkte sind und je höher das *Produktleistungsniveau* ist, desto weniger muß mit Konkurrenzstörungen auf dem Absatzmarkt gerechnet werden; vielmehr sind Leistungsfehler oder Produktions- und Konstruktionsprobleme zu erwarten. Wahrscheinlicher sind dagegen bei hochgenrigen Produkten Lieferrestriktionen der Anbieter. Umgekehrt gilt für *standardisierte Massenprodukte*, daß die Gefahren von Konkurrenzstörungen auf dem Absatzmarkt oder intensiven Nachfrageschwankungen relativ hoch sind. Es würde nun den Rahmen der vorgesehenen Ausführungen sprengen, wenn den verschiedenen Beschaffungsmerkmalen im folgenden explizit naheliegende Beobachtungsbereiche zugeordnet würden. Aus diesem Grunde soll dieses verkürzt in der nachfolgenden Matrix (*Abbildung 5*) angedeutet werden.

Beschaffungsmerkmale / Beschaffungskonstellationen	hohes Leistungsniveau	schneller Leistungswandel	hoher Substitutionierungsgrad	Angebotskonzentration	Nachfragekonzentration	große Bedarfsmenge	Importabhängigkeit	hohe Bedarfsintensität	usw.
Politische Instabilität				X			X		
Streik|Aussperrung							X	X	
Quantitätsrestriktionen						X	X	X	
Wechselkursschwankungen						X	X		
Abgaben|Subventionen						X			
Lieferunwilligkeit des Anbieters	X			X	X			X	
Monopolistisches Lieferantenverhalten	X			X					
Liquiditätsengpaß des Lieferanten				X					
Konkurs des Lieferanten				X		X			
Marktverengung				X		X	X		
Konstruktions-|Prod. Probleme des Lieferanten	X	X							
Lieferantenfehler	X					X		X	
Konkurrenzstörung auf dem Beschaffungsmarkt					X	X		X	
Anspruchsänderung		X	X						
Kaufbaisse|Kaufhausse			X			X		X	
Konkurrenzstörung auf dem Absatzmarkt		X	X						
usw.									

Abb. 5. Beschaffungsmerkmalsabhängige Beobachtungsfelder

ZUSAMMENFASSUNG

Die voranstehenden Ausführungen haben Ansatzpunkte verdeutlicht, wie ein den individuellen Ansprüchen des beschaffenden Handelsunternehmens entsprechendes Frühwarnsystem konzipiert werden kann, wie aus den umfangreichen Frühwarnkatalogen, die in der betriebswirtschaftlichen Literatur und Praxis entwickelt wurden, relevante Bereiche herausgefiltert werden können.

Ein derartiges, entscheidungstechnisch verwendbares und auf die individuellen Bedürfnisse des Handelsbetriebes zugeschnittenes Frühwarnsystem erweist sich als kostengünstiges Informationsinstrument, dem durch seine frühzeitige Signalfunktion große Bedeutung im Einkauf zukommt. Inwieweit jedoch Signale erkannt, richtig interpretiert und vor allem, ob die richtigen beschaffungspolitischen Konsequenzen (Mertens 1986) gezogen werden, hängt von der Leistungsfähigkeit und Bereitschaft der Entscheidungsinstanzen ab.

LITERATURLISTE

Ansoff, I. (1976): Managing Surprise and Discontinuity - Strategic Response to Weak Signals. In: Zeitschrift für betriebswirtschaftliche Forschung, 28. Jg. 1976, S. 129-152

Biergans, B. (1986): Zur Entwicklung eines marketingadäquaten Ansatzes und Instrumentariums für die Beschaffung. Bd. 1 der Beiträge zum Beschaffungsmarketing, hrsg. von U. Koppelmann, 2. Aufl. Köln 1986

Böcke, T. (1986): Die Bedeutung rechtlicher Limitierungen und Gestaltungsmöglichkeiten für den industriellen Beschaffungsprozeß, Bd. 3 der Beiträge zum Beschaffungsmarketing, hrsg. von U. Koppelmann. Köln 1986

Böhler, H. (1983): Strategische Marketing-Früherkennung. Köln 1983

Buddeberg, H. (1959): Betriebslehre des Binnenhandels. Wiesbaden 1959

Hahn, D. (1979): Frühwarnsysteme, Krisenmanagement und Unternehmensplanung. In: Frühwarnsysteme, ZfB-Ergänzungsheft 2/1979, hrsg. von H. Albach u.a., Wiesbaden 1979, S. 25-46

Knoblich, H. (1980): Importbeziehungen deutscher Handelsunternehmen. Ergebnisse einer empirischen Untersuchung. In: Zeitschrift für betriebswirtschaftliche Forschung, 32. Jg. 1980, S. 1084-1095

Koppelmann, U. (1978): Grundlagen des Produktmarketing. Stuttgart, Köln, Berlin, Mainz 1978

Koppelmann, U. (1986): Produktmarketing. Stuttgart, Köln, Berlin, Mainz 1986

Koppelmann, U. (1980): Strategien zur Vorbeugung beschaffungsbedingter Betriebsunterbrechungen. In: Betriebswirtschaftliche Forschung und Praxis, 32. Jg. 1980, Heft 5, S. 426-444

Malzinger, C. (1983): Länderanalysen. In: Buchinger, G. (Hrsg): Umfeldanalysen für das strategische Management. Köln 1983, S. 172-186

Mertens, J. (1986): Zur Entwicklung und zum konstellationsadäquaten Einsatz eines Beschaffungsmarketing-Instrumentariums im Einzelhandel, Bd. 6 der Beiträge zum Beschaffungsmarketing, hrsg. von U. Koppelmann. Köln 1986

Meyer, C. (1986): Beschaffungsziele, Bd. 5 der Beiträge zum Beschaffungsmarketing, hrsg. von U. Koppelmann, Köln 1986

Meyer, M.; Backhaus, K. (1984): Internationale Risiko-Barometer. In: Absatzwirtschaft, 27. Jg. 1984, Heft 10, S. 64-72

Morner, P. (1973): Der Alarm kommt immer noch zu spät. In: Manager Magazin, 3. Jg. 1973, Heft 1, S. 36-39

Stangl, U. (1985): Beschaffungsmarktforschung. Ein heuristisches Entscheidungsmodell, Bd. 2 der Beiträge zum Beschaffungsmarketing, hrsg. von U. Koppelmann. Köln 1985

Statistisches Bundesamt (Hrsg) (1985): Statistisches Jahrbuch für die Bundesrepublik Deutschland. Wiesbaden 1985

Tietz, B. (1985): Der Handelsbetrieb. München 1985

III. Neue Methoden der Handelsbetriebsführung

Die Controllingfunktion im Steuerungssystem des stationären Einzelhandels

Dieter Ahlert; Hans Günther, Münster

1. AUSGANGSPUNKTE UND PROBLEMSTELLUNG

Betrachtet man die Entwicklung des deutschen Einzelhandels innerhalb der letzten zwei Jahrzehnte, so gewinnt man leicht den Eindruck, daß sich das "Wheel of Retailing" (Mc Nair 1958, S. 17 ff.) immer schneller zu drehen scheint. Dies wird einerseits an der zunehmenden Anzahl von Unternehmenszwangsschließungen und -fusionen, standortspezifischer Marktanteilsverschiebungen und Betriebsaufgaben deutlich, von denen auch die großen, etablierten Handelskonzerne und -gruppen nicht verschont bleiben. Andererseits treten neue Handelsbetriebe mit mehr oder weniger "eigenwilligen" Aktionsparameterkonstellationen in den Markt ein, und vormals unbedeutende Unternehmen expandieren in einem kaum erahnten Ausmaß. Ein wesentlicher Teil der heute großen Handelsunternehmen wurde erst in der Mitte der sechziger Jahre gegründet bzw. begann erst in dieser Zeit zu expandieren.

Ohne der sicherlich überspitzten These Dreesmanns von der "army of non-experts" uneingeschränkt folgen zu wollen (Dreesmann 1968, S. 71), erscheint es naheliegend, eine der wesentlichen Ursachen dieser Entwicklung in der unterschiedlichen Qualität des Handelsmanagements zu sehen. Offenbar bestehen in einigen Unternehmungen Defizite im Bereich der marktadäquaten Steuerung, also der Adaptionsfähigkeit (möglicherweise auch der Adaptionswilligkeit). Mangelnde Adaptionsfähigkeit beruht vor allem auf zwei eng miteinander verknüpften Mängeln: zum einen auf Unzulänglichkeiten des von den Entscheidungsträgern der Willensbildung zugrunde gelegten Entscheidungsfeldmodells (Grochla 1969, S.385 f.) und zum anderen auf mangelhaften Informationen über die konkreten gegenwärtigen und für die Zukunft zu erwartenden Ausprägungen der Variablen des Zustandsraumes.

Gleichwohl erscheint es nicht angebracht, von einem allgemeinen Theoriedefizit der Entscheidungsträger im Handel zu sprechen. Bei der Vielfalt der Erscheinungsformen und Probleme des Handels bleibt es nicht aus, daß die (betriebsübergreifende, z.B. universitäre) Handelsforschung keine zugleich allgemeingültigen und im konkreten Fall unmittelbar umsetzbaren Erklärungs- oder gar Optimierungsmodelle entwickeln und dem Handelsmanagement zur Krisenbewältigung anbieten kann. Ein Defizit besteht eher im Hinblick auf ein Instrumentarium (Management-Technologie),

Handelsforschung 1986
Hrsg. Volker Trommsdorff

das die Entscheidungsträger in den Handelsunternehmen in die Lage versetzt, sich selbst die für die marktadäquate Steuerung notwendigen, unternehmens- und situationsspezifischen Informationsgrundlagen zu verschaffen.

Den Durchbruch im Hinblick auf die Beseitigung dieses Defizites könnte man sich von der Konzeption des Controlling erhoffen, in der ein praxisbewährter Ansatz zur Bewältigung der Adaptions- und Koordinationsprobleme gesehen wird (Horváth 1979, S. 5). Es ist bemerkenswert, daß die Controlling-Philosophie nicht in demselben Maße wie die Marketing-Philosophie oder neuerdings (in Ansätzen) die Strategische Planung einen Siegeszug im Handelsmanagement antreten konnte. Es erscheint somit vielversprechend, die Übertragbarkeit der in Industrieunternehmungen erfolgreich (?) praktizierten Controllingkonzeptionen auf das Handelsmanagement zu überprüfen.

Zu diesem Zweck ist es in einem ersten Schritt notwendig, das Controllingphänomen einerseits zu präzisieren und zu konkretisieren, es andererseits von den spezifischen Anwendungsbezügen (in Unternehmungen außerhalb des Handels) abstrahierend zu isolieren.

In einem zweiten Schritt sind die Besonderheiten des stationären Einzelhandels bezüglich der Anwendung der Controllingkonzeption differenziert herauszuarbeiten. Den dritten Schritt kann dann die Konzeption eines funktionalen Handelscontrolling bilden, und in einem vierten Schritt sind die Fragen einer den spezifischen Gegebenheiten in der Handelsunternehmung angepaßten Institutionalisierung zu klären.

Der vorliegende Beitrag kann zu diesen Fragen nur eine Strukturierungshilfe anbieten und erste Ansätze zur Diskussion stellen. Eine ausführliche Abhandlung ist einer umfassenden Monographie zu diesem Problem vorbehalten (Günther 1987).

2. ZUR PROBLEMATIK EINER ALLGEMEINEN ERSCHLIESSUNG DES CONTROLLINGPHÄNOMENS

Ein schneller Erfolg bei der Übertragung *der* Controllingkonzeption auf *das* Handelsmanagement ist dem Handelsforscher schon dadurch versagt, daß trotz (oder wegen) der nunmehr schon über zwei Jahrzehnte stattfindenden intensiven Auseinandersetzung der Literatur mit dem Begriff und der Idee, der Funktion und der Institution des Controlling eine konsensfähige Definition und Interpretation dieses Phänomens fehlen. Bei der Durchsicht des deutschsprachigen Schrifttums muß festgestellt werden, daß es fast ebensoviele Auffassungen wie Autoren zu diesem Thema gibt, ohne daß ein für das vorliegende Erkenntnisanliegen geeigneter Ansatz vorgefunden werden könnte (Harbert 1982; Siller 1985, S. 10 ff.).

Ausgangspunkt der neueren Controllingdiskussion ist ein in der anglo-amerikanischen, vornehmlich industriellen Unternehmenspraxis evolutorisch entstandenes und heute in den unterschiedlichsten Erscheinungsformen auftretendes, organisatorisches

Subsystem, auf das die deutschsprachige Betriebswirtschaftslehre erst relativ spät aufmerksam wurde. Man sah sich mit einer neuartigen Stellen- bzw. Abteilungsbezeichnung sowie mit neuartigen, von den bisherigen Vorstellungen abweichenden Kombinationen von Managementfunktionen konfrontiert. Es erschien daher naheliegend, das allgemeine Controllingphänomen durch systematische Funktionsmessungen bei den in den USA und später auch in der Bundesrepublik Deutschland realisierten Controllerorganisationen *empirisch induktiv* zu erschließen. (Umfassende Zusammenstellung US-amerikanischer Untersuchungen bei Horváth 1979; Hahn 1978; Uebele 1981).
Der Versuch, auf diesem Wege *die* idealtypische Funktionenkombination *des* Controlling herauszuarbeiten, muß heute allein aufgrund der großen Unterschiede zwischen den praktizierten Institutionalisierungsformen des Controlling als gescheitert gelten. So haben Horváth und Gaydoul ermittelt, daß die von Klingman in der amerikanischen Unternehmenspraxis erhobenen "Controllerfunktionen" in deutschen Unternehmen von den verschiedensten Abteilungen (z.B. auch von den sogenannten betriebswirtschaftlichen Abteilungen) wahrgenommen werden, was Horváth offensichtlich dazu veranlaßt hat, die Koordination dieser Funktionen zum konstitutiven Merkmal des Controlling zu erheben (Horváth 1981, S. 400 u. 1986, S. 154). Gaydoul weist aber gleichzeitig darauf hin, daß diese Koordinationsfunktion u.a. auch den Linieninstanzen (insbesondere der Unternehmensleitung) obliegt (Gaydoul 1980, S. 257). Die empirisch induktive Erschließung des Controllingphänomens ist auch aufgrund der Gefahr eines Zirkelschlusses problematisch, die daraus resultiert, daß insbesondere die deutsche Unternehmenspraxis von den in der Literatur herausgearbeiteten Begriffsinterpretationen wesentlich beeinflußt wird (self-fullfilling prophecy). Diese Problematik verbietet es auch, die wenigen in der deutschen Handelspraxis implementierten Controllingkonzeptionen als empirische Grundlage für die Erschließung eines sogenannten Handelscontrolling heranzuziehen.

Auch die vielfältigen Versuche einer *etymologischen Herleitung* bzw. einer Übersetzung des Begriffes "to control" konnten nicht zu einer konsensfähigen Klärung dieses Phänomens beitragen, führten sie doch zu dem Ergebnis, daß Controlling von der Kontrolle über die Steuerung bis hin zum Management alles (und nichts) bedeuten kann. Es drängt sich zur Zeit der Eindruck auf, daß die gesamte Betriebswirtschaftslehre unter dem Begriff Controlling neu geschrieben wird, wobei das Neue darin besteht, daß die Begriffe Planung, Information, Kontrolle, Steuerung usw. durch Controlling ersetzt werden: "Der Umfang, den die vornehmlich praxisorientierte Beschäftigung mit dem Controlling inzwischen angenommen hat, steht zu der inhaltlichen Faßbarkeit des Gebietes in umgekehrtem Verhältnis" (Harbert 1982, S. 1).

Auf der Suche nach einer allgemein (auch im Handel) anwendbaren, konkret präzisierenden Controllingdefinition, die eine Gleichsetzung mit dem Management der Linieninstanzen vermeidet und die Möglichkeiten zu einer effizienten Arbeitsteilung und Spezialisierung auf sämtlichen Managementebenen eröffnet, stößt man beim Studium der US-amerikanischen Managementliteratur (vgl. *Abbildung 1*) auf eine überraschend einheitliche Begriffsfassung. Danach entspricht die *Managementfunktion Controlling* weitgehend der *Führungsfunktion Kontrolle*, wie sie in der deutschen Kontroll-Literatur der sechziger und siebziger

Forecasting - Planning - Organizing - Directing - Coordinating - Controlling - Communicating (Urwick)
Forecasting - Planning - Organizing - Commanding - Coordinating - Controlling (Fayol)
Planning - Organizing - Assembling Resources - Directing - Controlling (Ream)
Planning - Organizing - Staffing - Directing - Controlling (Koontz)
Planning - Organizing - Coordinating - Controlling (Hopf)
Planning - Organizing - Directing - Controlling (Goodwin)
Planning - Directing - Coordinating - Controlling (Holden/Fish/Smith)
Planning - Controlling - Motivating - Coordinating (Brech)
Planning - Organizing - Leading - Controlling (Newman)
Determination of Objectives and Policies - Organizing - Controlling (Edwards/Lemke)
Planning - Organizing - Controlling (Heckert/Willson)
Strategic Planning - Management Control - Operational Control (Dearden)
Planning - Controlling (Horngren)

Abb. 1. Managementfunktionen in der anglo-amerikanischen Literatur

Quelle: Harbert, L.: Controlling-Begriffe und Controlling-Konzeptionen, Bochum 1982, S. 25 f.

Jahre (Kronester 1966; Frese 1968; Stomberg 1969; Treuz 1974; Siegwart/Menzl 1978) herausgearbeitet wurde.[1]

Es mag heute einiger Mut dazu gehören, den Controllingbegriff wieder auf den Begriff Kontrolle im Sinne einer ex-post-Reflexion des betrieblichen Entscheidens und Handelns zurückzustutzen, wird damit doch die Hoffnung auf eine "neue" Heilslehre zur Lösung der gravierenden Adaptions- und Koordinationsprobleme im Handel begraben. Controlling kann dazu nur einen begrenzten Beitrag leisten, kann innovatives und kreatives Handelsmanagement nicht substituieren. Jedoch ist dieser Beitrag umfassender und wichtiger, als es der nicht selten vorurteilsbehafteten Einstellung vieler Praktiker gegenüber der Führungsfunktion "Kontrolle" entspricht.

Controlling ist eine eng mit der Planung und Entscheidung (Willensbildung) sowie der Führung (Willensdurchsetzung) verknüpfte, ganzheitlich ausgerichtete, steuerungsnotwendige Managementfunktion. Grundsätzlich besteht die Aufgabe des Controlling darin, während und/oder im Anschluß an die Realisationsphase detaillierte Informationen über das praktizierte Verhalten (Verhaltenskontrolle) und/oder über die Durchführungsergebnisse (Ergebniskontrolle) zu gewinnen, aufzubereiten und im Falle einer organisatorischen Separierung der Kontrollfunktion diese Informationen den Entscheidungs- bzw Führungsinstanzen zur Verfügung zu stellen (vgl. *Abbildung 2*). Damit werden zwei verschiedene Zwecke verfolgt:

---

1 Die Identität von Controlling und Kontrolle läßt sich auch anhand der empirisch gemessenen Controllerfunktionen validieren, wenn größenbedingte Spezialisierungseffekte (Uebele 1981, S. 41 ff.) eliminiert und die Erhebungsergebnisse zur Planungsträgerorganisation (Szyperski/Müller-Böling 1984) sowie zur Budgetträgerorganisation (Jung 1985, S. 231) einbezogen werden. Hinsichtlich der in der Controlling-Literatur mitunter einbezogenen Planungsfunktion ist darauf hinzuweisen, daß "planning for control" nicht mit "Planung zur Initiierung oder zur Koordination", sondern mit "Planung zur Kontrolle" gleichzusetzen ist (Poensgen/Hort 1980), d.h. mit der Transformation der Entscheidungsergebnisse in kontrollfähige Größen. Die Koordination der Planungsinhalte obliegt in der Praxis nicht dem Controller (Szyperski/Müller-Böling 1984). Die von einem Teil der Controller wahrgenommene Planungsrechnungsfunktion (Hahn 1978), die darin besteht, den Ergebnisraum der Alternativen entsprechend den vorgegebenen Planungsprämissen hinsichtlich der betriebswirtschaftlichen Formalziele zu berechnen, muß u.a. vor dem Hintergrund der - noch nicht abgeschlossenen - "Zellteilung" von Rechnungswesen und Controlling gesehen werden.

Ansatzpunkte \ Zwecke	gegebenes Entscheidungsfeldmodell		Verbesserung des Entscheidungsfeldmodells
	Durchsetzung getroffener Entscheidungen	Korrektur der Entscheidungen	
Verhaltenskontrolle	direkte Verhaltenssicherung	Verhaltensoptimierung	Verhaltensbezogenes Lernen (Entscheidungs- und Abstimmungsverhalten)
Ergebniskontrolle	indirekte Verhaltenssicherung	Ergebnissicherung	Ergebnisbezogenes Lernen

Abb. 2. Zwecke und Ansatzpunkte des Controlling

(1) Das Erkennen möglicher und notwendiger Steuerungseingriffe bei gegebenem Entscheidungsfeldmodell entweder
- zur Sicherstellung der Durchsetzung der getroffenen Entscheidungen (Abweichungen aufgrund von Mängeln einerseits bei der Transformation der getroffenen Entscheidungen in konkrete Anweisungen bzw. Zielvorgaben und andererseits bei der Beachtung dieser Führungsvorgaben) oder
- zur Korrektur der Entscheidungen bezüglich der noch veränderbaren, betrieblichen Leistungsprozesse (Abweichungen aufgrund unzulänglicher Prognoseinformationen über die Ausprägungen der relevanten Einflußgrößen).

(2) Die Sicherstellung eines systematischen Erfahrungs- bzw. Lernprozesses zur Verbesserung des unternehmensindividuellen Entscheidungsfeldmodelles (Erhöhung der Planungsqualität bzw. Erweiterung des Handlungsspektrums in der Zukunft z.B. durch experimentelle Optimierung).

Zusammenfassend ist festzustellen, daß Controlling nicht mit Planung identisch, sondern eine notwendige Ergänzung zur Planung bildet: Während die Planung einen Informationsverarbeitungsprozeß zur Generierung von Erwartungen darstellt, werden im Rahmen des Controlling diese Erwartungen (systematisch) auf ihr Eintreten während und/oder nach Ablauf des betrieblichen Durchführungsprozesses überprüft.

3. GRUNDLAGEN EINER KONZEPTION DES FUNKTIONALEN HANDELS-CONTROLLING

3.1 DER SPEZIFISCHE CONTROLLINGBEDARF IM STATIONÄREN EINZELHANDEL

Wie eingangs bereits angedeutet, ist die erfolgreiche Markteinpassung eines Handelsbetriebes abhängig von der Qualität der Informationen des einzelnen Entscheidungsträgers über die Struktur "seines" Entscheidungsfeldes, des Integrationsgrades innerhalb eines personell und sachlich, horizontal und vertikal disaggregierten Gesamtentscheidungsfeldes sowie von der Kenntnis der konkreten Ausprägungen der Zustandsvariablen in der Planungsperiode. Informationsdefizite, die in der Handelspraxis eher die Regel als die Ausnahme darstellen dürften, begründen die Gefahr, daß die Entscheidungen vor dem Hintergrund einer subjektiven (Fehl-)Wahrnehmung der Realität, die als sogenannter adaptiver Filter wirksam wird (Zypkin 1966, S. 39 ff.), getroffen und "mit Gewalt" durchgesetzt werden. Darüber hinaus führen Kommunikationsfehler und Eigenwilligkeiten innerhalb einer hierarchisch gegliederten Handelsunternehmung u.U. zu einer sukzessiven Verfälschung der Entscheidungen der obersten Hierarchieebene. Die Hierarchie als Feedback-Kanal fördert aufgrund des Rechtfertigungs- und Ausschnittdenkens untergeordneter Instanzen mehr oder weniger systematisch die *Verkennung der Wirklichkeit*.

Die Gefahren von Fehlentscheidungen aufgrund des Fehlverhaltens bei der Willensdurchsetzung und des unzureichenden Lernprozesses aufgrund fehlender oder verfälschter Feedback-Informationen sind in jeder größeren Unternehmung gegeben. Sie sind in Massenfilialsystemen des stationären Einzelhandels mit Mehrbranchensortimenten und einer organisatorischen Trennung der Funktionen Einkauf und Verkauf besonders hoch und nicht selten existenzbedrohend.

Derartige Handelssysteme weisen im Unterschied zu den meisten Industrieunternehmen aufgrund der hohen Interdependenzen zwischen den 'künstlich' getrennten Entscheidungsfeldern eine *Vielfalt äußerst komplexer Abstimmungsprobleme* auf. Außer den bereits genannten Abstimmungsprozessen zwischen den Hierarchiestufen treten spezifische Koordinationserfordernisse auf, so etwa

- innerhalb und zwischen den Warenbereichen,
- zwischen Zentrale und Filialen,
- zwischen den Filialen sowie zwischen unterschiedlichen Betriebstypen (Betreibungskonzepten) und
- zwischen den getrennten Funktionsbereichen Einkauf und Verkauf.

Besondere Anforderungen an die Gewinnung steuerungsrelevanter Planungs- und Kontrollinformationen ergeben sich überdies aus der engen Vernetzung zwischen diesen Abstimmungsprozessen.

Den gravierenden Einschränkungen der Freiheitsgrade des Industrieunternehmens aus dem Produktionsbereich entsprechen im stationären Einzelhandel vor allem die Standortrestriktionen. Die *standortspezifischen Einflußgrößen* kennzeichnen sich durch eine hohe Dynamik, die sich in sehr häufigen, ex-ante nicht prognostizierbaren Änderungen mit überwiegend relativ kleinen Intensitäten äußert. Der hohe Adaptionsbedarf ergibt sich aus der großen Umstellungsflexibilität, mit der die betrachtete Unternehmung, aber auch die konkurrierenden Einzelhandelsbetriebe auf die zahlreichen Umweltveränderungen (in kleinen Schritten) reagieren können und die besonders kurze Kontrollzyklen erfordert.

Anpassungsmöglichkeiten ergeben sich vor allem in der *Sortimentsgestaltung*. Der im Gegensatz zur Industrie erheblich größere Sortimentsumfang (Breite und Tiefe) sowie die Sortimentsdynamik erfordern informationspolitische Aktivitäten in zahlreichen Branchen- bzw. Marktfeldern, wobei komplexitätserhöhend hinzukommt, daß diese Aufgaben gleichbedeutend absatz- *und* beschaffungsseitig erfüllt werden müssen.

Besonders wichtige, häufig vernachlässigte Controllingaufgaben ergeben sich in bezug auf die Höhendimension der Sortimente.

Bei dem Versuch, im Bereich des Controlling eine *Aufspaltung in überschaubare Subsysteme* vorzunehmen - so wie heute in Industriebetrieben häufig zwischen dem Unternehmens-, Sparten-, Produktions-, Marketing-Controlling etc. unterschieden wird -, tritt im Handel das spezifische Problem eines geeigneten Ordnungskriteriums auf. Hier konkurrieren mehrere fast gleichgewichtige Faktoren um den Primat bei der Herausbildung funktionaler Subsysteme. Es sind dies insbesondere

- der Faktor Raum (Filial-, Standort-, Verkaufsflächen-Controlling),
- der Faktor Personal (Personal-Controlling) und
- der Faktor Ware (Sortiments- bzw. Warenwirtschafts-Controlling).

Unter diesen konkurrierenden Ansatzpunkten für die Herausbildung von Partialmodellen ist bislang das Warenwirtschafts-Controlling am weitesten entwickelt. Da unsere Forschungsarbeiten zum Warenwirtschafts-Controlling (einschließlich der Limitplanung und -kontrolle) an anderer Stelle bereits ausführlich dokumentiert sind (vgl. Ebert 1986), wollen wir hier einen anderen Aspekt für die Differenzierung der Unternehmensaufgaben in den Vordergrund stellen, nämlich die Phasen im Lebenszyklus eines (neuen) Betreibungskonzeptes im stationären Einzelhandel.

3.2 DIE AUSPRÄGUNGEN DES CONTROLLING IM LEBENSZYKLUS EINES STATIONÄREN EINZELHANDELSBETRIEBES

Im Gegensatz zum analytischen Lebenszyklusmodell, das von einer Aktionsparameteridentität in der Zeit ausgeht, basiert die folgende Betrachtung auf dem synthetischen Lebenszyklusmodell (vgl. Meffert 1974, S. 96 ff.). Es ist herauszuarbeiten, welche Controllingzwecke in den einzelnen Phasen des Lebenszyklus eines Handelsbetriebes im Vordergrund stehen (vgl. Davidson et al. 1976, S. 92). Bevor ein "neues" Betreibungskonzept im Einzelhandel die verschiedenen Lebenszyklusphasen durchläuft, ist es als geistiges Konzept (Box/Draper 1975, S. 9) zu entwickeln (*Phase der Invention*). Auf der Grundlage des vorhandenen (intuitiven) Wissens bzw. eines gegebenen Entscheidungsfeldmodells wird eine *neuartige, marktadäquate Marketingparameterkonstellation* inklusive der erforderlichen innerorganisatorischen Implikationen generiert. "Neu" bedeutet nicht zwingend, daß das Betreibungskonzept außerhalb bisheriger Betriebstypencluster angesiedelt sein muß, sondern lediglich, daß diese Parameterkonstellation systematisch eine bessere Marktadäquanz aufzuweisen verspricht als die bisherigen intra- und interformalen Phänotypen (Dreesmann 1968, S. 64 f.). Der zweite Schritt innerhalb der Phase der Invention besteht in der Erstellung eines detaillierten, zur Umsetzung in die Realität geeigneten Plans im Rahmen der verfügbaren Ressourcen.

In der *Einführungsphase* des Realisationsprozesses steht diesem neuartigen Betreibungskonzept ein gewisses Marktpotential (K) gegenüber, d.h. eine oder mehrere Konsumentengruppen ordnen diesem Betreibungskonzept hinsichtlich der Befriedigung eines mehr oder weniger großen Teils ihres spezifischen Bedarfs eine größere Eignung zu als anderen Betreibungskonzepten (vgl. *Abbildung 3)*.

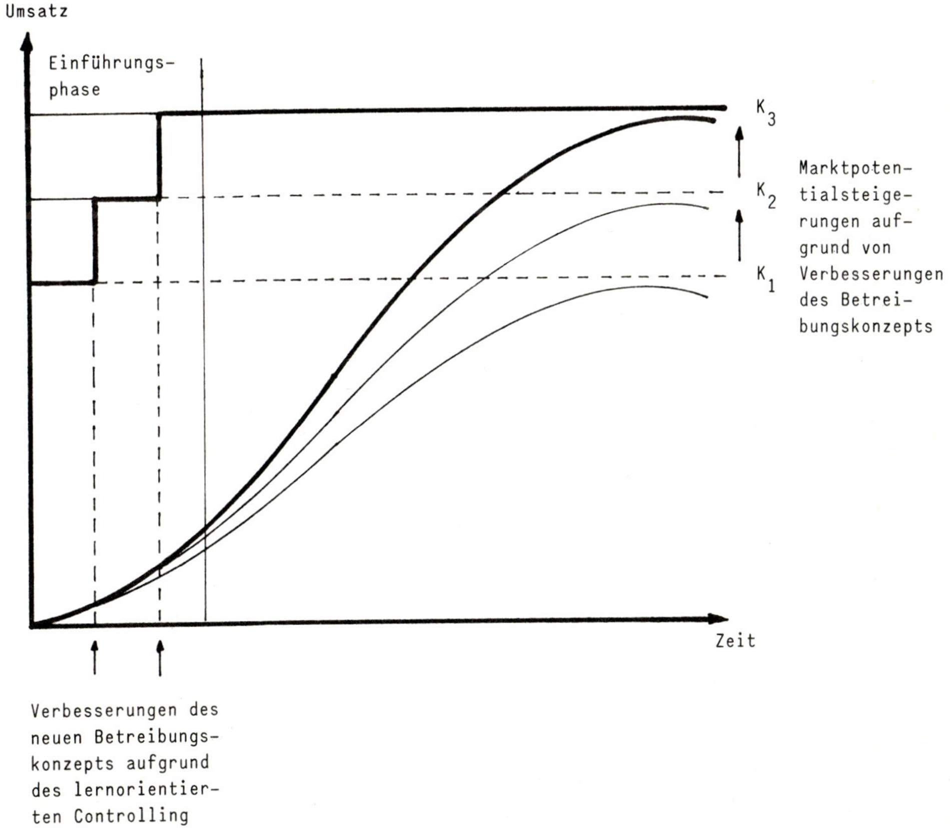

Abb. 3. Marktpotential- und Umsatzentwicklung in der Einführungsphase

Dem Handelsmanagement obliegt es nun, das Betreibungskonzept entsprechend dem detaillierten Plan durchzusetzen und seine tatsächliche Eignung im Hinblick auf die Ansprüche der Konsumentenzielgruppe zu testen. Dieser Test erfolgt nach dem Muster des "groben trial and error". Im Mittelpunkt des Controlling stehen in diesem Zusammenhang einerseits die Sicherstellung der plangemäßen Durchsetzung auf der Grundlage laufender Prozeßprüfungen und andererseits die grundsätzliche Überprüfung der Markteignung des neuen Betreibungskonzeptes. Von Interesse sind Informationen über Eignungsdefizite sowie die von den Konsumenten besonders honorierten Leistungsmerkmale. Ein konstruktiver Test kann also nur auf der Grundlage differenzierter, qualitativer Daten erfolgen, d.h. wenn über eine lediglich nominale, globale Konzeptbeurteilung hinausgegangen wird. Erst die differenzierten Daten geben konkreten Aufschluß über notwendige und sinnvolle Parameteränderungen nach Art und Niveau.
Diese grundsätzliche Überprüfung schließt ab, wenn die Entscheidungsträger mit dem Markterfolg zufrieden sind und/oder wenn vor dem Hintergrund des in der Testphase erweiterten und teilvalidierten, hinsichtlich des relevanten Zustandsraums verkürzten Entscheidungsfeldmodells keine Möglichkeit mehr gesehen wird, einen erfolgreicheren "Aktionsparameterkompromiß" zu finden. Es ist zu erwarten, daß sich das dem Betreibungskonzept zurechenbare Marktpotential aufgrund der Verbesserungen entsprechend vergrößert hat. Das realisierte Marktvolumen ist noch so gering, daß sich eine Marktkapazitätsgrenze nicht bemerkbar macht: Die Umsatzentwicklung befindet sich im unteren Teil des exponentiellen Kurvenverlaufs.

Die sich an die Einführungsphase anschließende *Wachstumsphase* ist hinsichtlich des Controlling vornehmlich durch die Willenssicherung gekennzeichnet. Gleichzeitig werden im Rahmen des Lernens einerseits Situationsmuster generiert, die vornehmlich für den operativen Bereich Verwendung finden, also zur Handlungssicherheit beitragen. Andererseits versucht das Handelsmanagement, das Betreibungskonzept den Erkenntnissen über die Instrumentalbeziehungen im Detail entsprechend zu perfektionieren, wobei die grundsätzliche Parameterkonstellation nicht mehr zur Disposition steht.
In dieser Phase beginnen andere Handelsunternehmungen, die durch die neue Betriebsform einen spürbaren Konkurrenzdruck erfahren, diese Konzeption ganz oder teilweise zu übernehmen (Adoption oder Assimilation). Geben diese Unternehmungen ihre alten Betreibungskonzepte preis, vergrößert sich das Marktpotential für den neuen Betriebstyp, gleichzeitig steigt jedoch überproportional die Angebotskapazität (vgl. *Abbildung 4*). Überproportional deshalb, weil die Unternehmen mit ihren alten Betreibungskonzepten zuvor eine geringere Auslastung zu verzeichnen hatten als nach Übernahme der Erfolgsmerkmale der neuen Konzeption. Außer dieser Fremdimitation ist zu erwarten, daß der erfolgreiche Innovator durch Filialisierung zu expandieren beginnt (Selbstimitation). Diese Expansion versetzt den Innovator in die Lage, zusätzliche Einkaufsvorteile zu erlangen und sein Entscheidungsfeldmodell stärker konditional (situationsvariabel) auszubauen. Beides führt zu einer Stärkung seiner Marktposition.

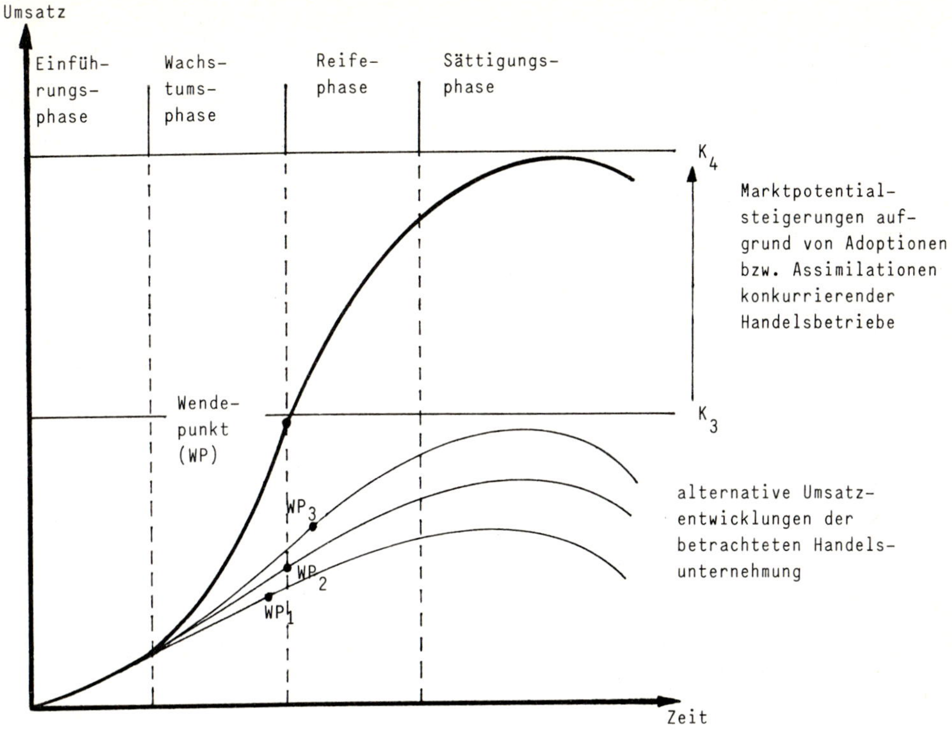

Abb. 4. Alternative Marktanteilsentwicklungen der innovativen Handelsunternehmung

Die *Reifephase* ist dadurch gekennzeichnet, daß die Umsätze nicht mehr exponentiell steigen, sondern sich asymptotisch der Marktpotentialgrenze nähern. Das Absinken der Umsatzzuwächse wird von den Unternehmungen subjektiv als Wettbewerbsdruck empfunden. Während in der Wachstumsphase die Strategie "Nähe der gegenwärtigen Politik" (Cyert/March 1975, S. 365) sowie der Ausbau der Kapazitäten durch die betrachtete Unternehmung und durch die adoptierenden Mitbewerber sinnvoll waren und somit der größere Teil des konzeptspezifischen Marktpotentials ausgeschöpft ist, ergeben sich nun andersartige Steuerungserfordernisse, die von der relativen Marktstärke des einzelnen bestimmt werden. Diese ist zum Beispiel mit Hilfe von Betriebsvergleichen näherungsweise ermittelbar. Die relative Marktstärke zeigt sich am Lebenszyklusverlauf, exemplarisch an der Lage des Wendepunktes der betrachteten Unternehmung im Vergleich zur Lage des Wendepunktes der für die gesamte Betriebsform gültigen Lebenszykluskurve (vgl. Abbildung 4). Dies zu erkennen, ist von besonderer Bedeutung für die Ausrichtung der Controllingfunktion.

Liegt der *Wendepunkt der betrachteten Unternehmung zeitlich vor dem allgemeinen Wendepunkt*, ist dies ein Indikator für ein relatives Leistungsdefizit, das in der Literatur unter dem Schlagwort Store Erosion diskutiert wird (Berger 1977). Ursache der Store Erosion ist häufig die Annahme des Handelsmanagements, daß der einmal erreichte Wettbewerbsvorteil einer Betreibungskonzeption ein Datum für alle Zeit sei und von nun an die Geschäfte tendenziell nur noch "passiv geführt" werden müßten. Unter Store Erosion versteht man dementsprechend den Verschleiß der Erfolgskomponenten in der Zeit aufgrund von Passivität. Dabei lassen sich zwei Gruppen induzierender Variablen unterscheiden (Berger 1977, S. 5). Die erste Gruppe umfaßt die endogenen Veränderungen der Leistungskomponenten, die in der Handelsunternehmung selbst zu lokalisieren sind. Hierzu zählen zum einen der technische Verschleiß der sachlichen Betriebsmittel, zum anderen die abnehmende Kosten-(Effizienz-)Wachsamkeit des Managements, die kostenerhöhend wirkt (Hollander 1960, S. 37). In der zweiten Gruppe werden die exogen induzierten Variablen zusammengefaßt, die sich auf die relative Veränderung des Potentials aufgrund der Marktentwicklung beziehen. Entsprechend dem synthetischen Lebenszyklusmodell bedeutet dies, daß sich die Mitbewerber innerhalb des Betriebsformenclusters marktadäquater entwickelt haben als die betrachtete Unternehmung. "Small changes can easily result in rather big differences between the present and the original form" (Dreesmann 1968, S. 65). Ein Wendepunkt des betrachteten Unternehmens vor dem allgemeinen Wendepunkt deutet also auf eine begrenzte Leistungsfähigkeit des Controlling oder auf die zu dogmatisch eingehaltene Strategie "Nähe der gegenwärtigen Politik" hin. Im letzteren Falle kommt es darauf an, den Aktionsraum zu erweitern, d.h. der Controllingzweck "Sicherstellung eines systematischen Lernprozesses zur Verbesserung des Entscheidungsfeldmodells auf der Grundlage unternehmensindividueller Maßnahmenwirkungsanalysen" tritt in den Vordergrund.

Erlebt das betrachtete Handelsunternehmen den *Wendepunkt* seiner Lebenszykluskurve etwa *zur gleichen Zeit* wie seine wichtigsten Mitbewerber, so deutet dies auf eine weitgehende Leistungsübereinstimmung der Marktakteure dieses Betriebsformenclusters hin. Entschließen sich weitere Handelsunternehmen zur Adoption dieser Betriebsform und/oder erweitern die bisherigen Akteure ihre Kapazitäten, ohne daß das Marktpotential noch nennenswert steigt, so ist ein verschärfter Konkurrenzkampf zu erwarten. In dieser Situation besteht die Aufgabe des lernorientierten Controlling vor allem darin, am systematischen Ausbau der marktwirksamen Erfolgsfaktoren auf der Grundlage der "Optimierung im Rahmen gemessener Muster" (vgl. Kap. 3.4) mitzuwirken sowie die innerbetriebliche Faktorkombination kostenwirtschaftlich zu perfektionieren (u.a. Personal- und Warenwirtschaftscontrolling).

Liegt der *Wendepunkt* der unternehmensindividuellen Lebenszykluskurve *später als der allgemeine Wendepunkt*, so ist dies zunächst ein Zeichen dafür, daß die betrachtete Unternehmung über ein höheres akquisitorisches Potential als der Durchschnitt der Mitbewerber verfügt. Zur Herleitung der Controllingfunktion bedarf es jedoch noch der Kenntnis der Streuung um den Durchschnitt. Sollte die Unternehmung als letzte den Wendepunkt erreichen, so ist zu überprüfen, ob hier ein "natürlich-technischer" Vor-

teil (z.B. aufgrund günstigerer Einkaufskonditionen oder besserer Betriebsstandorte) existiert, der von den anderen Unternehmen nicht eingeholt werden kann. In diesem Falle bedarf es bei Konstanz des Marktpotentials lediglich einer konsequenten Beibehaltung der Aktionsparameterkonstellation (was mitunter unzutreffend als "Versteinerung" abqualifiziert wird). Im Rahmen des Controlling dominieren der Zweck der Verhaltenssicherung und wiederum die Mitwirkung bei der Perfektionierung der Faktorkombinationspolitik. Bei rückläufigem Marktpotential während der Reifephase und erst recht in der *Sättigungsphase* wird das konsequente Beibehalten des gewählten Konzepts dadurch begünstigt, daß sich mit dem Ausscheiden von Konkurrenten der Marktanteil des betrachteten Unternehmens erhöht. Darin liegt zugleich eine erhebliche Gefahr:
Grundsätzlich sollte das Handelsmanagement in sämtlichen Lebenszyklusphasen systematisch beobachten, ob sich ein erfolgreiches - eventuell zunächst nur in Randbereichen - konkurrierendes, neuartiges Betreibungskonzept etabliert, das für den Rückgang des eigenen Marktpotentials (mit-)verantwortlich ist. Die stets notwendige Überprüfung der Zweckmäßigkeit einer Übernahme von Leistungsmerkmalen neuer Betreibungskonzepte dürfte seitens jener Handelsunternehmung am wenigsten konsequent oder überhaupt nicht vorgenommen werden, die den größten relativen Wettbewerbsvorteil in ihrem alten Betriebsformencluster aufweist. Die auf das bestehende Segment begrenzte Ergebniskontrolle vermittelt den Eindruck einer (vermeintlichen) Stärke, der rechtzeitigen Anpassungen im Wege stehen kann. Die Adaptionsfähigkeit (oder -willigkeit) ist also gerade bei der überdurchschnittlich erfolgreichen Handelsunternehmung tendenziell vermindert. Um dieser Tendenz entgegenzuwirken, kommt dem lernorientierten Controlling eine ganz besondere Bedeutung zu: Bezüglich der Auswahl der Kontrollobjekte und Kontrollindikatoren sowie der Festlegung der Kontrollzyklen hat das Controlling hier besonderen Ansprüchen zu genügen, wie nachfolgend näher herauszuarbeiten ist.

3.3 TRÄGER, STUFEN UND ANSATZPUNKTE DES CONTROLLINGPROZESSES IM EINZELHANDEL

Das funktionale Handelscontrolling im Sinne einer systematischen, in ihrer konkreten Ausprägung der spezifischen Unternehmenssituation (z.B. Lebenszyklusphase, relative Wettbewerbsposition) angepaßten ex-post-Reflexion des handelsbetrieblichen Entscheidens und Handelns stellt einen unverzichtbaren Funktionskomplex des innovativen, kreativen Handelsmanagements dar. Die Erfüllung dieser facettenreichen, höchst anspruchsvollen Controllingfunktionen setzt nicht zwingend die Einrichtung einer umfangreichen, kostspieligen *Controllerorganisation* voraus. Zum wesentlichen Teil können die Entscheidungsträger in der Zentrale und in den Filialen des Handelsunternehmens die Controllingaufgaben selbst wahrnehmen, was aber in den meisten Fällen eine entsprechende Schulung und Neuorientierung des Handelsmanagements (Implementierung der "Controlling-Philosophie") notwendig macht.
Darüber hinaus können sämtliche, bereits vorhandenen Organisationseinheiten, die hauptamtlich mit der Gewinnung und Verar-

beitung von Informationen befaßt sind, arbeitsteilig in den Controllingprozeß einbezogen werden (z.B. Planungs- bzw. betriebswirtschaftliche Abteilungen, Marktforschung, Rechnungswesen, EDV, Revision). Der eigentliche Controllerapparat kann dann auf eine geringe Anzahl von Kontrollspezialisten in der Zentrale (Zentralcontrolling), in den Filialen (Filialcontrolling) und gegebenenfalls noch in den wichtigsten funktionalen Subsystemen (z.B. Warenwirtschaftscontrolling) begrenzt werden. Bei kleineren Filialen bietet es sich an, geeignete Führungskräfte als Controllingbeauftragte zu ernennen, die bezüglich dieser Funktionen dem Zentralcontrolling fachlich unterstellt sind (Partialinklusion).

Die den Controllern grundsätzlich obliegenden Aufgaben lassen sich nach den allgemeinen *Stufen des Kontrollprozesses* wie folgt aufgliedern:
(1) Festlegung und Abgrenzung der Kontrollobjekte
(2) Festlegung der Kontrollziele und damit einhergehend der Kontrolltiefe
(3) Festlegung des Kontrollzyklus und des Kontrollzeitplans
(4) Transformation der Entscheidungsergebnisse in kontrollfähige Größen und Bestimmung der Kontrollindikatoren
(5) Erhebung der Kontrollindikatoren
(6) Soll/Ist-Vergleich (Erhebung von Abweichungsinformationen)
(7) Abweichungsanalyse
(8) Ermittlung der aktuellen steuerungsrelevanten Problemstellung
(9) Ergänzung bzw. Korrektur des Entscheidungsfeldmodells (lernorientiertes Controlling).

Besondere Defizite bestehen in zahlreichen Handelsunternehmungen bezüglich der Transformation der Entscheidungsergebnisse in kontrollfähige Größen (planning for control) und der Auswahl geeigneter Kontrollindikatoren als Grundlage eines ganzheitlichen, lernorientierten Controlling.

Hinsichtlich der Überprüfung der Eignung der eingesetzten handelsbetrieblichen Aktionsparameter lassen sich *drei Vorgehensweisen bzw. Ansatzpunkte* unterscheiden:

1. Den in der Handelspraxis üblichen Ausgangspunkt der Kontrolle bilden die (täglich) *routinemäßig anfallenden Umsatzwerte*. Sofern die Handelsunternehmung über Scanner-Kassensysteme verfügt, können die Umsatzwerte nach Warenbereichen, Artikeln, gegebenenfalls auch Sorten (bzw. Packungsgrößen) mengen- und wertmäßig differenziert erhoben und
   - den einzelnen *Einkaufsvorgängen* mit ihren kundenspezifischen Eigenheiten (Einkaufssumme, Warenkorb etc.),
   - den *Einkaufszeiten* und
   - der jeweils genau beschriebenen *Aktionsparameterkonstellation* (Plazierung, Preis, Bewerbung etc. der gekauften *und* nicht gekauften Artikel)

   zugeordnet werden (vgl. Simon/Kucher/Sebastian 1982).

   "Das Auswertungspotential solcher Daten potenziert sich, wenn man Scannerkassen mit Haushaltspanels zu sog. Scanner-

Panels kombiniert" (Diller 1983, S. 276). Die Scanner-Technologie ermöglicht in vorzüglicher Weise die "Optimierung im Rahmen gemessener Muster".

Probleme bei der Begründung positiver oder negativer Abweichungen zwischen geplanten und eingetroffenen Umsatzwerten und bei der davon abhängigen Bestimmung notwendiger Veränderungen der Führungsgrößen ergeben sich allerdings dann, wenn die Informationsgewinnung auf derartige Umsatzgrößen beschränkt ist. Ohne ergänzende Informationen über konkrete, von den Konsumenten (subjektiv) wahrgenommene Eignungsdefizite bleibt nur Raum für Unzufriedenheit und Spekulation. Einen ersten weiteren Einblick in mögliche Abweichungsursachen erlauben die in der Praxis häufig verwendeten Betriebsvergleiche, die betriebsspezifische Relationen bezüglich der Einsatzfaktoren sowie Geschäftslagenergebnisse zur Verfügung stellen und von daher eher einen Hinweis auf generelle Einsatzfaktorenverschiebungen geben (Tietz 1983, S. 1132 ff.), als daß sie einen unmittelbaren Bezug zur Marktakzeptanz aufwiesen.

2. Gerade in Handelsunternehmen mit überdurchschnittlich erfolgreichem Lebenszyklusverlauf kann die Beschränkung auf umsatzorientierte Kontrollen dazu führen, daß sich das Handelsmanagement in "falscher Sicherheit wiegt" und aufgrund eines unrealistischen Entscheidungsfeldmodells frühzeitige Anpassungserfordernisse übersieht. Von größter Bedeutung sind daher (ergänzende) *Imageuntersuchungen*. Unter dem Einkaufsstättenimage wird die von seiten der Konsumentenzielgruppe wahrgenommene (relative) Eignung des handelsbetrieblichen Betreibungskonzeptes zur Deckung des spezifischen Bedarfs verstanden. Spezielle (institutionalisierte) Imageanalysen werden von Zeit zu Zeit erforderlich, weil die Annahme, die Konsumenten würden von sich aus Eignungsvorzüge und -defizite dem Verkaufspersonal mitteilen und dieses würde derartige Erkenntnisse unverfälscht weiterleiten, durch die Praxis widerlegt wird. Als eine denkbar einfache (und dennoch erfolgversprechende) Imageanalyse hat sich eine Befragungsaktion erwiesen, bei der den Kunden einer Betriebsstätte Gelegenheit gegeben wird, sich zu drei Fragen zu äußern:

   - Was gefällt Ihnen ?
   - Was gefällt Ihnen nicht ?
   - Welche Änderungen sollten wir Ihrer Meinung nach vornehmen?

   Entsprechende Untersuchungen haben gezeigt, daß Konsumenten sehr wohl bereit und in der Lage sind, die kaufverhindernden Merkmale offenzulegen und entsprechende Impulse zu geben. Ein wesentlicher Vorteil besteht darin, daß die Ansatzpunkte zur Verbesserung der Marktadäquanz konkret aufgezeigt werden. Es hat sich auch gezeigt, daß gerade kleine, systematisch übersehene Ursachen oftmals eine große Wirkung zeigen. Gewisse Probleme resultieren aus der Unkenntnis der Anzahl der Konsumenten, für die das jeweilige Statement gilt (Repräsentanz), sowie aus der Schwierigkeit, die Meinung jener Konsumenten zu erfahren, die nicht (mehr) zum Kundenkreis der Betriebsstätte gehören.

Die von den Konsumenten wahrgenommenen Eignungsmängel lassen sich direkt in Eignungs- und Durchführungsmängel aufteilen und tendenziell personell zuordnen. Derartige Imageuntersuchungen können in erheblichem Maße zur Objektivierung und Versachlichung der controllingorientierten Handelsbetriebsführung beitragen. Gleichzeitig werden neben den Schwächen eines Handelsbetriebes auch dessen Stärken deutlich.

3. Im Rahmen der Lebenszyklusbetrachtung wurden die Entwicklung des *betriebsformenspezifischen Marktpotentials* sowie der *Absorption dieser Kaufkraft* durch die betrachtete Handelsunternehmung im Vergleich zu ihren Wettbewerbern als relevante Kontrollgrößen herausgestellt. Da das spezifische Marktpotential eines neuen Betreibungskonzepts nur durch aufwendige Primärerhebungen grob zu schätzen ist, kann man sich mit der Ermittlung des allgemeinen, sortimentsbezogenen Marktpotentials auf der Grundlage sekundärstatistischen Materials durchaus begnügen. In der Ausdehnung des Einzugsgebietes sowie in den raumsegmentspezifischen Absorptionsquoten manifestiert sich in differenzierter Form die relative Leistungsfähigkeit des betrachteten Handelsbetriebes.
Ein entsprechendes Erhebungs- und Auswertungsdesign hierzu hat Applebaum (1966, S. 128 ff.) entwickelt. Das Ergebnis solcher Untersuchungen ist ein Absorptionsgebirge unter direkter Einbeziehung der relativen Leistungsfähigkeit der Mitbewerber (vgl. zur vereinfachten Darstellung die modifizierten Launhardt'schen Trichter in *Abbildung 5;* Launhardt 1885, S. 149 ff.).

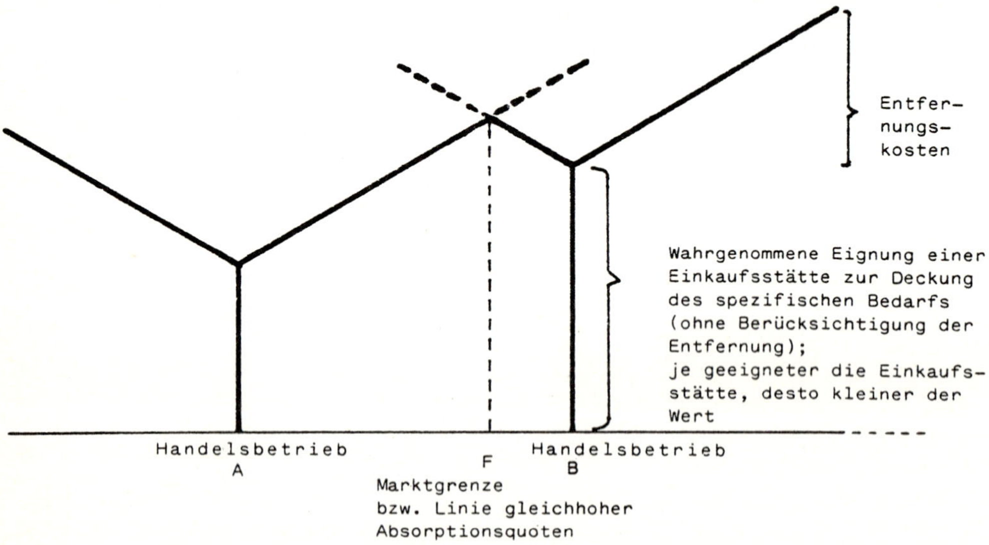

Abb. 5. Bestimmung der "Marktgrenzen" durch Launhardt'sche Trichter

Dem Controlling könnte in diesem Zusammenhang die Aufgabe zukommen, durch komparativ statische Untersuchungen die Entwicklung der Marktgrenzen und Absorptionsquoten im Zeitablauf zu beobachten, um auf der Grundlage ergänzender Imageuntersuchungen rechtzeitige Steuerungseingriffe auszulösen, sowie im Rahmen einer experimentellen Optimierung (Entwicklung dieser Kontrollgrößen bei Änderungen des Marketingmix) zur gezielten Ausweitung des Entscheidungsfeldmodells beizutragen.

3.4 GRUNDZÜGE EINES LERNORIENTIERTEN CONTROLLING IM EINZELHANDEL

In den vorstehenden Ausführungen wurde wiederholt darauf hingewiesen, daß das Controlling einen wichtigen Beitrag zur Verbesserung des Entscheidungsfeldmodells und zur Optimierung der Aktionsparameterkonstellationen auf der Grundlage von Experimenten leisten kann. Ausgangspunkt des lernorientierten Controlling ist die sog. strukturelle Ungewißheit der Entscheidungsträger bezüglich des Entscheidungsfeldes: "Strukturelle Ungewißheit liegt dann vor, wenn in einer Situation nicht nur die konkreten Werte der Variablen unbekannt sind, sondern wenn man zu einem beträchtlichen Teil überhaupt nicht weiß, welche Variablen relevant sind und wie sie untereinander verknüpft sind (Malik 1984, S. 292). Nach Zemanek manifestiert sich das Lernen im "Fortschreiten der Verhaltensweisen in Richtung auf besseren Erfolg aufgrund der Vorgeschichte" (Zemanek 1962, S. 1418). Damit "wird Lernen zu einem Spezialfall der Anpassung" (Malik 1984, S. 293). Das Ziel des lernorientierten Controlling ist es, den Kenntnisstand der Entscheidungsträger über ihr Entscheidungsfeld sukzessive mit Hilfe der Prozeßmuster adaptiver Verfahren zu verbessern. Adaptive Verfahren dienen dem Zweck, "ausgehend von einer gewissen Anfangsunbestimmtheit der Modellparameter und/oder -struktur ein bestimmtes, möglichst genaues Modell" (Griese 1972, S. 14), hier des Entscheidungsfeldes, zu generieren. Das Charakteristikum adaptiver Verfahren ist die Generierung von Erkenntnissen auf der Grundlage von Informationen, die aus der Maßnahmenumwelt *während* der (Unternehmens-) Steuerung gewonnen werden (Griese 1972, S. 12).

Das ganzheitlich lernorientierte Controlling gliedert sich in drei aufeinanderfolgende Stufen:

1. Die erste Stufe ist die *Optimierung im Rahmen gemessener Muster*. Ausgangspunkt sind die Kontrollergebnisse bezüglich des a priori gegebenen Entscheidungsfeldes (Handlungsergebnisse aufgrund der realisierten Aktionsparameterkombinationen bei bestimmten Ausprägungen der Variablen des externen Zustandsraums). Die Dimensionen des Entscheidungsfeldes sind periodisch im Rahmen des normalen Kontrollzyklus als "singuläre Stimulus-Response-Muster" (Schanz 1977, S.154 ff.) zu erheben. Da die singulären Muster dem laufenden Unternehmensgeschehen entnommen sind, umfaßt die so gewonnene Stichprobe "nur" diejenigen in ihre Einzelparameter aufgelösten Aktionsparameterkonstellationen, die geplant oder (durchsetzungs-)zufällig realisiert wurden, und "nur" diejenigen

Umweltzustände, die korrespondierend erhoben wurden, ebenfalls aufgelöst in ihre Einzelvariablen.Neben der zeitlich bedingten Menge an singulären Mustern ist die Breite, d.h. die Anzahl von Betrieben, die mit in die Stichprobe einbezogen werden, von besonderer Bedeutung, da so eine erhebliche Erweiterung auch hinsichtlich unterschiedlicher Zustandsräume zu erwarten ist.
Die "Optimierung" im Rahmen gemessener Muster besteht nun darin, den jeweiligen Zustandsräumen diejenigen Aktionsparameterkonstellationen (mit Hilfe statistischer Auswertungstechniken) zuzuordnen, die in der Vergangenheit in der jeweils konkreten Situation das beste Handlungsergebnis erzielt haben, um auf diese Weise die Handlungssicherheit für die Zukunft zu erhöhen.

2. Die Entwicklung eines verbesserten, unternehmungsindividuellen Entscheidungsfeldmodells setzt eine verfeinerte Mustererkennung voraus, d.h. die Erarbeitung eines *induktiven Erklärungsschemas* auf der Grundlage der sigulären Muster (Opp 1976, S. 124 ff.): Die statistisch ermittelten Zusammenhänge zwischen den einzelnen Zustandsvariablen, Aktionsparametern und Handlungsergebnissen sind in (stochastische) Hypothesen zu überführen und hinsichtlich der vermuteten Kausalitäten zu überprüfen. Dem Controlling kommt hier die wichtige Funktion zu, entsprechende experimentelle Tests (Feldexperimente) zu gestalten und auszuwerten. Da allzu häufige Experimente in derselben Einkaufsstätte negative akquisitorische Wirkungen auf die Konsumenten entfalten können, haben Massenfilialsysteme den Vorteil, die Experimente auf mehrere Betriebe verteilen zu können und zugleich über weitere Betriebsstätten als Kontrollgruppen zu verfügen. Es ist zu erwarten, daß sich die Qualität des Entscheidungsfeldmodells im Zeitablauf sukzessive verbessern läßt.

3. Die größten Chancen für die Bewältigung der gravierenden Adaptionsprobleme im Einzelhandel durch ein innovatives, kreatives Handelsmanagement verspricht die sog. *experimentelle Optimierung*, bei der dem Controlling eine Schlüsselstellung zukommt. Gegenstand der experimentellen Optimierung ist die sukzessive, systematische Generierung "situationsoptimaler" Parameterkonstellationen zum Zweck der gewinnorientierten Markteinpassung. Ausgehend von einer "Optimierung" im Rahmen des (verbesserten) induktiven Entscheidungsfeldmodells und unter Einbeziehung der durchgeführten Image-, Marktpotential- und Absorptionsanalysen, werden im Rahmen des Planungsprozesses gezielte, von den bisherigen Mustern abweichende, situationsadäquate Variationen der Aktionsparameter (Generierung neuer Betreibungskonzepte) vorgenommen und im Rahmen des Controlling hinsichtlich ihrer Zielbeiträge experimentell überprüft.

Aufgrund der gebotenen Kürze des vorliegenden Beitrages müssen es die Verfasser mit diesen Andeutungen bewenden lassen. Auch die vielschichtigen Probleme einer adäquaten Institutionalisierung des Handelscontrolling (Aufbau einer zur Erfüllung der

vielfältigen Controllingfunktionen geeigneten Controllerorganisation) können an dieser Stelle nicht herausgearbeitet werden. Hierzu wird auf die schon erwähnten, umfassenden Publikationen (Ebert 1986, insbesondere Günther 1987) verwiesen.
Das Ziel dieses Beitrages ist erreicht, wenn es uns gelungen wäre, die große Bedeutung auch eines begrifflich auf die Managementfunktion Kontrolle reduzierten Controlling für die Praxis des Handelsmanagements deutlich zu machen und die Neugier für unsere diesbezüglichen Forschungsarbeiten zu wecken.

ZUSAMMENFASSUNG

Ausgangspunkt des Beitrages ist die Erkenntnis, daß die allgemeine überbetriebliche Handelsforschung nur äußerst begrenzt in der Lage sein dürfte, konkrete Handlungsempfehlungen im Hinblick auf die spezifischen Adaptions- und Koordinationsprobleme der einzelnen, untereinander zum Teil äußerst heterogenen Handelsbetriebe zu geben. Es erscheint daher zweckmäßig, Management-Know-How zu entwickeln, welches die einzelnen Handelsorganisationen in die Lage versetzt, entsprechendes (situationsspezifisches) Steuerungs-Wissen selbst zu generieren. Unser Anliegen ist es zu überprüfen, welchen Beitrag das Controlling dazu leisten kann. Eingehende Untersuchungen unsererseits haben zu der Erkenntnis geführt, daß die Controllingfunktion der in den letzten Jahren zugunsten der Planung stark vernachlässigten Führungsfunktion Kontrolle entspricht. Während das Charakteristikum der Planung die Erwartungsbildung auf der Grundlage von ex post und ex ante Daten ist, obliegen dem Controlling die systematische Überprüfung der Planungsdurchsetzung und der Erwartungen sowie die systematische Sammlung von konkreten 'Erfahrungen' während und/oder im Anschluß an die Realisationsphase. Den Ausgangspunkt der Controllingaktivitäten bilden quantitative und qualitative Soll-Ist- und Ist-Ist-Vergleiche.

LITERATUR

Applebaum, W. (1966): Methods for Determining Store Trade Areas, Market Penetration, and Potential Sales. In: Journal of Marketing Research III (1966), pp. 127-141

Berger, S. (1977): Ladenverschleiß (Store Erosion). Ein Beitrag zur Theorie des Lebenszyklus von Einzelhandelsgeschäften. Diss. Göttingen 1977

Box, G. E. P.; Draper, N. R. (1975): Das EVOP-Verfahren. München, Wien 1975

Cyert, R. M.; March, J. G. (1975): Die behavioristische Theorie der Unternehmung: eine Verbindung von Verhaltensforschung und Wirtschaftswissenschaft. In: Grochla, E. (Hrsg) (1975): Organisationstheorie, 2. T.-Bd. 1975, S. 360-372

Davidson, W. R.; Bates, A. D.; Bass, S. J.(1979): Der Lebenszyklus im Einzelhandel. In: Harvard Manager 1979, Heft 2, S. 46-54

Diller, H. (1983): Informationssysteme für die Preispolitik. Zum Stand der Informationstechniken zur Unterstützung der Preispolitik unter besonderer Berücksichtigung der Scannertechnologie. In: Marketing ZFP 1983, Heft 4, S. 273-279

Dreesmann, A. C. R. (1968): Pattern of Evolution in Retailing. In: Journal of Retailing 44 (1968), 1 (Spring), pp. 64-81

Ebert, K. (1986): Warenwirtschaftssysteme und Warenwirtschafts-Controlling. In: Schriften zu Distribution und Handel, Hrsg. D. Ahlert, Band 1. Frankfurt am Main, Bern, New York 1986

Frese, E. (1968): Kontrolle und Unternehmensführung. Entscheidungs- und organisationstheoretische Grundlagen. Wiesbaden 1968

Gaydoul, P. (1980): Controlling in der deutschen Unternehmenspraxis. Darmstadt 1980

Griese, J. (1972): Adaptive Verfahren im betrieblichen Entscheidungsprozeß. Würzburg, Wien 1972

Grochla, E. (1969): Modelle als Instrumente der Unternehmensführung. In: ZfbF 21 (1969), S. 382-395

Günther, H. (1987): Handelscontrolling. In: Schriften zu Distribution und Handel, Hrsg. D. Ahlert. (in Vorbereitung; Erscheinungstermin 1987)

Hahn, D. (1978): Hat sich das Konzept des Controllers in Unternehmungen der deutschen Industrie bewährt? In: BFuP 30 (1978), S. 101-128

Harbert, L. (1982): Controlling - Begriffe und Controlling-Konzepte. Diss. Bochum 1982

Hollander, St. C. (1960): The Wheel of Retailing. In: Journal of Marketing 25 (1960), pp. 37-42

Horváth, P. (1979): Controlling, 1. Aufl. München 1979

Horváth, P. (1986): Controlling. 2. Aufl. München 1986

Horváth, P. (1981): Entwicklungstendenzen des Controlling: Strategisches Controlling. In: Rühli, E.; Thommen, J. (Hrsg): Unternehmensführung aus finanz- und bankwirtschaftlicher Sicht. Stuttgart 1981, S. 397-415

Jung, H. (1985): Integration der Budgetierung in die Unternehmensplanung. Darmstadt 1985

Klingman, H. F.(1958, 1959): Profile of the Corporate Controller - Based on a Survey by Controllership Foundation. In: The Controller 1958, Vol. 26, Part I, pp. 467-470; 497-501, Part II, pp. 567-570; 592-593; 1959, Vol. 27, Part III, pp. 59-61, 80

Kronester, G. (1966): Kybernetische Kontrolle in der industriellen Unternehmung. Versuch über die Anwendung des kybernetischen Aspektes auf die unternehmerische Kontrolle. Diss. Köln 1966

Launhardt, W. (1885): Mathematische Begründung der Volkswirtschaftslehre. Leipzig 1885

Malik, F. (1984): Strategie des Managements komplexer Systeme. Ein Beitrag zur Management-Kybernetik evolutionärer Systeme. Bern, Stuttgart 1984

McNair, M. (1958): Significant Trends and Developments in the Postward Period. In: Smith, A. B. (ed): Competitive Distribution in a free highlevel Economy and its Implications for the University. Pittsburgh 1958, pp. 1-25

Meffert, H. (1974): Interpretation und Aussagewert des Produkt-Lebenszyklus-Konzeptes. In: Hammann, P.; Kroeber-Riel, W.; Meyer, C. W.(Hrsg): Neuere Ansätze zur Marketingtheorie. Festschrift zum 80. Geburtstag von Otto R. Schnutenhaus. Berlin 1974, S. 85-134

Opp, K. D. (1976): Methodologie der Sozialwissenschaften. Einführung in Probleme ihrer Theoriebildung. Reinbek bei Hamburg 1976

Poensgen, O. H.; Hort, H. (1980): Determinanten der Planung und ihrer Wirkung auf den Erfolg. Arbeitspapier Saarbrücken 1980

Schanz, G. (1977): Grundlagen der verhaltenstheoretischen Betriebswirtschaftslehre. Tübingen 1977

Siegwart, H.; Menzl, I. (1978): Kontrolle als Führungsaufgabe. Führen durch Kontrolle von Verhalten und Prozessen. Bern, Stuttgart 1978

Siller, H. (1985): Grundsätze des ordnungsgemäßen strategischen Controlling. Diss. Wien 1985

Simon, H.; Kucher, E.; Sebastian, K. H.(1982): Scanner-Daten in Marktforschung und Marketingentscheidung. In: ZfB 52 (1982), S. 555-597

Stomberg, R. (1969): Organisation der Kontrolle aus entscheidungstheoretischer Sicht. Diss. Hamburg 1969

Szyperski, N.; Müller-Böling, D. (1986): Aufgabenspezialisierung in Planungssystemen. In: ZfbF 1986, S. 124-147

Tietz, B. (1983): Konsument und Einzelhandel. 3.Aufl. Frankfurt am Main 1983

Treuz, W. (1974): Betriebliche Kontrollsysteme. Struktur und Verhalten in der Betriebspraxis sowie ihre Bedeutung für die Unternehmensführung. Berlin 1974

Uebele, H. (1981): Verbreitungsgrad und Entwicklungsstand des Controlling in deutschen Unternehmen. Ergebnisse einer empirischen Untersuchung. (DBW-Depot 82-2-7), Köln 1981

Zemanek, H. (1962): Lernende Automaten. In: Steinbach, H. (Hrsg): Taschenbuch der Nachrichtenverarbeitung. Göttingen, Heidelberg 1962, Sp. 1418-1480

Zypkin, JA. S. (1966): Adaption und Lernen in automatischen Systemen. Ergebnisse, Probleme, Perspektiven. München, Wien 1966

Verbesserung der Entscheidungsqualität im Handel durch Expertensysteme

Joachim Zentes; Brigitte Hilgers, Essen

1. DIE INFORMATIONSPOTENTIALE RECHNERGESTÜTZTER WARENWIRTSCHAFTSSYSTEME

1.1 DAS MARKETING- UND MANAGEMENTINFORMATIONS-MODUL IM WARENWIRTSCHAFTSSYSTEM

Warenwirtschaftssysteme (WWS) beziehen sich auf die informatorische Ebene der warenbezogenen Logistik im Handel; insofern sind sie eng mit dem System der physischen Distribution (Physical Distribution), d.h. dem Warenfluß verbunden. Die Aufgaben der Warenwirtschaftssysteme sind im wesentlichen (vgl. Kirchner/ Zentes 1984):

- die Disposition,
- das Bestellwesen,
- die Wareneingangserfassung,
- die Rechnungskontrolle,
- die Warenausgangserfassung,
- die Kassenabwicklung,
- die Inventur und
- die warenbezogenen Auswertungen und Berichte.

Diese Teilaufgaben eines Warenwirtschaftssystems können entweder manuell erledigt werden (= konventionelle Warenwirtschaftssysteme) oder mit Hilfe der EDV (= *rechnergestützte Warenwirtschaftssysteme*). Die Einbeziehung aller warenbezogenen Informationsprozesse führt zu geschlossenen Warenwirtschaftssystemen. Derartige rechnergestützte Warenwirtschaftssysteme - ihre Grundstruktur ist in *Abbildung 1* dargestellt - werden durch die zunehmende Verbreitung überbetrieblicher Artikelnumerierungssysteme (z.B. EAN, UPC), die neuen Verfahren der Check-out-Erfassung (z.B. Lesestifte, handgehaltene und stationäre Scanner), die zunehmende Miniaturisierung der elektronischen Datenverarbeitung (z.B. Mikrocomputer, neue Speichertechniken) und neue Softwaretechnologien ermöglicht.

Handelsforschung 1986
Hrsg. Volker Trommsdorff

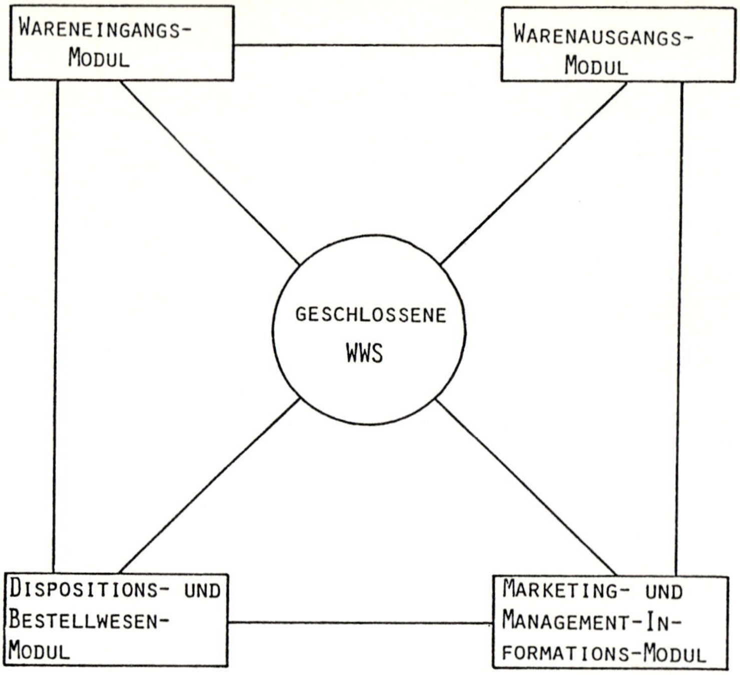

Abb. 1. Modularstruktur geschlossener Warenwirtschaftssysteme

1.2 DIE HANDELSSPEZIFISCHEN INFORMATIONSKATEGORIEN

Der Aufbau von Warenwirtschaftssystemen führt im Handel zu einer enormen Verbesserung der informatorischen Grundlagen seiner Unternehmenspolitik. Die Erfassung der Artikel-, Kunden- und Verkäuferdaten am Check-out, die Erfassung der Wareneingangsdaten u.ä. ermöglicht eine Neuorientierung des Beschaffungs- und Absatzmarketing.

Der Einkauf verfügt u.a. über:

- artikel-, verkaufsflächen- und regalflächenspezifische Deckungsbeitragsinformationen,
- lieferantenspezifische Deckungsbeitragsinformationen,
- Preis-, Werbe- und Sonderangebots-Wirkungsinformationen.

Diese Informationen führen nicht nur zu einer Veränderung der Entscheidungsprozesse im Handel hinsichtlich der Listung neuer Artikel, sondern auch zu veränderten Anforderungen an das Informationsangebot der Lieferanten im Rahmen von Jahres- bzw. Verkaufsgesprächen.

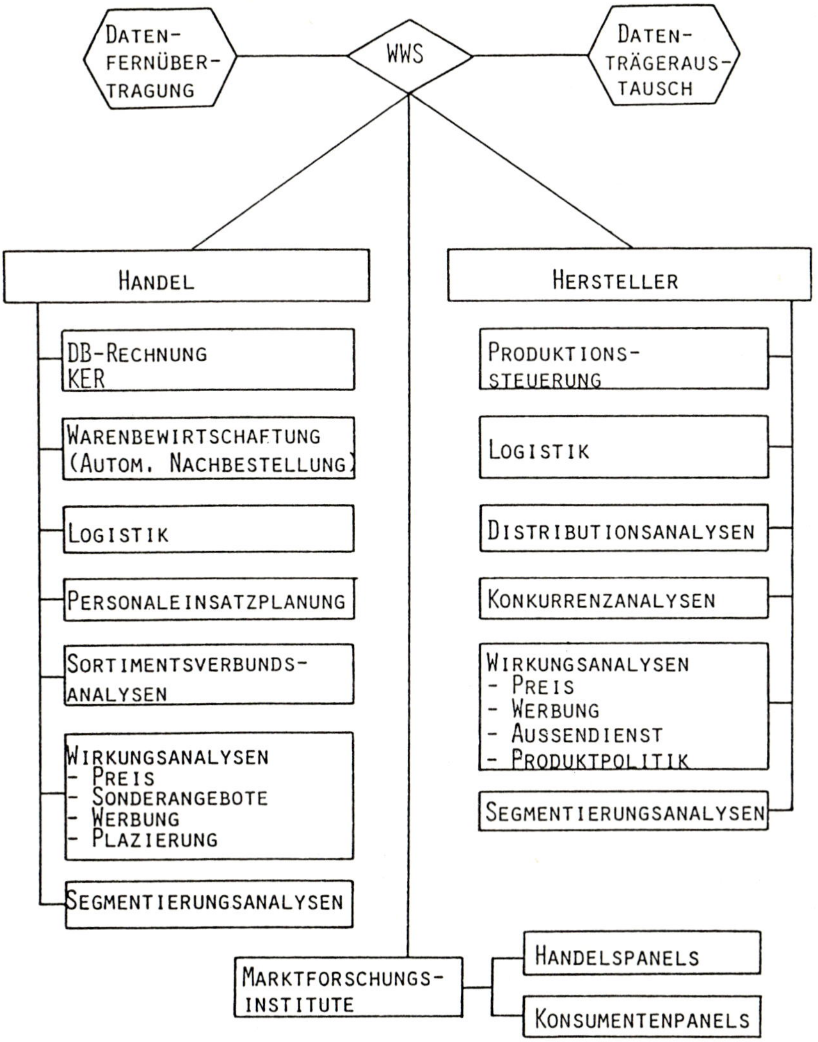

Abb. 2. Warenwirtschaftsdaten als Grundlage des informatorischen Trading up der Unternehmenspolitik im Handel

Die Warenwirtschaftsdaten bilden zugleich die Voraussetzungen für neue Formen des Direct Marketing durch Zielgruppenanalysen, für eine Optimierung der Preis-, Sonderangebots- und Sortimentspolitik sowie für eine Optimierung des In-Store-Marketing (Regalflächenzuweisung u.ä.) durch Ursache-Wirkungs-Analysen (vgl. Zentes 1985, S. 14 ff.).

Das *informatorische Trading up* des Handels bezieht sich jedoch nicht nur auf die Beschaffungs- und Absatzpolitik. Die Warenwirtschaftsdaten schaffen auch die Grundlage zur Verfeinerung der Personaleinsatzplanung, zur Durchführung permanenter Inventuren u.ä.

Die Warenwirtschaftssysteme im Handel ermöglichen schließlich auch - wie in *Abbildung 2* dargestellt - der Industrie informatorische Verbesserungen ihrer Marketingpolitik.

2. DIE GEGENWÄRTIGEN NUTZUNGSMÖGLICHKEITEN

2.1 DIE BERICHTS- UND ABFRAGESYSTEME

Die Warenwirtschaftssysteme liefern somit eine Fülle artikelbezogener, verkäuferbezogener und kundenbezogener Daten. Diese Daten können mit statistisch-ökonometrischen Methoden - gestützt auf benutzerfreundliche Software - verdichtet, reduziert, verknüpft werden. Diese Verarbeitungen führen zu

- Artikelumsatz- und -deckungsbeitragsanalysen,
- Wirkungsanalysen,
- Verbundanalysen,
- Segmentierungsanalysen usw.

Eine wichtige Forderung in bezug auf die handlungspolitische Umsetzung ist dabei die Weiterentwicklung der Datenanalyse zu einer wirksamen Entscheidungsunterstützung. Hier steht die Entwicklung jedoch erst am Anfang.

Im praktischen Einsatz dominieren heute noch *Berichtssysteme* (reporting systems); sie sind weitestgehend als *generatoraktive Systeme* konzipiert. In vorab festgelegten Rhythmen erhalten die Entscheidungsträger standardisierte Auswertungen in Form von EDV-Listen. Eine weitergehende Datenanalyse oder gar eine Entscheidungsunterstützung fehlt; die Umsetzung der Informationen in Aktionen obliegt dem Entscheidungsträger.

Eine gewisse Flexibilisierung ist bei *benutzeraktiven Berichtssystemen* gegeben. Hier kann der Entscheidungsträger die Starrheit konventioneller Berichtssysteme überwinden. Durch Definition vorgegebener Parameter können (zusätzlich) Sonderauswertungen u.ä. angefordert werden. Eine Entscheidungsunterstützung findet jedoch auch hier nicht statt.

Neben der fehlenden Entscheidungsunterstützung erweist sich sowohl bei generatoraktiven als auch bei benutzeraktiven Berichtssystemen die Informationsfülle - gerade bei artikelgenauen Warenwirtschaftssystemen - als Problem ("Problem der Datenflut").

Einen Ansatzpunkt zur Reduzierung des Datenvolumens stellen *Ausnahmeberichtssysteme* (exception reporting) dar. Sie zeichnen sich dadurch aus, daß nur die "Fälle" aufgezeigt werden, die über oder unter vorgegebenen Toleranzgrenzen liegen. Diese *Exception-Reporting-Ansätze* erhalten eine zusätzliche Informationsmanagementkomponente, wenn auf der Grundlage der Ist-Werte Prognosen erstellt werden, die in Verbindung mit vorgegebenen Schwellenwerten die Ausgangsbasis für Warnungen und Aktionen darstellen (*Frühwarn-* und *Frühchancensysteme*). Wenngleich Ausnahmeberichtssysteme auch auf der Grundlage konventioneller elektronischer Datenverarbeitungstechnik (z.B. im Rahmen des Batch Processing) möglich sind, trifft man sie in Handelsunternehmen bisher nur vereinzelt an. Insofern kann das Ergebnis einer amerikanischen Studie aus dem Jahre 1975 auch heute noch auf die Handelssituation übertragen werden: "... exception reporting of sales-related activities is itself still for more often the exception than the rule" (PoKempner 1975, S. 15).

Fortschreitende Verbesserungen auf dem Gebiet der EDV-Technik, so in der Datenübertragungs-, Datenverarbeitungs-, Speicherungs- und Ausgabetechnik, führten zur Entwicklung interaktiver *Mensch-Maschine-Kommunikationssysteme* mit hohem Benutzerkomfort. So gipfelten der Aufbau von Datenbanken und die Dialogverarbeitung in der Möglichkeit von Ad-hoc-Abfragen (On-line-Abfragen). Derartige *Abfragesysteme* sind dadurch charakterisiert, daß der Entscheidungsträger seine Informationsanforderung im jeweiligen Fall über ein Bildschirmterminal definiert und der Rechner daraufhin eine spezifische Auswertung erstellt. Das Ergebnis wird entweder am Bildschirm aufgezeigt oder in Form eines Listenausdrucks zur Verfügung gestellt.

Der Einsatz von Mikrocomputern, die als Satellit in einem Rechnernetz arbeiten, ermöglicht darüber hinaus den Zugriff auf zentrale Datenbanken, den Transfer von Datenbanksegmenten in den Mikrocomputer und die dezentrale Verarbeitung der Daten durch Einsatz statistischer Softwarepakete. Der Einsatz von *Computergraphik* ermöglicht letztlich eine Visualisierung von Analyseergebnissen.

Dialogorientierte Abfragesysteme und *individuelle Datenverarbeitung* durch Mikrocomputer sind heute mit ökonomisch vertretbarem Aufwand zur Ausschöpfung des Marketingpotentials von Warenwirtschaftssystemen einsetzbar. Sie stellen einen wichtigen Schritt auf dem Weg zur Entscheidungsunterstützung dar.

2.2 DIE ENTSCHEIDUNGSUNTERSTÜTZUNGSSYSTEME

Zur Transformation der durch ein Warenwirtschaftssystem bereitgestellten Daten in Entscheidungsgrundlagen für zielgerichtete Aktionen bieten die dargestellten Berichts- und Abfragesysteme Entscheidungsträgern der Managementebene in den meisten Fällen keine bzw. nur unzureichende Unterstützung.

Des weiteren wird bei einer Betrachtung der Entscheidungsfelder des Beschaffungs- und Absatzmarketing deutlich, daß insbesondere bei *echten Führungsentscheidungen* die aus dem Warenwirtschaftssystem resultierenden Daten zu ergänzen sind um Daten aus anderen Funktionsbereichen der Unternehmung. Darüber hinaus sind externe Daten, die Auskunft über (vgl. Tietz 1985, S. 47)

- gesellschaftliche und gesamtwirtschaftliche Entwicklungen,
- effektive und potentielle Marktpartner sowie
- effektive und potentielle Konkurrenten

geben, zu berücksichtigen.

Einen Überblick über die erwähnten Marktdaten und Anhaltspunkte für Marktentwicklungen können beispielsweise die von den Marktforschungsinstituten bereitgestellten Informationen liefern (vgl. auch Abbildung 2).

Die Situation der Entscheidungsträger ist somit gekennzeichnet durch (vgl. auch Meffert 1975, S. 17)

- einen großen Bedarf an internen und externen Daten,
- Unsicherheit bezüglich dieser Daten,
- Unsicherheit bezüglich der zur Verfügung stehenden Alternativen (soweit diese überhaupt bekannt sind),
- eine große Zahl kontrollierbarer und unkontrollierbarer Variablen,
- vielfältige Interdependenzen,
- lange Feedback-Zeiten usw.

Problemlösungen sind für diesen Bereich mit Hilfe der konventionellen Datenverarbeitung nicht programmierbar bzw. automatisierbar, sie können nur durch das Zusammenspiel menschlicher Intuition und Sensibilität mit maschineller Verarbeitungskapazität und -geschwindigkeit gefunden werden.

Entscheidungsunterstützungssysteme (Decision Support Systems, DSS) stellen den Versuch dar, dieses Zusammenspiel von Mensch, Know how und Computer zu ermöglichen (vgl. Little 1979, S. 9).

Idealtypisch kann ein DSS wie folgt beschrieben werden (vgl. Keen 1981, S. 1):

Ein DSS ist ein interaktives System, das auch von Entscheidungsträgern, die über geringe (oder keine) Programmierkenntnisse verfügen, genutzt wird. Das System ersetzt den Entscheidungsträger nicht. Der Entscheidungsprozeß wird weder vollständig automatisiert, noch werden die zur Problemlösung erforderlichen Schritte determiniert. Das DSS dient dem Entscheidungsträger als "Assistent" an den bestimmte Aufgaben delegiert werden. Dem Entscheidungsträger werden Ergebnisse zur Evaluation vorgelegt, und dieser entscheidet über die weitere Vorgehensweise.

Während Abfragesysteme in der Regel über eine *Datenbank* verfügen, die in einigen Fällen um eine *Methodenbank* ergänzt ist, setzen DSS eine *Modellbank* voraus. Mit Hilfe von Beschreibungs-,

Erklärungs- und Entscheidungsmodellen werden die vielfältigen Informationen für den Entscheidungsträger operational aufbereitet (vgl. Böcker 1974, S. 616). Die Struktur eines DSS ist in *Abbildung 3* dargestellt. Die schnelle Kommunikation zwischen Entscheidungsträger und Computer wird durch Dialogverkehr erreicht.

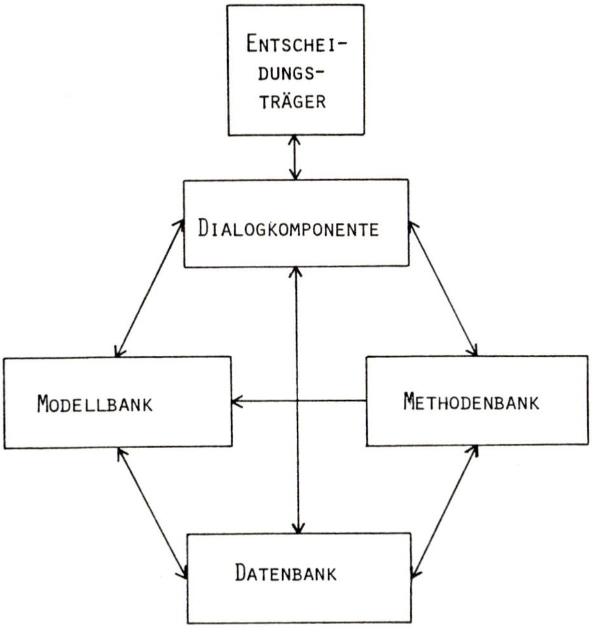

Abb. 3. Struktur eines Entscheidungsunterstützungssystems
(in Anlehnung an: Montgomery/Urban 1970, S. 227)

Mit der Entwicklung von DSS wurde bereits in den 60er und frühen 70er Jahren begonnen, wobei die Tendenz zu Totalsystemen nach und nach durch das *Konzept integrierbarer Teilsysteme* abgelöst wurde. Im Gegensatz zu Berichts- und Abfragesystemen kann die Systemgestaltung und -implementierung nicht nach konzeptionellen Phasenschemata vorgenommen werden (vgl. Dehio/Kieser 1983, S. 372). Da das System als persönliches Instrument des Managers eingesetzt werden soll, dessen Probleme nur teilweise strukturiert werden können, und deren Problemlösungsverständnis und Bedürfnisse sich im Zeitablauf ändern, kann der Gestaltungsprozeß wie folgt beschrieben werden: "... a DSS must constantly grow and evolve as the user adapts and learns" (Keen/Morton 1978, S. 58).

Derzeit am Markt erhältliche Hard- und Softwarekomponenten sind spezifische DSS, DSS-Generatoren und DSS-Werkzeuge (vgl. Dehio/ Kieser 1983, S. 376). *Spezifische DSS* sind programmierte Anwendungen konkreter Einzelfragen und Klassen von Fragestellungen. *DSS-Generatoren* sind universelle jedoch nicht vollkommen anwendungsunabhängige Softwareprodukte zur Erstellung spezifischer DSS. Zur bedarfsgerechten Gestaltung von DSS-Generatoren und spezifischen DSS dienen *DSS-Werkzeuge*. Hierbei handelt es sich um effiziente Systembausteine wie sehr hoch entwickelte Programmiersprachen, komfortable Datenverwaltungssysteme, Datenbanken usw.

Betrachtet man die im Einsatz befindlichen Systeme, so ist festzustellen, daß die Praxis eher mit Zurückhaltung reagiert. Neben technischen Unzulänglichkeiten und Kosten-Nutzen-Überlegungen steht insbesondere die nach wie vor feststellbare mangelnde Akzeptanz durch die Managementebene einer schnellen Verbreitung der Systeme im Wege.

3. DIE EXPERTENSYSTEME ALS ZUKÜNFTIGE NUTZUNGSMÖGLICHKEIT

3.1 DIE GRUNDSTRUKTUR VON EXPERTENSYSTEMEN

Gegenstand zahlreicher Veröffentlichungen jüngerer Zeit sind *Expertensysteme* (Expert Systems, ES). ES, vielfach auch als wissensbasierte Systeme bezeichnet, dienen wie DSS im Bereich der halb- und unstrukturierten Entscheidungsprobleme der interaktiven Entscheidungsfindung.

Sie sind dem Forschungsgebiet der *Künstlichen Intelligenz* (Artificial Intelligence) zuzuordnen. Popularität erlangte dieses Forschungsgebiet insbesondere in der dritten Dekade nach seinem Entstehen (im Jahre 1955), da die Gegenstände des rein akademischen Interesses zugunsten praktischer Anwendungsgebiete in den Hintergrund traten (vgl. Savory 1985, S. 14 ff.).

Ziel von ES ist es, "dem Benutzer das Wissen und die Performanz eines Experten zur Verfügung zu stellen" (Retti 1984, S. 75), indem sie komplexe Probleme aus abgegrenzten Bereichen lösen und hierbei das Problemlösungsverhalten eines Experten simulieren. Mit ES wird der für die Automatisierungstechnologie wichtige Schritt von der Datenverarbeitung zur *Wissensverarbeitung* vollzogen (vgl. Mellis 1986, S. 100).

Die Struktur eines ES ist in *Abbildung 4* dargestellt.

Wesentlich für den Leistungsumfang eines ES ist dessen *Wissensbasis*, die das menschliche aufgabenspezifische Expertenwissen enthalten soll. Dieses Wissen setzt sich aus aufgabenbezogenen Definitionen, Fakten und Theorien sowie aus sogenannten "rules of thumb", die auch als Heuristiken bezeichnet werden können, zusammen (vgl. Hayes-Roth u.a. 1983, S. 4). Darüber hinaus sollte die Wissensbasis über Meta-Wissen (d.h. Wissen über Wissen) verfügen (vgl. Waterman 1986, S. 28).

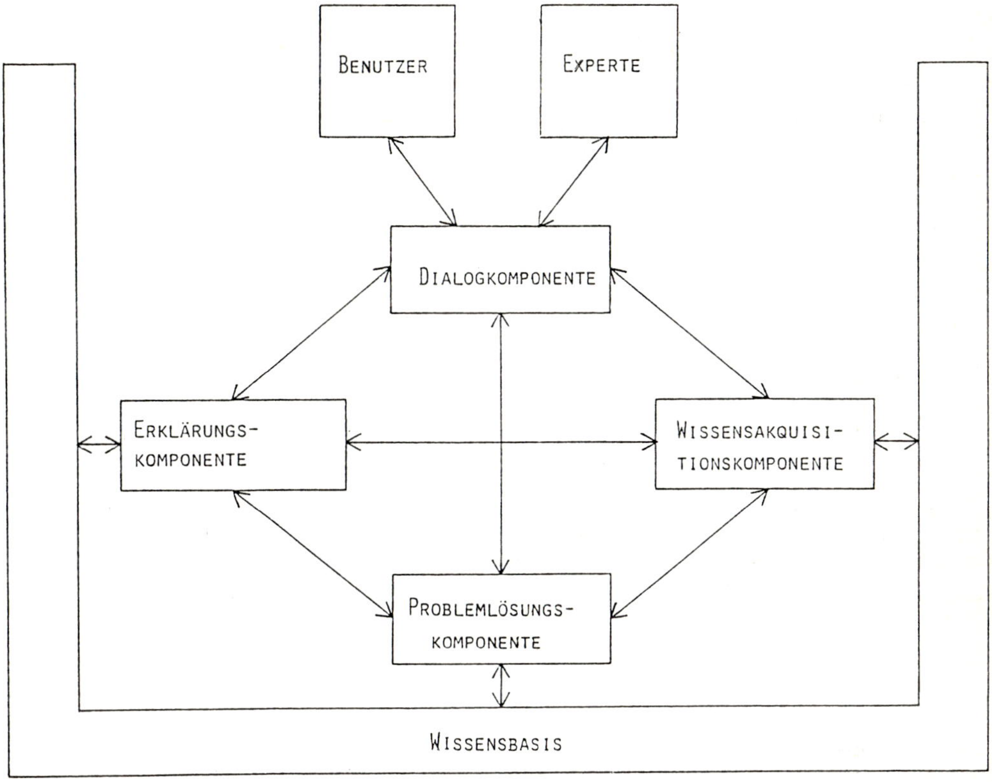

Abb. 4. Struktur eines Expertensystems (in Anlehnung an: Raulefs 1982, S. 63)

Die Aufgaben der weiteren Komponenten eines ES lassen sich wie folgt charakterisieren (vgl. zum folgenden Retti 1984, S.85 ff., sowie Puppe 1986, S. 2):

- Die *Dialogkomponente* bildet die Schnittstelle zur Kommunikation mit dem Benutzer und/oder Experten. Um möglichst benutzerfreundlich zu agieren, sollte ein natürlichsprachiger Dialog möglich sein.
- Die *Wissensakquisitionskomponente* unterstützt den Systemkonstrukteur und/oder den Experten bei der Eingabe neuen und der Abänderung bereits vorhandenen Wissens.
- Die *Problemlösungskomponente* wendet das gespeicherte Wissen auf vom Benutzer eingegebene Fakten an.
- Die *Erklärungskomponente* soll für den Benutzer und/oder Experten den Problemlösungsprozeß transparent machen. Das

System soll Antwort geben auf die Fragen, wie es zu einer bestimmten Schlußfolgerung gekommen ist, und warum bestimmte Aktionen durchgeführt wurden.

Der Begriff ES wird sowohl für *spezifische Systeme*, die für eine konkrete Anwendung entwickelt wurden, als auch für sogenannte *"Expertensystem-Shells"* verwandt. Diese Shells enthalten bereits den gesamten bereichsunspezifischen Teil eines ES (wie Dialog-, Wissensakquisitions-, Problemlösungs- und Erklärungskomponente), so daß zum Aufbau eines Systems "lediglich" das bereichsspezifische Wissen zu ergänzen ist (vgl. Mellis 1986, S. 103 f.). Trotz der derzeitig erhältlichen Werkzeuge sind Systemgestaltung und -implementierung von ES mit zahlreichen Problemen behaftet (insbesondere beim Wissenserwerb und der Wissensrepräsentation), so daß die Distanz von Anforderungen und tatsächlich realisierten Leistungen noch groß ist.

3.2 DIE EXPERTENSYSTEME UND DIE ENTSCHEIDUNGSUNTERSTÜTZUNGSSYSTEME IM VERGLEICH

Sowohl ES als auch DSS sollen der interaktiven Entscheidungsunterstützung dienen und eine Verbesserung der Entscheidungsqualität für den Bereich halb- und unstrukturierter Probleme ermöglichen. Neben dieser gemeinsamen Zielsetzung gibt es wesentliche Unterschiede zwischen ES als Systemen der Wissensverarbeitung und DSS als Systemen konventioneller Datenverarbeitung. Nachfolgend wird eine Abgrenzung der Konzepte unter wichtigen inhaltlichen und formalen Gesichtspunkten vorgenommen (vgl. zum folgenden: Ford 1985, S. 24 ff. sowie Wahlster 1985, S. 777).

DSS machen Daten für den Entscheidungsträger leicht und weitgehend vollständig verfügbar. Sie beinhalten "konkretes" Wissen in Form von Daten, Methoden und Modellen. Methoden und Modelle stehen dem Entscheidungsträger zur freien Disposition. Er entscheidet weitgehend selbst, welche Methoden und Modelle zur Anwendung kommen. Der Problemlösungsprozeß kann somit flexibel und auf die Person des Entscheidungsträgers zugeschnitten ablaufen, da dieser die Komponenten des Systems und deren Zusammenwirken steuert. Die Auswahlentscheidungen werden durch den Entscheidungsträger selbst getroffen. DSS setzen von daher beim Entscheidungsträger intensive Kenntnisse über das Problemgebiet voraus. Das "Wissen" des Entscheidungsträgers ist maßgeblich mit verantwortlich für die Qualität der Entscheidung.

ES liefern dem Benutzer fertige Entscheidungen bzw. Ergebnisse. Sie verfügen über "heuristisches" Wissen. Mittels Automatisierung kognitiver Prozesse wird das Wissen manipuliert. Der Benutzer ist nur passiv am Problemlösungsprozeß beteiligt, indem er dem System fallspezifisches Faktenwissen zur Verfügung stellt und Antwort auf die durch das System gestellten Fragen gibt. Flexibilität und persönlicher Stil können somit nicht in die Entscheidung eingebracht werden, da nicht der Benutzer das System steuert, sondern das System den Benutzer lenkt. Bedingt durch die Übernahme des gesamten Entscheidungsprozesses durch das System muß beim Benutzer nur eine gewisse Vertrautheit mit dem Problemgebiet vorausgesetzt werden. Das "Wissen" des Systems ist verantwortlich für die Qualität der Entscheidung.

DSS und ES werden mit iterativen und prototypischen Methoden entwickelt. Eine wesentliche Forderung des DSS-Konzeptes ist darin zu sehen, daß der Entscheidungsträger in den Gestaltungsprozeß einbezogen wird, da nur so eine optimale Realisation seiner Vorstellungen bezüglich Daten, Methoden und Modellen möglich ist. Jeder Entscheidungsträger entwickelt seinen eigenen Denk- und Entscheidungsstil (vgl. Dehio/Kieser 1983, S. 373), und das DSS sollte während des Gestaltungsprozesses immer mehr diesem individuellen Stil angepaßt werden. Diese Forderung ist auf der einen Seite für die Akzeptanz der Systeme von besonderer Bedeutung. Andererseits sind mit ihrer Umsetzung zahlreiche Probleme verbunden.

Bei ES sind die an der Entwicklung beteiligten Experten nicht die späteren Benutzer, für die das System konzipiert wird. Mit den Experten wird zunächst ein Prototyp mit begrenzter Wissensbasis erstellt, die im Laufe des Gestaltungsprozesses permanent erweitert wird. Erst wenn sie über "genügend" Wissen verfügt, um die durch die Benutzer an das System gestellten Aufgaben lösen zu können, kann ein praktischer Einsatz des ES erfolgen. Da Wissen nicht "statisch" ist, muß das System während seines Einsatzes permanent gewartet werden, da eine veralterte Wissensbasis schwere Folgen für die durch das System erzielte Entscheidungsqualität haben könnte. Die Nichteinbeziehung des Benutzers bringt neben psychologisch bedingten Akzeptanzbarrieren weitere Schwierigkeiten mit sich, wenn die Sprache des Systems und die Sprache des Benutzers nicht übereinstimmen.

Unter formalen Aspekten weisen DSS und ES insbesondere im Hinblick auf die Integration in ihre Einsatzumgebung Unterschiede auf. Ein effizienter Einsatz von DSS ist auf konventionellen Rechenanlagen möglich. Besondere Anforderungen werden hauptsächlich an die Benutzeroberfläche gestellt, die einen leichten und für den Entscheidungsträger komfortablen Umgang mit dem System ermöglichen soll. Die Programmierung kann in höheren Programmiersprachen wie Cobol, Pascal, APL u.a. erfolgen. Für den effizienten Einsatz von ES sind nichtprozedurale Programmiersprachen wie Lisp und Prolog Voraussetzung. Des weiteren sind leistungsfähige Rechner (Lisp- und/oder Prolog-Rechner) erforderlich. Die Integration in ein bestehendes System ist von daher mit großen Schwierigkeiten verbunden, solange nicht die entsprechenden Schnittstellen geschaffen sind.

ES und DSS weisen neben der gemeinsamen Zielsetzung wesentliche Unterschiede auf, die insbesondere durch die Philosophien, die den Systemen zugrunde liegen, deutlich werden. Die vorgenommene Abgrenzung, die lange nicht alle Unterschiede zwischen ES und DSS enthält, macht bereits deutlich, daß ES keine Weiterentwicklung von DSS sind, noch daß sie diese Systeme ersetzen. Beide Systeme können sich im praktischen Einsatz ergänzen. Wie bereits für DSS gesagt, steht für den Einsatz in der Praxis der Entwicklungsprozeß und der Umgang mit diesen Systemen immer noch am Anfang. Dies gilt einmal mehr für ES, wie die Beschreibung des Anwendungsspektrums noch zeigen wird.

3.3 DAS ANWENDUNGSSPEKTRUM

Seit Beginn der 70er Jahre wurde eine Vielzahl von ES, von denen bis heute nur wenige im praktischen Einsatz sind, für unterschiedliche Anwendungsbereiche entwickelt. Zu diesen Anwendungsbereichen gehören insbesondere (vgl. Retti 1984, S.88 ff.):

- die Medizin (z.B. MYCIN)
- die Chemie (z.B. DENDRAL)
- die Molekulargenetik (z.B. MOLGEN)
- die Geologie (z.B. PROSPECTOR)
- die Mathematik (z.B. MACSYMA).

Neben diesen technisch-naturwissenschaftlichen Anwendungsbereichen, die lange Zeit den Forschungsschwerpunkt bildeten, sind das System R1 (bzw. XCON) von Digital Equipment, das zur Konfigurierung von VAX-Computern eingesetzt wird, und das System ODYSSEY, das die Schritte bei der Planung von Dienstreisen unterstützt, als Pioniersysteme für den betriebswirtschaftlichen Bereich anzusehen (vgl. Mertens/Allgeyer 1983, S. 697 ff.).

Unabhängig vom konkreten Anwendungsbereich ist der sinnvolle Einsatz von ES an bestimmte Voraussetzungen geknüpft (vgl. Waterman 1986, S. 128 f.):

- Allgemeine Voraussetzungen:
  - Es müssen Experten (mindestens ein Experte) verfügbar sein, die über das Wissen zur Lösung der Aufgaben verfügen.
  - Die Experten müssen die zur Lösung verwandten Methoden darstellen und erklären können.
  - Die Experten müssen eine Übereinstimmung erzielen bzgl. Auswahl und Richtigkeit der Lösungen.
- Aufgabenbezogene Voraussetzungen:
  - Die Aufgaben sollten kein Allgemeinwissen erfordern, d.h. sie müssen einem gut abgrenzbaren und überschaubaren Gebiet zugeordnet werden können.
  - Die Aufgaben sollten kognitive Fähigkeiten erfordern.
  - Die Aufgaben sollten nicht zu schwierig sein; extrem schwierige Aufgaben sind in relativ unabhängige und einfachere Teilaufgaben zu zerlegen.

Erfüllt ein Anwendungsbereich die genannten Voraussetzungen, so kann ein ES verschiedene Funktionen erfüllen, über deren begriffliche und inhaltliche Abgrenzung derzeitig in der Literatur noch keine Einigkeit herrscht (vgl. z.B. Mertens/Allgeyer 1983, S. 695 f.; Puppe 1986, S. 3; Stefik u.a. 1982, S. 136 ff.).

Zusammenfassend lassen sich die *wesentlichen Funktionen* unter den Begriffen

- *Diagnose* im Sinne von Beobachtung, Interpretation, Fehlersuche u.ä.,
- *Therapie* im Sinne von Beratung und
- *Planung* auf der Basis bestehender Strukturen sowie im Sinne der "Konstruktion" neuer Strukturen,

subsumieren.

Nahezu alle Entscheidungsfelder des Handels weisen Fragestellungen der Diagnose, Therapie und Planung auf. Warenwirtschaftssysteme haben dem Handel neue Informationsquellen erschlossen. Das informatorische Trading up ermöglicht jedoch nur dann eine Verbesserung der Entscheidungsqualität, wenn die personelle und kognitive Kapazität zur permanenten Interpretation der Auswertungen und zur Planung und Umsetzung konkreter Maßnahmen zur Verfügung steht. In der Regel existieren gerade in diesen Bereichen Engpässe, die eine vollständige und zielgerichtete Ausschöpfung der Informationspotentiale verhindern.

In den von Warenwirtschaftssystemen tangierten Bereichen können ES in Form von Diagnose-, Therapie- und Planungssystemen durch die Einbeziehung qualitativen Expertenwissens über Analysen auf der Basis einfacher Ursache-Wirkungs-Beziehungen, wie sie heute z.B. im Bereich der Preis-, Sonderangebots- und Sortimentspolitik durchgeführt werden, hinausgehen und somit die Entscheidungsqualität verbessern. Durch die Möglichkeit der Multiplikation des Expertenwissens können zudem die oben angesprochenen Engpässe überwunden werden.

Neben diesen Möglichkeiten im Bereich der Marketing- und Managemententscheidungen ist ein denkbarer Einsatzbereich von ES aufbauend auf den Warenwirtschaftsinformationen in der Disposition und dem Bestellwesen zu sehen.

Auf der Basis der konventionellen Datenverarbeitung können durch die Definition geeigneter Parameter wie Bedarf, Lieferzeit, Umschlagshäufigkeit, Mindestbestellgrößen, Konditionen u.ä. (vgl. Kirchner/Zentes 1984, S. 30) Bestellvorschläge ermittelt werden. Diese Bestellvorschläge müssen dem Einkaufsexperten vorgelegt werden, der aufgrund seiner Erfahrungen und seines Wissens (wie Warenkenntnisse und Marktkenntnisse) diese Vorschläge beurteilt. Durch die Erfassung dieser Erfahrungen und dieses Wissens in einem ES, könnte die Beurteilung der Bestellvorschläge durch das System übernommen werden. Die Bestellschreibung und -überwachung der so ermittelten Vorschläge könnten mit Hilfe der konventionellen Datenverarbeitung durchgeführt werden.

Weitere wichtige Aufgaben im Rahmen der Disposition sind die Durchführung von Limitrechnungen, die Lieferantenselektion und die Distributionsoptimierung. Durch eine Verknüpfung von warenwirtschaftsspezifischen Daten und Expertenwissen besteht auch für diese Aufgaben die Möglichkeit, die erforderlichen Entscheidungen zu verbessern.

Ein erstes System, das auf den Bereich der Lieferantenselektion begrenzt ist, wurde an der TU Berlin entwickelt (vgl. zum folgenden Bader u.a., o. J.). Das System "EES" ("Expertensystem für den Einkauf") berücksichtigt bei der Auswahl von Lieferanten quantitative und qualitative Kriterien. Das menschliche Know how des Einkäufers wie Erfahrungen mit verschiedenen Lieferanten, Wissen über die betriebsinternen Abläufe und die Einkaufspolitik des Unternehmens u.ä. fließt in die Auswahlentscheidungen ein. Um die Entscheidungen überprüfbar und nachvollziehbar zu machen, verfügt das System über eine Erklärungskomponente.

Durch "EES" wird eine erste Möglichkeit aufgezeigt, die Expertensystemtechnologie für den Handel praktisch nutzbar zu machen. Der Konzeption weiterer Systeme für den Handel müssen jedoch in den nächsten Jahren noch intensive Forschungsbemühungen vorausgehen, die insbesondere eine Abgrenzung einzelner Entscheidungsfelder unter Berücksichtigung der aufgeführten allgemeinen und aufgabenbezogenen Voraussetzungen für ES, und die Systematisierung des zur Anwendung gelangenden Wissens umfassen sollten.

Sind diese Bemühungen erfolgreich, so ist damit die Basis dafür geschaffen, daß sich das informatorische Trading up des Handels in der Zukunft zu einem *kognitiven Trading up* weiterentwickelt.

ZUSAMMENFASSUNG

Mit dem informatorischen Trading up des Handels sind hohe Erwartungen verknüpft. Derzeitig werden die Informationspotentiale von Warenwirtschaftssystemen durch den Einsatz konventioneller Datenverarbeitung genutzt. Der Beitrag beschäftigt sich mit den Leistungsmöglichkeiten von Berichts- und Abfragesystemen sowie Entscheidungsunterstützungssystemen. Neue Möglichkeiten der Entscheidungsfindung eröffnen sich durch Expertensysteme. Der Darstellung der Struktur dieser Systeme folgt eine Abgrenzung zu Entscheidungsunterstützungssystemen. Aus dem Einsatz dieser Systeme wird der Weg zu einem kognitiven Trading up im Handel aufgezeigt.

LITERATUR

Bader, Ch.; Huber, A.; Strauch, P.; Suhr, R. (o.J.): EES - das Expertensystem für den Einkauf. Publikation des Fachbereichs Informatik der TU Berlin. Berlin o.J.

Böcker, F. (1974): Marketing-Modelle. In: Marketing-Enzyklopädie, Bd. 2. München 1974, S. 615-632

Dehio, P.; Kieser, A. (1983): Die Gestaltung von Entscheidungsunterstützungssystemen. In: Angewandte Informatik, 9/83, S. 371-382

Ford, N. F. (1985): Decision Support Systems and Expert Systems: A Comparison. In: Information & Management, 8/85, pp. 21-26

Hayes-Roth, F.; Waterman, D. A.; Lenat, D. B. (1983): An Overview of Expert Systems. In: Hayes-Roth, F.; Waterman, D. A.; Lenat, D. B. (Eds.): Building Expert Systems. Massachusetts 1983, pp. 3-29

Keen, P. G. W. (1981): Value Analysis: Justifying Decision Support Systems. In: MIS Quarterly, March 1981, pp. 1-14

Keen, P. G. W.; Morton, M. S. S. (1978): Decision Support Systems: An Organizational Perspective. Massachusetts 1978

Kirchner, J. D.; Zentes, J. (1984): Führen mit Warenwirtschaftssystemen. Düsseldorf, Frankfurt 1984

Little, J. D. C. (1979): Decision Support Systems for Marketing Managers. In: Journal of Marketing, Vol. 43, Summer 1979, pp. 9-26

Meffert, H. (1975): Computergestützte Marketing-Informationssysteme. Wiesbaden 1975

Mellis, W. (1986): Von der Informationsverarbeitung zur Wissensverarbeitung. In: Markt & Technik, Nr. 14, April 1986, S. 100-104

Mertens, P.; Allgeyer, K. (1983): Künstliche Intelligenz in der Betriebswirtschaft. In: Zeitschrift für Betriebswirtschaft, 53. Jg. 1983, S. 686-709

Montgomery, D. B.; Urban, G. L. (1970): Marketing Decision-Information Systems: An Emerging View. In: Journal of Marketing Research, Vol. II, 1970, pp. 226-234

PoKempner, S. J. (1975): Information Systems for Sales and Marketing Management. 2. Aufl. New York 1975

Puppe, F. (1986): Expertensysteme. In: Informatik Spektrum. 9/86, S. 1-13

Raulefs, P. (1982): Expertensysteme. In: Bibel, W.; Siekmann, J. H. (Hrsg): Künstliche Intelligenz. Frühjahrsschule Teisendorf, März 1982. Berlin, Heidelberg, New York 1982, S. 61-98

Retti, J. (1984): Knowledge Engineering und Expertensysteme. In: Retti, J. u.a. (Hrsg): Artificial Intelligence - Eine Einführung. Stuttgart 1984, S. 73-98

Savory, St. E. (1985): Artificial Intelligence - State of the Art 1984. In: Savory, St. E. (Hrsg): Künstliche Intelligenz und Expertensysteme. 2. Aufl. München 1985, S. 13-34

Stefik, M.; Aikins, J.; Balzer, R.; Benoit, J.; Birnbaum, L.; Hayes-Roth, F.; Sacerdoti, E. (1982): The Organization of Expert Systems, A Tutorial. In: Artificial Intelligence, 18/82, pp. 135-173

Tietz, B. (1985): Der Handelsbetrieb. München 1985

Wahlster, W. (1985): Einführung in das Fachgespräch: Expertensysteme im Betrieb. In: Hansen, H. R. (Hrsg): GI/OCG/ÖGI-Jahrestagung 1985. Berlin, Heidelberg, New York, Tokyo 1985, S. 775-777

Waterman, D. A. (1986): A Guide to Expert Systems. Massachusetts 1986

Zentes, J. (1985): Tendenzen der Entwicklung von Warenwirtschaftssystemen. In: Zentes, J. (Hrsg): Moderne Warenwirtschaftssysteme im Handel. Berlin, Heidelberg, New York, Tokyo 1985, S. 1-22

Erlebnisbetonte Ladengestaltung im Einzelhandel - Eine empirische Studie -

Hermann Diller; Marion Kusterer, Hamburg

1. ERLEBNISBETONTE LADENGESTALTUNG UND BETRIEBSTYPENINNOVATION ALS HERAUSFORDERUNGEN DES EINZELHANDELSMARKETING

Preisdominante Marketingstrategien verlieren für den deutschen Einzelhandel zunehmend an Attraktivität. Dafür gibt es eine Vielzahl von Ursachen, auf die hier nur stichwortartig hingewiesen werden kann (vgl. im einzelnen Diller 1985, S. 282 ff.):

- vielfache Imitation des Discount-Konzepts,
- Abnutzung des Anlockeffektes von Sonderangeboten,
- fehlende attraktive Standorte für neue großflächige SB-Märkte,
- Ausschöpfung der Rationalisierungspotentiale,
- Mangel an Ausgleichsgebern in der Mischkalkulation,
- Abbau der herstellerseitigen Konditionenspreizung und Angleichung der Größenstrukturen im Handel.

Seit einigen Jahren wird deshalb in Theorie und Praxis an neuen Betriebstypenkonzepten gearbeitet, die den Einzelhandelsbetrieben ein möglichst einzigartiges Profil im Wettbewerb mit ihren Konkurrenten verleihen sollen.

Für ein solches "Profil-Marketing" (Oehme 1983, S. 306 ff.) wird u.a. auch eine *erlebnisbezogene Strategie* vorgeschlagen, ähnlich wie sie im Markenartikel-Marketing in vielen Produktbereichen gepflegt wird (vgl. z.B. Diller 1985a; Weinberg 1986). Eine solche Strategie entspricht in vielen Produktbereichen der gegenwärtigen *Wertedynamik der Verbraucher*, die unter anderem durch ein stärkeres Bedürfnis nach sensualer Anregung, verfeinertem emotionalen Erleben und einer gewissen Abkehr vom analytisch-rationalen Denkstil geprägt ist (vgl. Kroeber-Riel 1984, S.113).

Eine *erlebnisbetonte Ladengestaltung* stellt den Versuch dar, durch bewußten Einsatz einer Kombination umweltgestalterischer Mittel, wie Architektur, Farbe, Licht, Raumanordnung und -aufteilung, Showeffekte, Musik, Blumen etc., eine bestimmte Anmutung (qualitativer Aspekt) bestimmter Intensität (quantitativer Aspekt) beim Ladenbesucher zu erzeugen. Es handelt sich damit um eine aus der Konsumentenforschung als emotionale Stimulierung und Konditionierung wohlbekannte, im Rahmen der Ladengestaltung aber noch selten *systematisch* angewandte Beeinflus-

Handelsforschung 1986
Hrsg. Volker Trommsdorff

sungstechnik [1]. Sie soll insbesondere dazu dienen, das Geschäft im Wettbewerb zu profilieren und damit die Kundenzahl bzw. den Marktanteil zu erhöhen, die Einkaufsbeträge durch längere Verweilzeiten im Geschäft und eine kaufstimulierende Atmosphäre anzuheben und die Kontakt- oder Lauffrequenzen im Verkaufsraum zu optimieren. *Abbildung 1* gibt einen detaillierten Überblick über diese Zielhierarchie.

2. UNTERSUCHUNGSZIELE UND UNTERSUCHUNGSDESIGN

Angesichts des Mangels an empirischen Studien zur *erlebnisbetonten Ladengestaltung* und der zunehmenden praktischen Bedeutung dieses Konzepts haben wir den Versuch unternommen, an zwei Beispielen zu *überprüfen*, ob die *diesem Instrument zugeschriebenen Wirkungen tatsächlich zu beobachten sind*. Unsere *explikative Basishypothese* lautet dabei wie folgt:

"Durch eine erlebnisbezogene Ladengestaltung werden die Präferenzen der Geschäftsbesucher gegenüber dem Geschäft erhöht und das Verhalten der Kunden im Geschäft positiv (im Sinne der Zielsetzung) beeinflußt."

Für den statistischen Test auf Basis unserer Stichproben wird diese Hypothese entsprechend den in Abbildung 1 dargestellten Zielvariablen operationalisiert. Auf die daraus resultierenden Testhypothesen wird in Abschnitt 3 eingegangen.

Darüber hinaus soll *explorativ* untersucht werden,

- welche *Zielgruppe* von erlebnisbetont gestalteten Geschäften besonders angesprochen wird und
- wie sich die beiden von uns ausgewählten Testgeschäfte *ökonomisch* bewähren.

Als *Testgeschäfte* für die empirische Untersuchung wurden zwei Hamburger Handelsunternehmen ausgesucht, deren Ladengestaltung nach Maßgabe des Erlebniskonzeptes als besonders gelungen betrachtet werden kann.

Zum einen handelt es sich um ein Hifi-Fachgeschäft, das auf 1700 qm Verkaufsfläche ca. 25.000 Artikel anbietet. Es wurde 1982 in einem neu erschlossenen Gewerbegebiet von Hamburg-Harburg eröffnet. Das Geschäft kann als disloziert bezeichnet werden, da die Entfernung zum Zentrum von Harburg etwa 2 km, jene zur Hamburger City etwa 20 km beträgt.

---

1 Gleichwohl existieren bereits eine größere Zahl von diesbezüglichen Modellversuchen in der Praxis, zum Beispiel:
- das Suba-Center in Hamburg-Harburg,
- das Bekleidungshaus Engelhorn & Sturm in Mannheim, das 1985 für seine erlebnisbetonte Konzeption mit dem impulse-Handelspreis ausgezeichnet wurde,
- die nach dem erlebnisbetonten Konzept "Frischmarkt" gestaltete Filiale der Coop in Dortmund-Brakel,
- das erlebnisbetont gestaltete Warenhaus des Hertie-Konzerns KaDeWe in Berlin

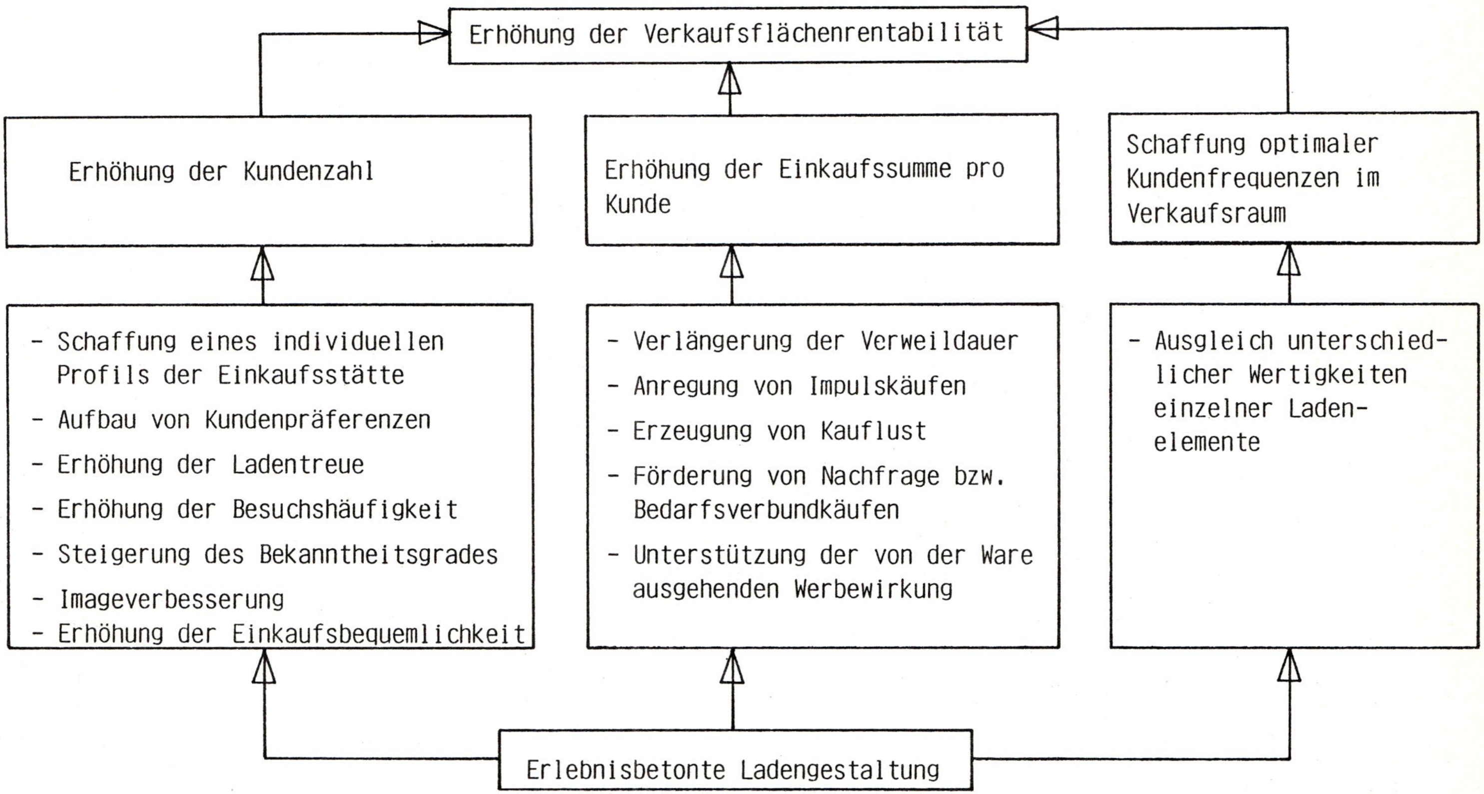

Abb. 1. Zielhierarchie der erlebnisbetonten Ladengestaltung

Das Geschäft besticht durch die konsequente Realisierung seines Leitbildes "Originalität". Originalität dokumentiert sich sowohl in der Gestaltung der Außenfassade (das Gebäude hat die Form eines gekippten Kubus) als auch in den für die Innenausstattung gewählten Warenpräsentationsformen und Dekorationsgegenständen (z.B. Flugzeugsitze, Autoteile, Laserstrahlenbilder, großflächige Blumendekorationen). Fließend ineinander übergehende Verkaufsebenen und Ruhezonen (z.B. in Form einer Bar) sollen den Kunden zum Verweilen und Umherschweifen anregen. Das überwiegend junge (und damit der Kundenstruktur entsprechende) Verkaufspersonal soll dem Kunden ungezwungen, locker und um flotte Redensweisen nicht verlegen gegenübertreten. Insgesamt soll sich dadurch eine nonkonformistische Atmosphäre, die dem Wunsch vieler Jugendlicher nach Abhebung vom Gewöhnlichen entspricht, geschaffen werden. Zusammen mit der Werbung des Geschäftes, deren oberstes Gestaltungsprinzip ebenfalls Originalität ist, und die ein außergewöhnliches Firmenemblem (ein Gespenst) benutzt, ergibt das Auftreten dieses Hifi-Fachgeschäftes eine in sich geschlossene Corporate Identity.

Beim zweiten erlebnisbetonten Geschäft handelt es sich um ein in bester City-Lage gelegenes, von hochfrequentierten Einkaufspassagen umgebenes "Buchhaus". Dort werden auf zwei Etagen, die insgesamt 1800 qm - eine für diese Branche weit überdurchschnittliche Größe - umfassen, ca. 120.000 verschiedene Titel geführt. Die enorm große Verkaufsfläche macht eine großzügige Aufteilung der Verkaufsräume und übersichtliche Artikelgruppierungen möglich. Darüber hinaus laden zahlreiche Sitzgelegenheiten und eine sogenannte Lesebar den Kunden zum Verweilen und Schmökern ein. Die massive frontale Präsentation der Bücher in greifbarer Nähe inspiriert den Kunden zum ausführlicheren Betrachten einzelner Bände. Leise Hintergrundmusik unterstreicht die ebenso beschauliche wie interessante Atmosphäre im Buchhaus. Das Verkaufspersonal ist angewiesen, sich eher zurückhaltend zu verhalten und berät nur bei Bedarf. Nach außen dokumentiert das Buchhaus seine Kompetenz durch zahlreiche themenorientierte Veranstaltungen, wie z.B. Autorenlesungen, Signierstunden und Ausstellungen.

Aus den erwähnten Branchen wurde jeweils ein *Kontrollgeschäft* gewählt, dessen Ladengestaltung nicht nach erlebnisbetonten Aspekten erfolgte. Im Fall des Buchhauses handelte es sich um eine traditionell gestaltete Filiale desselben Unternehmens. Die Vergleichbarkeit schien gegeben, weil der Standort dieses Kontrollgeschäftes ebenfalls in der Hamburger City lag und die Unterschiede zum Testgeschäft (Sortiment, Fläche, Beratung etc.) im wesentlichen auf das Erlebniskonzept zurückführbar waren.

Als Kontrollgeschäft für das erlebnisbetonte Hifi-Geschäft diente ein traditionell gestaltetes Hifi-Geschäft in Wandsbek, einem Unterzentrum von Hamburg. Auch dort waren die sonstigen Unterschiede im wesentlichen konzeptbedingt.

Die Datenerhebung erfolgte *zufallsgesteuert* (Auswahl der Fälle nach Zufallsstart und systematischer Folgeauswahl) und simultan in den Test- und Kontrollgeschäften. Es handelt sich bei unserer Studie damit um ein sog. *simultanes ECA-Experiment*, das in bezug auf die beiden getesteten Fälle Anspruch auf Repräsentanz erheben kann. Generalisierungen auf *alle* erlebnisbetonten Konzepte sind wegen der inhaltlichen Unterschiede dieser Konzepte sowie der jeweiligen situativen Randbedingungen nicht ohne Vorbehalt möglich.

Als *Erhebungsmethoden* für die abhängigen Variablen wurden die *mündliche Befragung* und die *Beobachtung* eingesetzt. Die biotische - d.h. für den Kunden nicht erkennbare - Beobachtung des Verhaltens der Kunden im Geschäft (Gruppengröße, Verweildauer im Laden, Produktkontakte, Kauf/Nichtkauf, Geschlecht, Altersklasse) diente zum einen der nicht-reaktiven Messung des Verhaltens und zum anderen der Kürzung der mündlichen Befragung. Dadurch sollte eine möglichst hohe Antwortbereitschaft erreicht werden. Daß dies tatsächlich gelang, bestätigt die Teilnahmequote von 82 %.

Die mündliche Befragung setzte sich aus drei offenen und fünf geschlossenen Fragen zusammen. Die Gegensatzpaare des semantischen Differentials bildeten jeweils die Pole einer 7-stufigen Likertskala und waren einzeln auf Karten abgetragen, die den Kunden nacheinander zur Einschätzung gereicht wurden.

Das Interview erfolgte jeweils zu dem Zeitpunkt, als der Kunde das Geschäft verließ und die Beobachtung abgeschlossen war. Insgesamt wurden 180 Kunden beobachtet, von denen sich 148 zu einem Interview bereit erklärten.

Zusätzlich zu diesen Daten wurden noch zentrale ökonomische Größen vom Geschäftsführer des jeweiligen Geschäfts erfragt. Die empirische Untersuchung fand im März 1986 statt.

3. ERGEBNISSE DER STUDIE

Die in unserer Studie erhobenen Variablen und deren Meßergebnisse werden im folgenden in vier Gruppen unterteilt:

(1) Zielgruppencharakteristika,
(2) Daten über das Verhalten der Kunden im Geschäft,
(3) Einstellungen und emotionale Empfindungen der Kunden und
(4) ökonomische Größen.

Alle Variablen innerhalb dieser vier Gruppen werden als zumindest indirekt von der Ladengestaltung beeinflußt und demnach als abhängige Variablen im Sinne des Untersuchungsdesigns angesehen. Die dafür jeweils entwickelten Untersuchungshypothesen werden im folgenden noch erläutert.

3.1 ZIELGRUPPENCHARAKTERISTIKA

Als Zielgruppenmerkmale standen die *Altersklasse*, das *Geschlecht*, die *Besuchshäufigkeit*, die Anzahl der für den Einkauf in Betracht gezogenen Konkurrenzgeschäfte (*"evoked store set"*) sowie die von den Befragten frei (ohne Vorgabe) geäußerten *Einkaufsstättenwahlmotive* zur Verfügung.

Wie *Tabelle 1* zeigt, ergaben sich bei all diesen Merkmalen zwischen den erlebnisbetonten Testgeschäften (Symbol e) und den nicht erlebnisbetonten Kontrollgeschäften (Symbol n.e.) teilweise erhebliche Unterschiede.

Im *erlebnisbetonten Buchhaus* findet sich ein erheblich *jüngeres Publikum*. Beim Hifi-Geschäft ist dieser Effekt - u.U. standortbedingt ($Hifi_e$ ist praktisch nur per Pkw erreichbar) - nicht beobachtbar.
In beiden Produktbereichen zieht das erlebnisbetonte Geschäft signifikant (Bücher auf 95 %-, Hifi auf 90 %- Signifikanzniveau) *mehr Frauen* an. Dies erstaunt insbesondere bei Hifi-Geräten, wo normalerweise - wie die Quoten für $Hifi_{n.e.}$ in Tabelle 1 auch deutlich machen - die Männer beim Einkauf stark dominieren. *Frauen bevorzugen also erlebnisbetonte Einkaufsstätten.*

Die *Besuchshäufigkeit* spielt zunächst für die Interpretation der Untersuchungsergebnisse eine Rolle: So wird ein emotionaler "Überraschungseffekt" im Sinne einer starken Anmutung der Atmosphäre nur dann zu erwarten sein, wenn die befragten Besucher das jeweilige Geschäft zum ersten Mal besuchten.

Wie die Zahlen aus Tabelle 1 zeigen, ist dies durchweg nicht der Fall. Auch die relativ neuen erlebnisbetonten Geschäfte weisen im Durchschnitt bereits *hohe Besuchsraten* auf, was auf eine *ausgeprägte Ladentreue* schließen läßt.
Dieses Ergebnis wird durch die *Anzahl der von den Kunden spontan in Betracht gezogenen Konkurrenzgeschäfte* bestätigt. Sie liegt generell sehr niedrig und in den erlebnisbetonten Geschäften (allerdings nicht signifikant) niedriger als in den Kontrollgeschäften. Hier deutet sich also eine *Tendenz zur stärkeren Kundenbindung* bzw. zur exklusiven Positionierung der erlebnisbezogenen Geschäfte im Wettbewerbsfeld an. Die Häufigkeitsauswertung der von den Befragten spontan genannten *Motive für die Wahl jenes Geschäftes*, in dem sie interviewt wurden, liefert weitere Aufschlüsse über die Struktur der Zielgruppen erlebnisbetonter Geschäfte.

Die in *Tabelle 2* dargestellte Auswertung beschränkt sich dabei auf das jeweils zuerst genannte Motiv, weil nur wenige Befragte mehrere Motive angaben.

Im einzelnen sind folgende Befunde hervorzuheben:

(1) In beiden Produktbereichen taucht das *Motiv "Atmosphäre"* (als wichtigster Grund für die Geschäftswahl!) nur in den erlebnisbetonten Geschäften auf. Daß die Quote beim Buchhaus einen Wert von 14,7 % erreicht, ist erstaunlich, zumal sich auch noch hinter dem *Motiv "Sortiment"* (z.B. i.S. von Sortimentsfülle oder -vielfalt) Elemente der Einkaufsatmosphäre verbergen könnten. Man kann deshalb festhalten, daß sich *ein nicht unbeträchtlicher Teil der Käufer bei der Ladenauswahl von der Einkaufsatmosphäre leiten läßt.*

Tabelle 1. Zielgruppen-Charakteristika der Test- und Kontrollgeschäfte

Variable	Bücher e	Bücher n.e.	Hifi e	Hifi n.e.
Alter (Anteil an Altersklasse in %)				
bis 30 Jahre	41,3	30,8	60,8	71,0
30 - 60 Jahre	56,5	59,6	35,3	29,0
über 60 Jahre	2,2	9,6	3,9	—
Geschlecht (Anteile in %)				
weiblich	47,8	26,9	21,6	6,5
männlich	52,2	73,1	78,4	93,5
Besuchshäufigkeit				
Mittelwerte $\overline{x}$ und Standardabweichungen s der erfragten bisherigen Anzahl an Besuchen im jeweiligen Geschäft	$\overline{x}$ 22, s 30,9	$\overline{x}$ 20, s 23,7	$\overline{x}$ 14, s 18,7	$\overline{x}$ 20, s 25,9
Evoked-Store-Set				
Anzahl der in Betracht gezogenen Geschäfte inkl. Test- bzw. Kontrollgesch.	2,1	2,4	2,8	3,0

Tabelle 2. Verteilung der Einkaufsstättenwahlmotive in den Test- und Kontrollgeschäften (Anteil in % der im jeweiligen Geschäft Befragten).

Einkaufsstättenwahlmotiv	Bücher e	Bücher n.e.	Hifi e	Hifi n.e.
Sortiment	44,1 %	27,0 %	21,3 %	27,6 %
Preis	0 %	0 %	12,8 %	3,5 %
Standort	17,7 %	21,6 %	36,2 %	51,8 %
Atmosphäre	14,7 %	0 %	4,3 %	0 %
Zufall	2,9 %	13,5 %	6,4 %	6,9 %
Empfehlungen anderer	2,9 %	5,4 %	2,2 %	3,5 %
Sonstige Motive	17,7 %	32,4 %	17,0 %	6,9 %
Basis (Anzahl der Befragten)	34	37	47	27

(2) In beiden nicht erlebnisbetonten Geschäften ist der Anteil jener Kunden, die (lediglich) *standort*bedingt ("Geschäft liegt in der Nähe", "auf dem Weg") oder "zufällig" (was im Grunde auch standortbedingt ist) ihre Wahl getroffen haben, deutlich höher als in den erlebnisbetonten Geschäften. Dies ist insbesondere für das erlebnisbetonte Buchhaus bemerkenswert, da es hinsichtlich des Passantenstroms einen deutlich besseren Standort als das Kontrollgeschäft besitzt.

(3) Daß der *Preis* bei Büchergeschäften kein Einkaufsstättenwahlmotiv darstellt, kann wegen der dort fast durchgängig praktizierten Preisbindung nicht verwundern. Im höheren Anteil preismotivierter Besucher im erlebnisbetonten Hifi-Geschäft spiegelt sich im übrigen das (u.E. objektiv kaum gerechtfertigte) bessere Preisimage dieses Geschäftes wider. Jedenfalls ist beim Vergleich des Test- und Kontrollgeschäftes zu beobachten, daß im ersteren die Atmosphäre den Preis nicht substituiert, sondern ergänzt! Auch nach Meinung des Geschäftsführers des erlebnisbetonten Geschäftes muß die Einkaufsatmosphäre *zusätzlich* zum Preis geboten werden, um den Markterfolg dieses Ladentyps zu gewährleisten.

Hinsichtlich der *Größe des Einzugsgebietes* ist bei Büchern praktisch kein, bei Hifi allerdings ein gewisser positiver Einfluß der erlebnisbezogenen Ladengestaltung zu konstatieren. Es gibt diesbezüglich also *produktspezifische Unterschiede*.

3.2 DAS KUNDENVERHALTEN WÄHREND DES GESCHÄFTSBESUCHS

Das Kundenverhalten während des Geschäftsbesuchs zählt zu den wichtigsten Größen bei der Beurteilung erlebnisbetonter Ladengestaltungskonzepte.
In der vorliegenden Studie wurde versucht, diese Zielgrößen durch folgende, ausschließlich durch biotische Beobachtung erhobenen Variablen zu erfassen:

(1) Größe der Kundengruppe,
(2) Verweildauer im Geschäft,
(3) Anzahl der Produktkontakte,
(4) Anteil der Käufer an allen Kunden.

Als Prüfhypothese galt für alle Variablen, daß sie im Fall der erlebnisbetonten Geschäftsgestaltung höhere Werte aufweisen als in den herkömmlichen Geschäften.

Tabelle 3 gibt einen Überblick über die Untersuchungsergebnisse und die Hypothesentestbefunde.

Bei der *Anzahl der Kunden, die gemeinsam einkaufen*, zeigt sich nur bei Hifi-Artikeln in signifikanter Form der erwartete Effekt, daß im erlebnisbetont gestalteten Geschäft mehr Personen zusammen einkaufen als im herkömmlichen Geschäft. Diese Erwartung stützt sich auf die Vermutung, daß ein erlebnisbetonter, als Freizeitgestaltung angelegter Einkauf eher in der Gruppe als allein erfolgt. Daß bei Büchern dieser Effekt nicht auf-

Tabelle 3. Ergebnisse zum Kundenverhalten beim Besuch der Test- und Kontrollgeschäfte

Variable	Bücher e	Bücher n.e.	Hifi e	Hifi n.e.	Hypothesentest (Prüfhypothese) + = bestätigt (Signifikanzniveau) - = nicht bestätigt: Bücher	Hypothesentest: Hifi
Anzahl der gemeinsam einkaufenden Personen (in % der beobachteten Vpn)						
- eine	73,9%	76,9%	68,6%	93,5%	-	+(99%)
- zwei	23,9%	21,2%	29,4%	6,5%		
- drei	2,2%	1,9%	2,0%	0,0%		
Verweildauer im Geschäft (Mittelwert $\bar{x}$ in min. und Standardabweichung s)	$\bar{x}$ = 16,7 s = 1970	$\bar{x}$ = 8,5 s = 7,28	$\bar{x}$ = 22,9 s = 15,81	$\bar{x}$ = 18,5 s = 11,09	+(99,9%)	+(90%)
Verweildauer pro 100 m² Verkaufsfläche in min.	0,92	2,65	1,34	2,05	nicht getestet	nicht getestet
Anzahl der Produktkontakte	12,02	5,11	15,62	8,5	+(99,9%)	+(95%)
Käuferanteil in % der beobachteten Vpn	42,3%	34,5%	51,0%	45,2%	-	-

tritt, mag mit dem low involvement-Charakter vieler Buchkäufe zusammenhängen.

Ein besonders wichtiges Effizienzmaß stellt die *Verweildauer der Kunden im Geschäft* dar. Wir erwarten dabei höhere Werte für die erlebnisbetonten Geschäfte. Diese Erwartung wird - wie die Werte in Tabelle 3 zeigen - voll bestätigt. Bei Büchern übertrifft dieser Wert jenen des Kontrollgeschäftes um nahezu 100 %, bei Hifi-Artikeln um 24 %. Allerdings ist dabei in beiden Fällen die erheblich größere Verkaufsfläche der Testgeschäfte zu berücksichtigen, die manchen Kunden sozusagen zu einem längeren Aufenthalt zwingt, da längere Wege im Geschäft zurückzulegen sind. Die in Tabelle 3 jeweils angegebene Verweildauer pro 100 qm Verkaufsfläche dürfte diesen Effekt allerdings stark überzeichnen. Insgesamt sehen wir deshalb die Hypothese, daß erlebnisbetont gestaltete Geschäfte zu einer *Verlängerung der durchschnittlichen Verweildauer* führen, als bestätigt an.

Im Sinne einer Wirkungshierarchie der Ladengestaltung ist im Anschluß an die Verweildauer nach der *Anzahl der Produkte* zu fragen, mit denen die beobachteten Kunden in *Kontakt* kamen. Als ein solcher Kontakt wurde in den Buchgeschäften jeder zur Hand genommene Artikel gewertet. In den Hifi-Geschäften zählten wir dazu nicht nur direkte Kontakte mit den Artikeln, sondern auch jedes mehr als nur flüchtige Betrachten bestimmter Geräte im Ausstellungsraum.

Selbst bei Berücksichtigung möglicher Beobachtungsfehler ist das Ergebnis mit durchschnittlich ca. 12 vs. 5 Kontakten bei Hifi eindeutig: *Erlebnisbetont gestaltete Geschäfte führen zu deutlich mehr Produktkontakten pro Kunde.*

Tabelle 4. Verkaufserfolge in den Test- und Kontrollgeschäften

Variable	Bücher		Hifi	
	e	n.e.	e	n.e.
Käuferquote	42,3%	34,5%	51,0%	45,2%
Anzahl der durchschnittlich gekauften Artikel (Basis Käufer)	1,44	1,22	1,58	1,36
Anteil jener Käufer, die mehr als zwei Artikel kauften	4,4%	1,9%	7,9%	3,2%

Auch die *Käuferquote*, d.h. jener Anteil beobachteter Kunden, der auch (was und wieviel auch immer) kauft, liegt in den erlebnisbetonten Geschäften signifikant (p = 0,1) höher (vgl. *Tabelle 4*). Darüber hinaus ist auch die durchschnittliche Anzahl der gekauften Artikel, d.h. die *Verbundkaufintensität*, in den Testgeschäften *deutlich höher*. Damit bestätigt sich die These, daß eine emotional betonte Ladengestaltung kaufanreizend wirkt.

Insgesamt erweist sich damit das Kundenverhalten in erlebnisbetonten Geschäften fast durchweg derart verändert, wie es unsere Prüfhypothesen postulieren. Insoweit scheinen sich die Erwartungen in dieses Betriebstypenkonzept zu erfüllen.

3.3 EINSTELLUNGEN UND EMOTIONALE EMPFINDUNGEN DER KUNDEN

Hinsichtlich der Einstellungen und Emotionen betrachten wir mit

- der Absicht des Geschäftsbesuchs,
- den durch ein semantisches Differential mehrdimensional gemessenen Anmutungen der Atmosphäre im Geschäft und
- der Absicht, das Geschäft wieder zu besuchen,

drei abhängige Variablen.

Hinsichtlich der ersten Variablen lautet die Prüfhypothese, daß in den erlebnisbetonten Geschäften mehr Kunden anzutreffen sind, die sich lediglich informieren oder einfach anregen lassen wollen. Diese Hypothese konnte nicht statistisch signifikant bestätigt werden (vgl. *Tabelle 5*). Ein Chi-Quadrat-Test (ohne Be-

Tabelle 5. Der Einfluß der Ladengestaltung auf die Absicht des Geschäftsbesuchs (Angaben in % der pro Geschäft Befragten)

Variable Absicht des Geschäftsbesuchs	Bücher		Hifi	
	e.	n.e.	e.	n.e.
- feste Kaufabsicht oder Information mit anschließendem Kauf	64,7%	62,2%	53,2%	62,0%
- zur Information	26,5%	35,1%	23,4%	37,9%
- Information und Zeitvertreib	—	—	14,9%	0,0%
- nur zum Zeitvertreib	5,9%	2,7%	0,0%	0,0%
- Sonstiges	2,9%	0,0%	8,5%	0,0%

rücksichtigung der Kategorie "Sonstiges") bringt für das erlebnisbetonte Hifi-Haus lediglich eine Tendenz in die erwartete Richtung ($\chi^2 = 5{,}97$; $p = 0{,}11$), für das erlebnisbetonte Buchgeschäft sind keine signifikanten Effekte feststellbar ($\chi^2 = 1{,}06$; $p = 0{,}78$). Immerhin erscheint der Einzelwert von 14, 9 % Kunden, die sich im erlebnisbetonten Hifi-Geschäft nur zur Information oder zum Zeitvertreib aufhalten, ganz beachtlich - zumal dieses Geschäft nicht in einer Lauflage, sondern disloziert in einem neuen Gewerbegebiet am Stadtrand angesiedelt ist. Um so mehr erstaunt aber auch der negative Befund bei den Büchergeschäften, wo die standortbedingten Voraussetzungen für einen positiven Effekt in der erwarteten Richtung sehr viel besser erschienen.

Interessant erscheint im Zusammenhang mit der Besuchsabsicht die Frage, ob jene Kunden, die nach ihren eigenen Angaben ohne Kaufabsicht ins Geschäft gekommen waren, in den Testgeschäften dann faktisch doch häufiger kauften (zum Kauf verleitet wurden?) als in den Kontrollgeschäften. Wie *Tabelle 6* zeigt, ist dieser Effekt jedoch nicht beobachtbar. Bei Büchern sind praktisch keine, bei Hifi sogar gegenläufige Unterschiede erkennbar. Somit kann in beiden Fällen *keine höhere Impulskaufrate bei erlebnisbetonten Geschäften* konstatiert werden. Dieses Ergebnis schwächt damit die in 3.2 gemachte Aussage auf Basis der Anzahl der gekauften Artikel und des Käuferanteils wieder etwas ab. Erfahrungsgemäß besitzen diese objektiven Daten jedoch höhere Validität als Selbstauskünfte.

Tabelle 6. Kauf und Kaufabsicht

Variable	Bücher		Hifi	
	e	n.e.	e	n.e.
Anteil der Käufer an jenen Kunden, die ohne Kaufabsicht das jeweilige Geschäft aufsuchten	16,7%	14,3%	13,6%	27,3%

Besonders interessant ist der Einfluß der Geschäftsgestaltung auf die emotionalen *Empfindungen* der Kunden. Sie sollen ja gerade beim erlebnisbetonten Layout angenehm und anregend, d.h. kaufstimulierend, gestaltet werden.

Ob es freilich gelingt, die emotionale Stimmung im Wege der Befragung tatsächlich valide und reliabel zu messen, ist mangels einschlägiger Erfahrungen schwierig zu beurteilen. Praktikabilität und Vorbilder aus anderen Studien (Russel/Pratt 1980; Donovan/Rossiter 1982) ließen uns bei der Messung auf ein semantisches Differential mit insgesamt 12 Skalen zurückgreifen, das im folgenden als "*Anmutungsprofil*" bezeichnet wird.

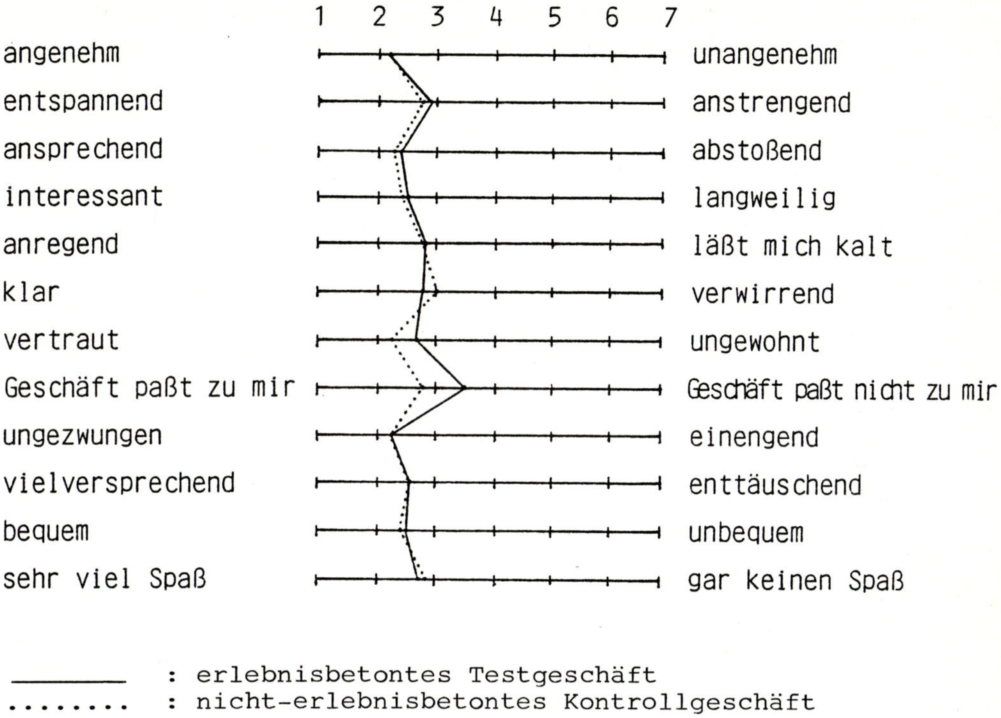

Abb. 2. Anmutungsprofile des Test- und Kontrollgeschäfts bei Büchern

Die Prüfhypothese lautete, daß das Anmutungsprofil eines erlebnisbetont gestalteten Geschäftes signifikant besser ausfällt, d.h. positivere (kleinere) Skalenwerte aufweist als jenes der Kontrollgeschäfte [2].

Bereits ein flüchtiger Blick auf die *Abbildungen 2 und 3* zeigt, daß diese Prüfhypothese weder bei den Buch- noch bei den Hifi-Geschäften bestätigt werden konnte. Die Profile der jeweiligen Test- und Kontrollgeschäfte unterscheiden sich nur minimal. Bei den Buchgeschäften (Abbildung 2) weist das erlebnisbetont gestaltete Buchhaus bis auf zwei Ausnahmen (klar-verwirrend, viel Spaß-kein Spaß) sogar leicht schlechtere Werte auf. Die Differenzen sind auf 95 %-Signifikanzniveau jedoch bis auf das Item "Geschäft paßt (nicht) zu mir" nicht signifikant.

---

2 Die in den Abbildungen 2 und 3 dargestellten Anmutungsprofile sind gegenüber den Skalenvorlagen bei der Befragung insofern verändert, als alle positiven Pole nach links gesetzt wurden. Bei der Erhebung geschah dies zur Vermeidung von Standardisierungseffekten nicht. Die einzelnen Skalen waren dort unterschiedlich gepolt.

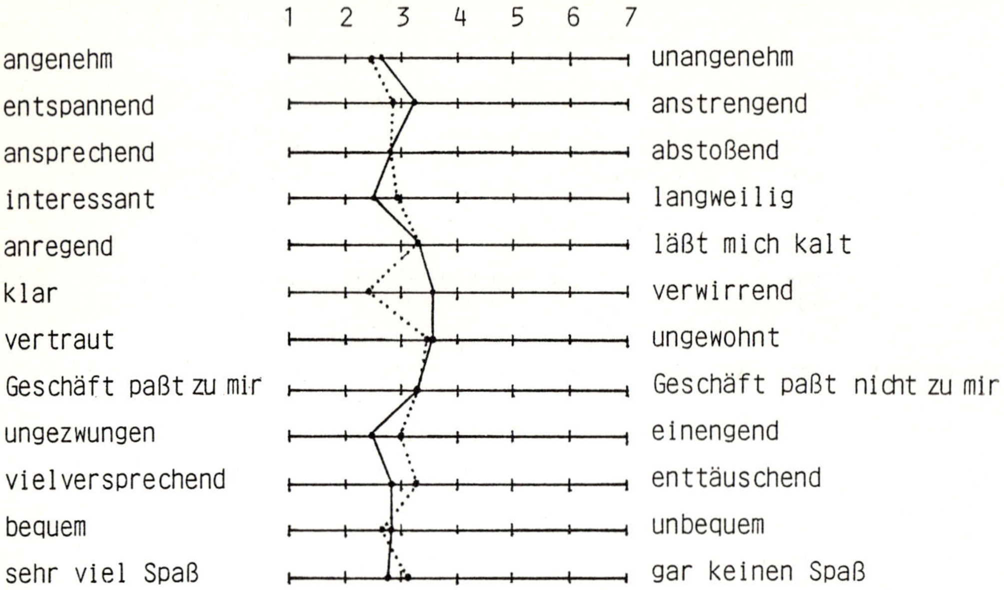

——— : erlebnisbetontes Testgeschäft
.... : nicht-erlebnisbetontes Kontrollgeschäft

Abb. 3. Anmutungsprofile des Test- und Kontrollgeschäfts bei Hifi-Produkten

Bei den Hifi-Geschäften (Abbildung 3) fällt das Ergebnis ähnlich negativ aus. Auch dort schneidet das erlebnisbetonte Testgeschäft bei 6 von 12 Items schlechter und in keinem Fall signifikant besser ab. Die *Prüfhypothese* kann damit *nicht bestätigt* werden.

Auch bei einer Untergruppierung unserer Stichprobe nach soziodemographischen Kriterien zeigt sich keine signifikant unterschiedliche Wirkung der erlebnisbetonten Ladengestaltung. Insbesondere bestätigt sich die Vermutung nicht, daß weibliche bzw. unter 30-jährige Kunden eine bessere Anmutung der erlebnisbezogenen Geschäfte äußern.

Als dritte Variable zu den Einstellungen und Empfindungen der Kunden wurde die *Absicht, das jeweilige Geschäft wieder zu besuchen* erfragt. Damit sollte ein weiterer Indikator für die Anmutung des Geschäftes und die Zufriedenheit der Kunden gewonnen werden.
Die *Prüfhypothese* lautete, daß in den erlebnisbetonten Geschäften ein höherer Anteil von Kunden seine Bereitschaft erklärt, das Geschäft wieder aufzusuchen, als in den Kontrollgeschäften.

Wie *Tabelle 7* zeigt, ist diese Hypothese wegen des insgesamt sehr hohen Anteils jener Kunden, die wiederkommen würden, nicht statistisch sinnvoll prüfbar. Im Hifi-Fall scheint sich eine solche Tendenz abzuzeichnen, im Bücherfall dagegen nicht. Insgesamt sind die Resultate zur emotionalen Anmutung eher negativ. Die erlebnisbetonten Läden erreichen wider Erwarten keine besseren Werte. Damit bestätigt sich allerdings eine Erfahrung von Donovan/Rossiter (1982), die ebenfalls feststellen, daß von der Ladengestaltung weniger die Einstellungen (die eine emotionale Komponente beinhalten) als das Kaufverhalten beeinflußt werden.

Tabelle 7. Die Wiederbesuchsabsicht der Kunden in den Test- und Kontrollgeschäften

Variable	Bücher		Hifi	
	e.	n.e.	e.	n.e.
Absicht, das Geschäft wieder zu besuchen				
- ja	32 (94,1%)	36 (97,3%)	45 (95,7%)	23 (79,3%)
- nein/weiß nicht	2 (5,9%)	0 (0%)	2 (4,3%)	6 (20,7%)

3.4 OBJEKTIVE ÖKONOMISCHE DATEN

Zusätzlich zu den im Wege der Beobachtung oder Befragung erhobenen und bisher bereits dargestellten Daten lieferten uns die Geschäftsleitungen der beteiligten Firmen die Geschäftsumsätze und die Käuferzahlen, getrennt für zwei Verkaufstage, nämlich einen Mittwoch und einen Samstag (Verkauf bis 14 Uhr). An beiden Tagen fand auch jeweils ein Teil unserer Befragungen und Beobachtungen statt. Die Käuferzahlen basierten auf der Anzahl der Kassenbons. Eine Einzelauswertung dieser Kassenbons, etwa nach Art und Umfang von Verbundkäufen, war leider nicht möglich. Zusätzliche Informationen über die Verkaufsflächen und die Anzahl der Verkäufer in den vier Geschäften ließen allerdings eine Relativierung bzw. Normierung der Umsatzdaten und Käuferzahlen zu. *Tabelle 8* gibt hierzu einen Überblick, wobei für vertrauliche Daten eine Indexierung (Kontrollgeschäft = 100) vorgenommen wurde, was für unseren Vergleich der Test- und Kontrollgeschäfte völlig ausreicht.
Bei der Interpretation der Werte aus Tabelle 8 ist zu berücksichtigen, daß sich die Verkaufsflächen der Test- und Kontrollgeschäfte erheblich unterscheiden, weil die großflächige Warenpräsentation ein wesentliches Element des erlebnisbetonten La-

Tabelle 8. Objektiv-ökonomische Daten aus den Test- und Kontrollgeschäften

Variable	Bücher		Hifi	
	e	n.e.	e	n.e.
Umsatz Mittwoch (Index)	315,5	100	407,5	100
Umsatz Samstag (Index)	490,3	100	3.061,5	100
Umsatz Mittwoch und Samstag (Index)	384,8	100	920,5	100
Umsatz pro qm (Index)	68,1	100	488,1	100
Umsatz pro 1/1 Verkäufer (Index)	183,1	100	245,6	100
Anzahl der Käufer (Indices)				
- Mittwoch	460,9	100	710,8	100
- Samstag	612,5	100	1.360,6	100
- gesamt	521,4	100	1.025,4	100
Einkaufsbetrag pro Käufer (DM)	20,50	27,70	75,80	82,90

denlayouts in unseren Testgeschäften darstellt. Das erlebnisbetonte Buchhaus (Hifi-Haus) verfügt über 1800 qm (1700 qm) gegenüber 320 qm (900 qm) im Kontrollgeschäft. Der *Umsatz pro qm* ist deshalb unter den Umsatzkennzahlen am aussagekräftigsten. Hier schneidet das erlebnisbetonte *Buchhaus um 1,9 % schlechter*, das erlebnisbetonte *Hifi-Geschäft um 488,1 % besser* ab als das jeweilige Kontrollgeschäft. Im Buchhaus wirkt sich deutlich der besonders große Flächenunterschied (5,6-fache Fläche des Kontrollgeschäftes) aus.

Beim *Umsatz pro Mitarbeiter* zeigen sich beide erlebnisbetonten Geschäfte als überlegen, wobei allerdings die Personalbesetzung mit zunehmender Fläche nicht gleichermaßen zunimmt (21 vs. 10 Verkäufer bei Büchern, d.h. 85 vs. 32 qm pro Verkäufer; 15 vs. 4 Verkäufer bei Hifi, d.h. 113 vs. 225 qm pro Verkäufer). Auffällig an den Umsatzdaten ist auch der gewaltige Vorsprung des erlebnisbetonten Hifi-Geschäftes am Samstag.

Das Gleiche gilt für die *Anzahl der Käufer*. Hier lockt Hifi_e an einem "kurzen" Samstag die 13,6-fache Zahl von Käufern an wie $\text{Hifi}_{n.e.}$! Aber auch im Tagesdurchschnitt ist die *Anzahl der Käufer in beiden Testgeschäften deutlich höher*. Obwohl der durchschnittliche Einkaufsbetrag der Käufer in beiden erlebnisbetonten Geschäften (um ca. 25 bzw. 10 %) niedriger liegt als in den Kontrollgeschäften, schlägt diese große Überlegenheit bei der Käuferzahl im Gesamtumsatz voll durch.

Kostendaten lagen uns nicht vor. Trotzdem erscheint es uns reizvoll, in einer Modellrechnung - unter Wahrung der Vertraulichkeit der Daten - auch einen *Gewinnvergleich* zu versuchen. Wir unterstellen dabei, daß die Raumkosten/qm unabhängig vom Geschäftstyp bei DM 30,-- liegen und eine Vollzeit-Verkaufskraft DM 5.000,-- Kosten pro Monat verursacht. Der Umsatz wurde aufgrund unserer Tagesmeldungen auf Monatsbasis hochgerechnet. Saisonale Einflüsse konnten dabei nicht berücksichtigt werden. Als wesentliche Kosteneinflußfaktoren auf den Periodenerfolg werden bei einem Vergleich erlebnisbezogener und traditionell gestalteter Geschäfte die Raumgröße und der Personalbestand angesehen. Wir gehen davon aus, daß der Umsatz mit der Raumgröße steigt und der Personalbestand pro qm Verkaufsfläche mit zunehmender Raumgröße sinkt. Im Zusammenspiel dieser Größen ergibt sich die in *Tabelle 9* dargestellte Modellrechnung, deren Ergebnis zeigt, daß unter den gemachten Voraussetzungen *beide erlebnisbezogenen Geschäfte mit erheblich höherem Deckungsbeitrag* abschließen. Im Buchhaus wird nahezu der vierfache, im Hifi-Geschäft sogar der über elffache Deckungsbeitrag erzielt !

Tabelle 9. Modellrechnung zum Perioden-Deckungsbeitrag in den Test- und Kontrollgeschäften

Modellrechnung	Bücher		Hifi	
	e	n.e.	e	n.e.
Ø Umsatz pro Monat				
Fläche (qm)	1.800	320	1.700	900
x Miete/qm/Monat (DM)	30	30	30	30
./. Mietkosten/Monat (DM)	54.000	9.600	51.000	27.000
Anzahl der Verkäufer	21	10	15	4
x Kosten pro Verkäufer (DM)	5.000	5.000	5.000	5.000
./. Personalkosten (DM)	105.000	50.000	75.000	20.000
= Deckungsbeitrag als Index (pro Branche)	491,2	100	1.179,9	100

Dabei sind allerdings die sonstigen, hier nicht berücksichtigten Kostenarten daraufhin zu prüfen, ob sie Unterschiede zu traditionellen Ladenlayouts besitzen. Möglicherweise steigen z.B. auch die Inventurdifferenzen (Diebstahlquote), die Beleuchtungskosten oder die Kosten des Ladeninventars. Diese Kosten können aber sinnvollerweise nur im Einzelfall und nicht in einer generellen Modellrechnung berücksichtigt werden.

Insgesamt erweist sich die erlebnisbetonte Geschäftsgestaltung damit auch aus einer rein ökonomischen Perspektive - soweit diese uns aufgrund der verfügbaren Daten überhaupt möglich war - als erfolgversprechend.

Dieser Befund wird durch die subjektive Zufriedenheit der Geschäftsleitungen beider Testgeschäfte mit dem Geschäftsverlauf bestätigt.

Zusammen mit den im Wege der Beobachtung und Befragung ermittelten Daten ergibt sich damit ein insgesamt durchaus positives Bild über die Marktattraktivität von erlebnisbetonten Einzelhandelsgeschäften. "Lediglich" die Anmutungsprofile unserer Testgeschäfte fielen im Vergleich zu den Kontrollgeschäften deutlich schlechter als erwartet aus. Weitere Studien müssen zeigen, ob dies am Konstrukt, an der Meßmethodik, dem Produktfeld oder an anderen Dingen liegt. Der diesbezüglich negative Befund gibt zu einer vorsichtigen Bewertung des Konzeptes Anlaß. Jedenfalls könnte sich eine euphorische Haltung als falsch herausstellen. Es deuten insbesondere eine Reihe von Befunden darauf hin, daß die erlebnisbetonte Geschäftsgestaltung nur dann zum Markterfolg werden kann, wenn sie zusätzlich zu gleichermaßen attraktiven Preisen und Sortimenten geboten wird.

ZUSAMMENFASSUNG

Der Beitrag berichtet über eine empirische Studie, in der zwei erlebnisbetont gestaltete Einzelhandelsbetriebe in ihrer Erfolgsträchtigkeit mit zwei Kontrollgeschäften verglichen werden. Dabei werden Zielgruppenmerkmale, das Kundenverhalten im Geschäft, die Einschätzung der Einkaufsatmosphäre durch die Kunden sowie Umsatz und Käuferzahlen untersucht. Insgesamt zeigt sich eine überwiegend positive Wirkung der erlebnisbetonten Ladengestaltung. Dies gilt insbesondere für das Kundenverhalten im Geschäft und die ökonomischen Daten.

LITERATUR

Diller, H. (1985): Preispolitik. Stuttgart 1985

Diller, H. (1985a): Preisstrategien im Handel - Ein Kommunikationskonzept für die Zukunft?. In: WWG-Information, Folge 89/1985, S. 93-98

Donovan, R. J.; Rossiter, J. R. (1982): Store Atmosphere: An Environmental Psychology Approach. In: Journal of Retailing, Vol. 58 (1982), No. 1, pp. 34-52

Kroeber-Riel, W. (1984): Konsumentenverhalten. 3.Aufl. München 1984

Kroeber-Riel, W. (1986): Die inneren Bilder der Konsumenten. In: Marketing-ZFP, 8. Jg. (1986), Heft 2, S. 81-96

Küthe, E. (1980): Einzelhandelsmarketing. Stuttgart, Berlin, Köln, Mainz 1980

Mehrabian, A.; Russel, J. A. (1974): An Approach to Environmental Psychology. Cambridge/Mass. 1974

Mehrabian, A. (1978): Räume des Alltags oder wie die Umwelt unser Verhalten bestimmt. Frankfurt/M., New York 1978

Oehme, W. (1983): Handels-Marketing. München 1983

Russel, J. A.; Pratt, G. (1978): A Description of the Affective Quality Attributed to Environments. In: Journal of Personality and Social Psychology. Vol. 38, August 1978, pp. 311-322

Weinberg, P. (1986): Erlebnisorientierte Einkaufsstättengestaltung im Einzelhandel. In: Marketing-ZFP, 8. Jg. (1986), Heft 2, S. 97-102

IV. Gesamtwirtschaftliche Aspekte der Handelsforschung

Grundprobleme der Wettbewerbspolitik für den Lebensmittelhandel

Hans-Otto Schenk, Duisburg

1. ZUM HINTERGRUND: ZWEIFEL UND FRAGEN

Jean Paul *Sartre* hat sich in seiner Autobiographie "Les mots" einmal als "Stichwortgeber" bezeichnet. Die insbesondere auf den Lebensmittelhandel gerichtete Wettbewerbspolitik in der Bundesrepublik Deutschland kennt auch zahlreiche "Stichwortgeber"! Das ist ja das Schöne am Lebensmittelhandel: Hier kennt man sich aus; hier kann man aus Erfahrung mitreden; hier ist alles so einfach. Es mangelt wirklich nicht an Stichwörtern - um nur einige zu nennen: übermäßige Konzentration, geballte Nachfragemacht, Sechser-Oligopol, ausbeuterische Gewinnverlagerung von der Industrie zum Handel, Überkapazitäten und Unterversorgung, Käufermarktmisere und Unverzichtbarkeitsdoktrin, Vernichtungswettbewerb und Mißbrauch, wo man hinblickt... In seiner Sorge um den Wettbewerb kann jeder fast alles fordern, von der Anwendung des § 1 GWB auf Einkaufsgenossenschaften bis hin zur Offenlegung der Einkaufskonditionen, von der Ausdehnung des § 11.3 BauNVO auf Kerngebiete bis zur Einführung einer Sondersteuer für bestimmte Betriebstypen. Einen Einblick in die Ordnungsvorstellungen solcher Stichwortgeber, die der Markt- und Wettbewerbspolitik alles zumuten, vermittelte unlängst der Deutsche Industrie- und Handelstag (DIHT 1985, S.13-16). Die einen sehen dringenden gesetzgeberischen Handlungsbedarf, die anderen nicht. Manche setzen darauf, daß man alles schon über "Berliner Gelöbnisse" in den Griff bekommen wird, manche sehen in der seit 1. Januar 1986 tätigen Schlichtungsstelle das geeignete Instrument, der "Gemeinsamen Erklärung" zu allgemeiner Geltung zu verhelfen. Die Stichwortgeber debattieren heftig - und heftig aneinander vorbei. Dem neutralen Beobachter dieses Kampfes der Stichwortgeber kommen dann doch Bedenken. Zweifel und Fragen stellen sich ein:

- Werden der Handel im allgemeinen und der Lebensmittelhandel im besonderen überhaupt richtig verstanden?
- Sind die Wettbewerbspolitiker in ihrer Urteilsfähigkeit in bezug auf den Handel nicht überfordert? Und ist der Handel in seinem Verständnis der Wettbewerbspolitik nicht seinerseits überfordert?
- Wird in der Bundesrepublik Deutschland wettbewerbspolitische Therapie überhaupt mit hinreichender Diagnose betrieben?
- Hat die Wettbewerbspolitik eine tragfähige theoretische Basis?

Handelsforschung 1986
Hrsg. Volker Trommsdorff

- Darf es am Ende überhaupt eine besondere Wettbewerbspolitik für den Lebensmittelhandel geben, also eine sehr eng gefaßte sektorale Wirtschaftspolitik?

Ernstzunehmende Zweifel und Fragen. Hinter ihnen verbergen sich zahlreiche Grundprobleme. Die wichtigsten wollen wir einmal näher aufzuzeigen versuchen.

2. GRUNDPROBLEM I: DAS HANDELSVERSTÄNDNIS

Wer sich in wettbewerbspolitischer Absicht mit dem Lebensmittelhandel befaßt, der muß ihn zunächst in seinen komplizierten Erscheinungsformen und Verhaltensweisen verstehen. Da beginnen schon die Probleme! Die Verhältnisse sind nämlich tatsächlich so diffizil, differenziert und dynamisch, daß man von "dem Lebensmittelhandel" eigentlich gar nicht mehr sprechen kann. Man müßte die unterschiedlichen Betriebstypen in Groß- und Einzelhandel, die horizontalen und vertikalen Kooperationsformen, namentlich die förderungswirtschaftlichen Unternehmen (IVLD 1984, S.22), die vertraglichen Vertriebssysteme, die Verflechtungen mit Nichthandelsunternehmen, die Kapitalbeteiligungen und Fusionen (DIHT 1983, S.57-74), die Standortbesonderheiten, die Sortimentsvermischungen und die Diversifizierungsbestrebungen genau kennen und beachten. Man muß die Tücken der amtlichen wie der nichtamtlichen Statistik kennen und beachten, daß nur der institutionelle Lebensmittelhandel - nach dem Schwerpunktprinzip - erfaßt wird, nicht jedoch der funktionale Lebensmittelhandel. Ein empirisch zutreffendes Bild vom funktionalen Lebensmittelhandel, das auch Umsätze im Ernährungshandwerk, im Spezialversand, auf Wochenmärkten, an Kiosken oder in Tankstellenläden oder bei den diversen Heimzustelldiensten erfassen müßte, ist jedoch derzeit nicht möglich. Die Struktur der Betriebstypen ist empirisch ebenfalls nur sehr unvollkommen zugänglich; denn die Statistik muß klassifikatorisch, überschneidungsfrei vorgehen, sie kann die Überschneidungen der verschiedenen Betriebstypen gar nicht berücksichtigen. Dabei ist die Betriebstypenpolitik gerade der großen Filialunternehmen ein immer wichtiger gewordenes Wettbewerbsinstrument ! (Tietz 1985, S.1317-1364). Wir haben auch keine zentrale Registration von Unternehmensgründungen, Unternehmensbeteiligungen, Unternehmensverschmelzungen oder nicht-fusionsbedingten Unternehmensaufgaben. Von einigen Grauzonen wie dem sog. Stubenhandel und dem sog. Alternativen Handel (Bio-Läden, Naturkostläden u.ä.) ganz zu schweigen; sie werden von der Umsatzsteuerstatistik kaum erfaßt, und eine "Fortschreibung" der letzten Ergebnisse der Handels- und Gaststättenzählung (1979) ist hier überhaupt nicht möglich. Es fällt schwer, in Anbetracht der ungeheuren Dynamik dieses Wirtschaftszweiges verläßliche empirisch-statistische Einblicke zu erhalten, geschweige denn den Überblick zu behalten! Umso mehr ist es zu begrüßen, daß die sieben Trägerverbände der 1. Unternehmertagung des deutschen Lebensmittelhandels 1986 am 16./17. April 1986 in Köln eine eigene statistische Dokumentation vorgelegt haben (Trägerverbände 1986).

Statistische Strukturdaten sind die eine Basis, von der aus man sich den Wettbewerbsproblemen im Lebensmittelhandel zu nähern versucht, freilich eine schwankende Basis. Die andere Basis wird in den unternehmerischen Verhaltensweisen gesehen. Diese wiederum sind als qualitative Größen statistisch nicht erfaßbar. Sie sind Gegenstand des Einzelfallstudiums. Es ist gewiß ein hartes Brot für die Wettbewerbsbehörden, im Rahmen der Mißbrauchsaufsicht das Verhalten von Handelsunternehmen und ihren Marktpartnern im Wettbewerb zu analysieren und recht zu verstehen. Der immer wieder vernehmliche Seufzer von der "Roß-und-Reiter-Problematik" spiegelt einen Teil der Schwierigkeiten wider. Immerhin hat die Verhaltensbeobachtung ein Gutes: Sie erzieht zum differenzierten Urteil und zur Abkehr von pauschalen Urteilen über "den" Handel oder über "den" Lebensmittelhandel!

Aber selbst bei einigermaßen verläßlichen Einblicken in die Strukturen und in die Verhaltensweisen im Lebensmittelhandel stellt sich noch nicht automatisch das rechte wettbewerbspolitische Verständnis dafür ein, was Handel in der Wettbewerbswirtschaft überhaupt ist und was er bewirkt. Darauf geben die herkömmlichen Definitionen des Handels nämlich allesamt keine hinreichende Antwort. Besonders verhängnisvoll erscheint uns die Etikettierung des Handels mit "Distribution", mit (Waren-)Verteilung. Nein, verteilt werden allenfalls Lotteriegewinne, und verteilt wird die Suppe aus der Gulaschkanone - aber das Wesen des Handels in der Wettbewerbswirtschaft ist anders zu erfassen, nämlich anhand von drei Merkmalen:

1. *Der Handel* insgesamt, aber auch jeder einzelne Handelsbetrieb, *organisiert permanent Märkte*, und zwar Absatzmärkte für Anbieter von Waren und gleichzeitig Beschaffungsmärkte für Nachfrager nach Waren und Diensten (Schenk 1982, S.311). Die Handelsbetriebe produzieren somit ein spezifisches Gut - man könnte es ein "tertiäres Gut" nennen -, nämlich fix und fertige Märkte. Diese Märkte ermöglichen es Anbietern wie Nachfragern, ihren jeweiligen Interessen zu folgen, grob gesagt: produktionstechnisch bedingter Spezialisierung auf der einen, bedarfsbedingter Differenzierung und Universalisierung auf der anderen Seite.

2. *Der Handel* insgesamt, aber auch jeder einzelne Handelsbetrieb, *erzeugt realen Wettbewerb*. Die Handelsbetriebe bringen die Waren verschiedener Hersteller in den Verbund ihrer Sortimente und somit in die konkrete Entscheidungssituation der frei wählenden Kunden. Die Konsumfreiheit erhält ihren realen Grund, und die tendenziell monopolistische Marketingstrategie der Hersteller ("propensity to monopolize") wird - durchaus unbewußt - unterlaufen. Im Regal, im Schaufenster, auf der Theke, im Katalog, auf dem Handzettel oder in der Zeitungsanzeige stehen die Konkurrenzprodukte nebeneinander. Hier entsteht realer Wettbewerb! Nennen wir ihn der Genauigkeit halber Produktwettbewerb.

3. Diese Organisation von Märkten und diese Erzeugung von Produktwettbewerb sind *singulär*. Das heißt: Jeder einzelne Handelsbetrieb bietet mit seinem Sortiment eine prinzipiell originäre, einzigartige und nicht mit anderen Ware-Dienste-Kombinationen völlig identische Leistung an. Homogene, ja sogar identische Produkte (Markenwaren) werden im Handel heterogenisiert wegen

der unterschiedlichen Sortimentsbreite und -tiefe und wegen der unterschiedlichen Dienstleistungen (Batzer 1982, S.859). Hierin liegt ein weiteres Grundproblem für die Wettbewerbspolitik; denn bei der (leider vorherrschenden) isolierten Betrachtung von einzelnen Produkten und/oder einzelnen Produktpreisen kann die komplexe Wettbewerbsleistung eines Handelsbetriebs nicht adäquat erfaßt werden.

Diese drei spezifischen Merkmale gelten für den Handel aller Wirtschaftsstufen, Branchen, Betriebsformen und Betriebsgrößen. Somit gilt auch für den Lebensmittelhandel, daß sie *alle*, Großkonzerne, Mittel- und Kleinbetriebe, auf originäre, singuläre Art und Weise Märkte schaffen und Wettbewerb erzeugen. Damit ist zugleich die theoretische Basis für die Sinnhaftigkeit möglichst vieler und differenzierter Sortimente durch möglichst viele und differenzierte Handelsunternehmen geschaffen, gleichgültig, zu welchem der beiden Spannungspole sie mehr hinneigen, zur "Massendistribution" oder zur differenzierten Leistungserstellung (Gutersohn 1984, S.243-254). Im übrigen haben wir so einen neuen Erklärungsansatz gefunden für die Bildung von Einstands- und Verkaufspreisen: Wer als Lieferant diese fix und fertigen Absatzmärkte des Handels nutzen will, hat dafür ein Entgelt zu entrichten ebenso wie die (gewerblichen und/oder nichtgewerblichen) Kunden, die diese fix und fertigen Beschaffungsmärkte nutzen wollen. Im Vergleich zu den diversen transaktionstheoretischen und ontologischen Ansätzen (vgl. vor allem Gümbel 1985) stellt unser ergänzender Ansatz einen spezifisch wettbewerbstheoretischen Ansatz dar. Von ihm aus ist wohl auch die ideologisch aufgeladene Diskussion um die sog. Nachfragemacht - die es isoliert nicht gibt, sondern immer nur Ausdruck einer relativen Anbieter- oder Nachfragerübermacht beim einzelnen Kaufakt ist - einer sachlichen Erklärung zugänglich, freilich auch mancherlei Apologien!

3. GRUNDPROBLEM II: THERAPIE OHNE DIAGNOSE

Es ginge gewiß zu weit, würde man der wettbewerbspolitischen Gesetzgebung oder der Entscheidungspraxis der Wettbewerbsbehörden und -gerichte ernsthafte Bemühung um Diagnose absprechen. Dennoch ist nicht zu leugnen, daß vielfach eine merkliche Urteilsunsicherheit herrscht. Sie resultiert u.E. vornehmlich aus Einseitigkeit und mangelnder Differenziertheit der Diagnose. Wo praktische Wettbewerbspolitik - ihrerseits als Reflex der jeweils "herrschenden" Wettbewerbstheorie - fast ausschließlich auf *Preis*wettbewerb abstellt, da können die Wettbewerbspositionen des Handels nicht angemessen beurteilt werden. Wettbewerb ist das Resultat des Einsatzes *aller* Aktionsparameter, der Standortpolitik, der Betriebstypenpolitik, der Sortimentspolitik, der Servicepolitik, der Werbepolitik, der Preispolitik usw. Und diese Aktionsparameter werden von den verschiedenen Handelsunternehmen in höchst unterschiedlicher (horizontaler, vertikaler und diagonaler) Kombination (Hansen 1976/2, S.606) und in höchst unterschiedlicher Intensität eingesetzt.

Darüber hinaus müßte eine differenzierte wettbewerbspolitische Therapie in ihre Diagnose die vielen *Besonderheiten des Wettbewerbs im Handel* berücksichtigen. Die wichtigsten seien kurz herausgegriffen:

- Die Unternehmen des (Lebensmittel-)Handels stehen jederzeit im Wettbewerb mit zahlreichen Unternehmen derselben Wirtschaftsstufe sowie der vor- und nachgelagerten Wirtschaftsstufen (Wettbewerb als Parallelprozeß sowie Wettbewerb als Austauschprozeß).
- Die Unternehmen des (Lebensmittel-)Handels stehen jederzeit im Wettbewerb mit zahlreichen Unternehmen derselben Betriebsform sowie mit zahlreichen Unternehmen anderer Betriebsform (intraformale sowie interformale Konkurrenz). (Schenk 1966).
- Die Unternehmen des (Lebensmittel-)Handels arbeiten in kleinräumlich höchst unterschiedlichen Wettbewerbskonstellationen, eine Besonderheit, die namentlich eine einheitliche Beurteilung von Filialunternehmen, Verbundgruppen und Franchise-Systemen erschwert.
- Für die Beurteilung von Wettbewerbsintensitäten im (Lebensmittel-)Handel gibt es kaum verläßliche Kriterien. Hilfsweise herangezogene isolierte Preise für sortengleiche Artikel führen eher in die Irre: Gleiche Preise können gleichermaßen Ausdruck höchst intensiven kleinräumlichen Wettbewerbs und Ausdruck völlig fehlenden Wettbewerbs sein!

Alles das ist ja nicht unbekannt. Dennoch scheint die Therapie allzu oft auf die gebotene Vorsicht zu verzichten. Die eigentlich gebotene Differenzierung wird mitunter ersetzt durch die überaus fragwürdige Philosophie des Als-Ob. Und Pauschalbehauptungen über "Verdrängungswettbewerb", "Vermachtungstendenzen", "Nichtleistungswettbewerb" u.ä. sind an der Tagesordnung. Man muß wohl auch zugestehen, daß die bisherige makroökonomische Wettbewerbstheorie für eine differenzierte Diagnose des Handels ihrerseits nur eine *schwankende Basis* abgibt. Wieviele Lehrbuchweisheiten führen, auf den Handel angewandt, direkt in die Irre! Hierzu nur ein paar Beispiele:

- Lehrsatz: Der Wettbewerb sorgt dafür, daß die *Grenzunternehmen* vom Markt verschwinden also die nicht (mehr) leistungsfähigen Unternehmen.
  Das ist für den (Lebensmittel-)Handel purer Darwinismus, aber keine adäquate Theorie! Wenn heute kleine und mittlere Unternehmen des Handels schließen oder aufgekauft werden, dann sind es vielfach solche Unternehmen, die besonders *viele* Handelsleistungen (mit entsprechend höherem Kostenniveau) geboten haben und nicht besonders wenige.
- Lehrsatz: Der (möglichst vollständige) Wettbewerb sorgt dafür, daß die *Preise* sich auf dem Niveau des kostengünstigsten Anbieters einpendeln.
  Wie weit geht diese Annahme an den abertausend kleinräumlichen Punktmärkten vorbei, an der Preisdynamik, an den Besonderheiten der interformalen Konkurrenz und an der handelstypischen Mischkalkulation, die sogar völlig von den Kostenniveaus absehen kann!
- Lehrsatz: Der Wettbewerb wird angeregt durch eine *Vielzahl* von kleinen und besonders flexiblen Unternehmen.

> Ohne den fleißigen mittelständischen Unternehmern zu nahe treten zu wollen, darf man wohl feststellen, daß heute der Wettbewerb im Handel insbesondere durch wenige Großunternehmen, Unternehmensgruppen und Kooperationszentralen angeregt wird und weniger durch die Kleinunternehmen (wobei freilich die Wettbewerbsanregungen durch die Kooperationszentralen, etwa der Edeka oder der REWE, auf die intensive Zusammenarbeit mit ihren angeschlossenen Einzelhändlern zurückzuführen sind). Konzentriertes Know how des Handelsmarketings, logistische Vorteile, Einkaufsvorteile, Finanzkraft, Marktforschung und juristische Absicherung der Wettbewerbsaktivitäten gewähren heute den Großen Aktions- und Reaktionsvorsprünge *und* auch größere Flexibilität - von den Informationsvorsprüngen durch EDV-gestützte Warenwirtschaftssysteme ganz zu schweigen! (Sova/Piper 1985, S.192).

Die Beispiele könnten unschwer fortgesetzt werden. Unser Fazit: Der wettbewerbspolitischen Therapie ermangelt es vielfach der differenzierten Diagnose. Die Diagnose der Wettbewerbspositionen des (Lebensmittel-)Handels wird allerdings erschwert 1. durch die komplizierten und dynamischen Verhältnisse in der Praxis und 2. durch eine zu wenig differenzierte, makroökonomisch orientierte und auch zu stark produktionsorientierte Wettbewerbstheorie. Bestätigt fühlen wir uns in dieser kritischen Einschätzung auch durch Literaturstudien. Beispielsweise befaßt sich von den 18 enzyklopädischen Beiträgen in dem ansonsten vorzüglichen "Handbuch des Wettbewerbs" (Cox/Jens/Markert 1981) nicht ein einziger mit dem Wettbewerb im Handel; nicht einmal ein Stichwort "Großhandel", "Einzelhandel" oder "Wettbewerb im Handel" findet sich dort im Schlagwortregister.

Nun kann niemand eine fertige, differenzierte und handelsadäquate Wettbewerbstheorie aus dem Hut ziehen. Aber ein paar Fingerzeige seien doch gestattet! Dazu sei vorgeschlagen, zumindest *drei Arten von Wettbewerb* - außer den o.g. Besonderheiten des Wettbewerbs im Handel - zu unterscheiden, die sich am Beispiel des Lebensmittelhandels besonders gut veranschaulichen lassen:

- Die erste Art von Handelswettbewerb, der bereits erwähnte, durch Sortimentsbildung ausgelöste *Produkt*wettbewerb, sei einmal *Primärwettbewerb* genannt. Primärwettbewerb schaffen alle Handelsunternehmen, die Großen wie die Kleinen (mit der Einschränkung des Abhängigkeitsgrades bei vertikalen Vertriebssystemen).
- Die zweite Art von Handelswettbewerb ist der auf Absatz- und Beschaffungsmärkte gerichtete *Unternehmens*wettbewerb; er sei *Sekundärwettbewerb* genannt. Hierunter fallen insbesondere die vertikalen Wettbewerbsaktivitäten im Austauschprozeß, aber auch viele Aktivitäten im Parallelprozeß. Der Sekundärwettbewerb ist auf die Strukturen und Verhaltensweisen hinsichtlich der Waren des Sortiments bezogen. Die gegenwärtige Wettbewerbspolitik in der Bundesrepublik Deutschland konzentriert sich im wesentlichen auf diese Wettbewerbsart.
- Die dritte Art von Handelswettbewerb bezieht sich nicht auf die Waren des eigenen Sortiments, sondern auf die vom Handel ausgehenden Wettbewerbsimpulse auf *Betriebsmittel- und Dienstlei-*

stungsmärkten; er sei *Tertiärwettbewerb* genannt. Mehr und mehr wird nämlich deutlich, daß solche nachhaltigen Impulse zur Belebung von Drittmärkten von Handelsunternehmen ausgehen, namentlich von Großunternehmen des Lebensmittelhandels. Ganze Gewerbezweige werden nachhaltig wettbewerblich angeregt. Man denke nur an die Herstellung von EDV-Anlagen für den Handel (einschl. Software-Entwicklungen), von Scanner-Kassensystemen, von Btx-Geräten und von mobilen Datenerfassungsgeräten für den Bestellvorgang; man denke an die Impulse für den Ladenbau, für neue architektonische Gestaltungen (Shopping Center, Passagen, Kolonnaden), für die Lkw-Herstellung, für das Transportgewerbe, für die Herstellung von elektronischen Waagen, für das Druckgewerbe, für das Beratungswesen usw. Hier sind geradezu Innovationsschübe festzustellen, die von Handelsunternehmen getragen, z.T. sogar ausgelöst werden und zu neuen Wettbewerbsanregungen in vielen Industrie- und Dienstleistungszweigen führen.

Eine solche Unterscheidung in Primär-, Sekundär- und Tertiärwettbewerb des Handels erscheint uns geeignet, zumindest die Diagnose zu verfeinern. (Ein besseres Verständnis des Handelswettbewerbs dürfte ohnehin auf diesem Wege zu erzielen sein). Die praktische Therapie muß freilich nicht im gleichen Maße erleichtert werden. Das sei zugegeben. Denn wie sollen Wettbewerbsbehörden und -gerichte ihre ohnehin schwierige "Mißbrauchsaufsicht" rechtfertigen, wenn ein Handelsunternehmen im Sekundärwettbewerb unerwünschter Verhaltensweisen "überführt" wird, das gleichzeitig in sehr erwünschtem Maße zur Intensivierung des Primär- und/ oder des Tertiärwettbewerbs beiträgt? Im Konfliktfall bedarf es hier der eindeutigen wettbewerbspolitischen Zielsetzung (vgl. Abschnitt 5) und der Prioritätensetzung, die beide für die Unternehmen kalkulierbar sein müssen.

4. GRUNDPROBLEM III: UNGEEIGNETER BEGRIFFSAPPARAT

Ein bislang kaum beachtetes, gleichwohl fundamentales Problem der Wettbewerbspolitik für den (Lebensmittel-)Handel liegt u.E. im teilweise ungeeigneten Begriffsapparat. So baut das Gesetz gegen Wettbewerbsbeschränkungen (GWB) z.B. auf einem zentralen Begriff auf, der für die Industrie relativ unproblematisch ist, der jedoch im Handel zu den allergrößten Schwierigkeiten und Mißverständnissen führt. Gemeint ist der Begriff "Markt" und - mehr noch - alle Wortzusammensetzungen wie "Marktform","Marktanteil", "Marktbeherrschung", "überragende Marktstellung", "Marktmacht", "Markttransparenz", "Marktzutritt", "relevanter Markt" usw. Einige dieser Wortzusammensetzungen finden sich zwar nicht ausdrücklich im GWB, spielen jedoch in der Entscheidungspraxis eine zentrale Rolle. Wettbewerbspolitisch sinnvoll anwendbar sind solche Marktbegriffe nur auf Produktmärkte, auf Märkte mit homogenen, wenigstens verwendungsgleichen Produkten. Der Markt für Rasenmäher, für Filterzigaretten, für Universalwaschmittel oder auch für Feinbleche - je sölch ein Markt ist der Diagnose und der Therapie zugänglich. Aber im Handel? Hier haben wir es, besonders deutlich wiederum im Lebensmittelhandel, mit 3.000 oder mit 30.000 oder - im KaDeWe - fast mit 300.000 verschiedenen Artikeln zu tun! Für jeden einzelnen Artikel ist das Handelsunternehmen "Markt"-Partner auf Beschaffungs- und Absatzmärkten, und zwar regelmäßig in recht unterschiedlichen Konstellationen. Für ein gesamtes Handelsunternehmen (oder gar für den gesamten Lebensmittelhandel) sind Begriffe wie Marktform, Marktanteil, Marktbeherrschung usw. im Grunde gar nicht anwendbar, sondern günstigstenfalls nur in bezug auf bestimmte Artikelgruppen und für konkrete Marktseitenverhältnisse.

Folgerichtig gibt es auch gar keinen Sinn, ein Handelsunternehmen (oder gar eine Handelsgruppe) als "Oligopolisten" zu bezeichnen und wettbewerbspolitisch zu behandeln. (Ganz davon abgesehen, daß in der leidigen Oligopol-Diskussion meist der unbequeme Oligopsonist gemeint ist!) Denn im Handel sind die Verhaltensweisen und Verhaltensspielräume jenes "Oligopolisten" höchst unterschiedlich je nach Artikel, je nach Marktpartner, je nach Standort, Zeitpunkt usw.

Ebenfalls zeugt es nur von besonderer Unwissenheit oder von besonderem Mut, "*Marktanteile*" für die größten sechs Unternehmen des Lebensmittelhandels auszuweisen. Hier kann - wenn schon - überhaupt nur die Rede sein von Umsatzanteilen. Selbst die Flucht in "relevante Märkte" - die der sachlichen, räumlichen, zeitlichen, personellen Willkürfestlegung bedürfen - hilft hier nicht viel weiter. Die bloße Umsatzaddition und Anteilsberechnung für Schuhcreme, Babyseife, Frischwurst und Bordeaux-Wein (und für weitere 2.996 bzw. 29.996 bzw. 299.996 Artikel) als "Markt" zu bezeichnen, das beweist wohl nur die Ungeeignetheit eines Begriffsapparats für den Handel, der für industrielle Wettbewerbsfragen konzipiert wurde.

Die Schwierigkeiten der Rechtsanwendung solcher Begriffe liegen auf der Hand. Man greift in dieser Situation zu Hilfskonstruktionen wie z.B. die Warenkorb-Hypothese des Bundeskartellamts oder wie die Präferenz der Monopolkommission für räumlich relevante Märkte im Lebensmittelhandel und wartet im übrigen jeweils sehnlich auf höchstrichterliche Absegnung der Hilfskonstruktionen. Als Sonderproblem sei in diesem Zusammenhang nur kurz auf die Tatsache hingewiesen, daß bislang überhaupt noch kein zufriedenstellendes begriffliches und meßmethodisches Instrumentarium zur Diagnose und Therapie der Unternehmenskonzentration existiert (Schenk/Tenbrink/Zündorf 1984). Die (begrenzten) Möglichkeiten für eine Anti-Konzentrationspolitik durch das Bundeskartellamt, die die Fusionskontrolle begründen, hängen ihrerseits aber wieder an dem Begriff der "marktbeherrschenden Stellung"! Ein Unternehmenszusammenschluß zwischen der co op AG und der Firma Schuh-Mayer, beides keine Kleinunternehmen, mußte genehmigt werden, da man auf verschiedenen "Märkten" tätig ist...

Auf andere zentrale Begriffe des GWB, die in ihrer Unbestimmtheit geradezu zur Auslegung, zum Richterrecht zwingen, sei hier nicht näher eingegangen ("wesentlicher Wettbewerb", "überragende Marktstellung", "mißbräuchliches Ausnutzen einer marktbeherrschenden Stellung", "überlegene Marktmacht"). Mit solchen Begriffen wird die wettbewerbspolitische Diagnose im Handel gelegentlich zu einem Ratespiel.

5. GRUNDPROBLEM IV: ZUFALLSGESTEUERTE WETTBEWERBSPOLITIK

Ein hoher Beamter des von Problemen der Handels- und Wettbewerbspolitik gewiß berührten Bundesministeriums für Wirtschaft meinte einmal lakonisch: "Bei uns gibt es derzeit keine Binnenhandelspolitik" (Dichtl 1979, Vorwort). Und der Berichtende resümiert seinerseits, daß sich die Binnenhandelspolitik in der Bundesrepublik als ein "Konglomerat aus Ordnungs-, Wettbewerbs-, Raumordnungs-, Mittelstands-, Verbraucherschutz- und anderen Formen staatlicher Wirtschafts- und Gesellschaftspolitik" präsentiere (Dichtl 1979, S.141). Wird heute eine systematische Wettbewerbspolitik für den Lebensmittelhandel praktiziert? Man muß es wohl bezweifeln. Denn von operationaler Zielvorgabe mit zeitlichem Horizont, von genauer Lageanalyse (einschließlich aktueller Entwicklungstendenzen), von gezieltem Instrumenteneinsatz (bei erkannter Diskrepanz zwischen Lageanalyse und Zielvorgabe) oder gar von Kontrolle des Mitteleinsatzes und der Zielerreichung kann nicht die Rede sein. An die Stelle rationaler, systematischer Wettbewerbspolitik tritt, wie es scheint, doch mehr zufallsgesteuerte und punktuelle Wettbewerbspolitik. Von (wenn auch wenig operablen, so doch richtungweisenden) Zielvorstellungen wie "struktureller Nachteilsausgleich" oder "Sicherung des Leistungswettbewerbs" ist nicht mehr so viel zu hören wie noch anfangs der 80er Jahre. Statt dessen vernimmt man aus dem Hause des Bundesministers für Wirtschaft: "Aufgabe staatlicher Wirtschaftspolitik kann es allerdings nicht sein, den Strukturwandel in Richtung auf eine zuvor bestimmte 'optimale' Branchenstruktur zu beeinflussen. Die Strukturen von morgen können nicht Gegenstand staatlicher Planung sein, sondern müssen sich als Ergebnis freiheitlich verlaufender Wettbewerbsprozesse am Markt herausbilden." Und: "Auf der anderen Seite wäre die Hoffnung trügerisch, es könne ... gelingen, allseits anerkannte und justitiable, an Marktergebnissen orientierte Kriterien für leistungsgerechten Wettbewerb zu definieren." Schließlich: "Im übrigen gilt gerade in der Wettbewerbspolitik das Gebot staatlicher Zurückhaltung." (BMWi 1986, S.38, 40 und 41). Attentismus ("kein Handlungsbedarf") und Resignation (vor der Macht der Verbände?) auf der einen Seite, zufallsgesteuerte und punktuelle Bekämpfungsaktivitäten auf der anderen Seite - wäre so die gegenwärtige Situation falsch dargestellt?

Hinzukommt, daß die zufallsgesteuerte praktische Wettbewerbspolitik Entlastung und Rechtfertigung zugleich erfährt durch die zahlreichen "Selbsthilfe"-Einrichtungen der Wirtschaft zur "Eindämmung von Wettbewerbsauswüchsen" (Wettbewerbsregeln, "Gemeinsame Erklärung", "Berliner Gelöbnis", Schlichtungsstellen).

Unser diesbezügliches Grundproblem besteht nach allem darin, eine *neue wettbewerbspolitische Konzeption* zu entwickeln, die der Dynamik im Handel ihren Rahmen beläßt und zugleich einer Vielfalt von Betriebstypen und -größen wettbewerblichen Spielraum eröffnet. Eine solche neue Konzeption müßte auch für den Lebensmittelhandel gelten. Anders ausgedrückt: Wir brauchen keine besondere, sehr eng gefaßte sektorale Wettbewerbspolitik für den Lebensmittelhandel, sondern eine systematische und umfassende Wettbewerbspolitik für den Handel insgesamt. An die

Stelle der zufallsgesteuerten Einzelfallpolitik mit ihren Unwägbarkeiten muß eine eindeutige, widerspruchsfreie und kalkulierbare Systempolitik treten. An das *Euckensche* Gebot der Konstanz der Wirtschaftspolitik sei erinnert. Systempolitik ist freilich leicht gefordert und nur sehr schwer zu verwirklichen. Allzu viele Interessengruppen wirken auf Gesetzgeber und wettbewerbspolitisch tätige Instanzen ein. Partikularinteressen sind am Werk. Und wenn nicht alle Beobachtungen täuschen, setzen sich immer mehr Partikularinteressen der "Großen" durch (nicht nur im Verbandsbereich, auch in der Fachwissenschaft!). Auf einen Ausgleich der Partikularinteressen im vorparlamentarischen Raum sollte man nicht setzen, wenn man unter lebendigem Wettbewerb nichts anderes verstehen will als die differenzierte Erfüllung des Makleramts, von dem Rudolf *Seyffert* sprach. Dazu freilich tragen sie alle bei, die Kleinen, die Mittleren und die Großen des Handels. Hier bedarf es künftig nicht nur der Bekämpfung von "Wettbewerbsauswüchsen" (der Großen), sondern auch der verstärkten Förderung der Klein- und Mittelbetriebe des Handels. Die Klein-, Mittel- und Großbetriebe sind funktional voneinander abhängig, ergänzen sich und spornen den Primär- und den Sekundärwettbewerb an. Funktionsfähiger Wettbewerb ("workable competition") setzt im Handel die Existenzfähigkeit auch der Klein- und Mittelbetriebe voraus. Daran sei in unserem Lande erinnert, das glaubt, auf eine "small business administration" verzichten zu können.

6. GRUNDPROBLEM V: VERMENGUNG VON ÖKONOMIE UND MORAL

Die praktische Wettbewerbspolitik stützt sich in der Bundesrepublik Deutschland im wesentlichen auf GWB, UWG und einige Nebengesetze. Zum einen sollen Wettbewerbsbeschränkungen durch die Wettbewerbsbehörden bekämpft werden, zum anderen unlautere Wettbewerbshandlungen durch die Gerichte. Auf der einen Seite stärkere Orientierung an den ökonomischen Gesetzmäßigkeiten der herrschenden Wettbewerbstheorie, auf der anderen Seite stärkere Orientierung an Sittlichkeit und Lauterkeit, also an moralischen Kategorien. Mehr und mehr verwischen sich jedoch die Grenzen. Die Wettbewerbsbehörden befassen sich zunehmend mit Fragen des wettbewerbsrechtlich Wünschbaren und Nichterwünschten. Mit beinahe lutherischer Wucht wird recherchiert, angehört, abgemahnt und entschieden, was denn nun noch rechter und was unrechter Brauch im Wettbewerb sei ("Mißbrauchsaufsicht"). Der Präsident des BKartA mag dementieren, daß in seinem Amt Moral eine Rolle spiele (LZ 1986, S.78); dem Verfasser sei es erlaubt dabei zu bleiben, daß "Mißbrauchsverfügungen" Wertungen enthalten, Rückgriffe auf - wie immer bestimmte - (wettbewerbs)moralische Kategorien. Niemand wird ja auch etwas gegen Wettbewerbsmoral haben! Hier soll nur darauf hingewiesen werden, daß 1. Tatbestände zunehmend in die Kompetenz der Kartellbehörden übergehen, die im UWG zuhause sein müßten, und daß 2. mit (wettbewerbs)moralischen Tatbeständen noch keine Bewertungsmaßstäbe gegeben sind. Problematisch auch dies: In der nebligen Zone der moralisierenden Tatbestandswelt von "Ausbeutungsverdacht", "mißbräuchlichem Verhalten", "unbilliger Behinderung", "Abhängigkeit" und "überlegener Marktmacht" werden mitunter Einzelfallentscheidungen getroffen, die dann nicht mehr Wettbewerbs-

beschränkungen beseitigen wollen, sondern ausgesprochen *"harten" Wettbewerb*. In letzter Zeit zeichnen sich denn auch sonderbare Entwicklungen ab, die nur aus der Vermischung von Ökonomie und Moral erklärbar sind. So wird vor der Gefahr der Oligopolisierung im Lebensmittelhandel gewarnt - und gleichzeitig werden nicht etwa *zu hohe* Preise dieser "Oligopolisten" wettbewerbsmoralisch verurteilt, sondern *zu niedrige!* Da wird der Verkauf unter Einstandspreis als unanständig angeprangert; zugleich übersieht man, daß die Mischkalkulation im Handel eine Haupttriebfeder des Wettbewerbs im Handel ist. Und wer dann noch ein generelles Verbot des "Unterpreisverkaufs" fordert, der bemerkt gar nicht, daß damit die strukturellen Nachteile der Kleinen nur festgeschrieben würden und daß eine unerträgliche Preisschnüffelei durch Preiskommissare die Folge sein müßte!

Gerade der Lebensmittelhandel, und hier insonderheit der mittelständische, hat unter der allmählichen Verdrängung von ökonomischen durch rechtlich-moralische Beurteilungskriterien zu leiden. Kein anderer Wirtschaftsbereich ist mit einer solchen Fülle von Gesetzen und Verordnungen überzogen. Realistische Schätzungen gehen von mindestens 250 Gesetzen und Verordnungen aus, die heute ein Lebensmittelhändler beachten muß. Auf seinen Beschaffungs- und Absatzmärkten ist dem Lebensmittelhändler so ziemlich das gesamte Marketing-Instrumentarium rechtlich beschränkt worden. Man denke allein an die sog. Verbraucherschutzgesetzgebung. Welcher mittelständische Einzelhändler vermag noch alle diese Vorschriften (und die laufende Rechtsprechung) zu verfolgen? Als uns im Jahre 1968 Friedrich August *von Hayek* das anregende Stichwort vom "Wettbewerb als Entdeckungsverfahren" lieferte, da hatte es noch seinen volkswirtschaftlichen Sinn. Unter dem Vordringen der rechtlich-moralischen Betrachtungsweise des Geschäftslebens müssen die Unternehmer mehr und mehr etwas anderes "entdecken" lernen: nämlich welche schmalen Handlungsspielräume ihnen Wettbewerbsrecht und Rechtsprechung noch lassen, wenn sie nicht mit Abmahnungen oder kostspieligen Prozessen überzogen werden wollen.

Aber selbst die Kartellbehörden sind nicht zu beneiden! Nicht nur sehen sie sich höchst komplizierten Verhältnissen im Lebensmittelhandel gegenüber, der sich im Schutz der Bagatellfusionen täglich wandelt; nein, sie müssen auch gelegentlich als Hüter einer *doppelten Wettbewerbsmoral* fungieren. Einige wirksame Wettbewerbsbeschränkungen sind nämlich staatlich verordnet! Es sei nur an die zeitliche Begrenzung der Betriebsbereitschaft (ein höchst wirksames Marketing-Instrument für Klein- und Mittelbetriebe) und der Arbeitsleistung oder an die Rabattbegrenzung oder an das Güterkraftverkehrsgesetz erinnert.

7. GRUNDPROBLEM VI: DAS "MAGISCHE DREIECK" DER WETTBEWERBSPOLITIK

Am Ende sei noch auf ein Grundproblem hingewiesen, das die hinter den Institutionen der Wettbewerbspolitik stehenden *Personen* betrifft. Überspitzt formuliert, wenngleich in der Sache treffend könnte man von einem fatalen Zusammentreffen von zunehmender Komplexität des (Lebensmittel-)Handels und zunehmendem Expertenmangel sprechen. Man kann fast von einem "magischen Dreieck" der Wettbewerbspolitik sprechen; denn zu handelsadäquater, differenzierter und systematischer Wettbewerbspolitik gehören heutzutage intime Kenntnisse aus drei Bereichen:

- Kenntnis der Praxis des Lebensmittelhandels und seiner Marktpartner,
- Kenntnis des Wirtschaftsrechts, speziell des Wettbewerbsrechts und
- Kenntnis der Wirtschaftstheorie, speziell der Binnenhandelstheorie.

Kann heute wirklich noch jemand Kompetenz in allen drei Bereichen nachweisen? Die langwierigen Recherchen der Monopolkommission für ihr Sondergutachten 14 (Monopolkommission 1985); die in diesem Gutachten mitunter erkennbare sprachliche Unbekümmertheit ("Marktanteile", "Sortimentsgeschäfte", "Preise über Wettbewerbsniveau", "qualifizierte Oligopolvermutung", "wesentlicher Wettbewerb", "Gewinnspannen"); die Beweislastschwierigkeiten in Beschlußpraxis und Judikatur; die zahlreichen Anhörungen beim Bundesminister für Wirtschaft; der Bedarf an handelswissenschaftlichen und an wettbewerbsrechtlichen Gutachten; die mannigfaltigen Aktivitäten von Kammern und Verbänden - alles das belegt die Tatsache, daß der Weg zur Kompetenz in Fragen des Wettbewerbs im Handel steinig geworden ist, von parteipolitischen und ideologischen Verhärtungen (Ladenschlußgesetz!) ganz zu schweigen.

Die kritischste "Ecke" des "magischen Dreiecks" bildet allem Anschein nach die Wirtschaftstheorie, insbesondere die Binnenhandelstheorie. In Lehre und Forschung haben sich Wirtschafts- und Binnenhandelstheorie unvorteilhaft auseinanderentwickelt. Nationalökonomen fühlen sich in Fragen des Handels meist nicht (mehr) zuständig, und die Binnenhandelstheorie (einschließlich der Binnenhandelspolitik) ist zum wissenschaftlichen Geschäft nur noch weniger Betriebswirte geschrumpft. Heute stehen an den wissenschaftlichen Hochschulen mehr als sechzig Lehrstühlen für Marketing nur noch fünf Lehrstühle für Handelsbetriebslehre gegenüber. An dieser unbefriedigenden Situation ändert auch die Tatsache wenig, daß an den meisten Marketing-Lehrstühlen "der Handel" mitbetreut wird - alles andere als eine günstige Voraussetzung für die eigentlich geforderte Fachwissenschaft vom Handel! In weite Ferne gerückt ist die sinnvolle Forderung Rudolf *Seyfferts*, an jeder Hochschule, die die Wirtschaftswissenschaft pflegt, sollte die Sorge um die Handelsprobleme an zwei Lehrstühle angeschlossen werden, von denen der eine mehr betriebswirtschaftlich, der andere mehr volkswirtschaftlich-wirtschaftspolitisch zu besetzen wäre (Seyffert 1972, S.742f.). Nun rächen sich bildungs- und forschungspolitische Unterlassungssünden der vier vergangenen Jahrzehnte! In Anbetracht der Tatsache, daß in der Bundesrepublik Deutschland nicht ein einziger Lehrstuhl für Binnenhandelspolitik existiert, mag die Forderung, die alte und traditionsreiche

Handelswissenschaft wieder in ihren gebührenden Rang zu erheben, illusorisch klingen. Aber wie anders sollte in Zukunft eine vergleichbare Fachkompetenz erreicht und gesichert werden, wie sie in der Handelspraxis selbst und auch im Wettbewerbsrecht schon vorhanden ist? Von der objektiven, gesamtwirtschaftlich verantwortungsvollen und kritischen Arbeit der Handelswissenschaft würden alle profitieren, Unternehmer und Konsumenten, Wettbewerbstheoretiker und Wettbewerbspolitiker, Richter und Parlamentarier. Eine verstärkte Förderung der Handelswissenschaft kann ganz gewiß auch dazu beitragen, daß Darwinismus im (Lebensmittel-)Handel sich nicht weiter ausbreitet und wettbewerbspolitische Urteilsunsicherheit überwunden wird.

Ändert sich an der notleidenden Situation der Handelsforschung und der Handelslehre nichts zum Besseren, dann ist auch nicht mit einer rationellen, systematischen und widerspruchsfreien Lösung der Wettbewerbsprobleme des (Lebensmittel-)Handels zu rechnen. Die Probleme selbst werden in Zukunft jedenfalls nicht geringer. "Die Wettbewerbsverhältnisse bedürfen daher wie überall so auch im Handel laufend sorgfältiger Analyse." (Nieschlag/Kuhn 1980, S.271). Mehr Binnenhandelstheorie und mehr empirische Handelsforschung werden das "magische Dreieck" der Wettbewerbspolitik nicht zum Verschwinden bringen, aber sie werden zu mehr Kompetenz für alle führen.

ZUSAMMENFASSUNG

Der Handel in der Marktwirtschaft - somit auch der Lebensmittelhandel - wird als "Warenverteiler" falsch interpretiert. Er ist vielmehr originärer und singulärer Organisator von Märkten und Auslöser von Produktwettbewerb. Die Wettbewerbspolitik gründet auf zu wenig differenzierter und zu wenig handelsgemäßer Diagnose sowie auf z.T. ungeeigneten Begriffen. An die Stelle von Konzeptionslosigkeit und Attentismus und zufallsgesteuerter Wettbewerbspolitik durch Behörden und Gerichte müßte eine systematische Wettbewerbspolitik, freilich keine zu enge sektorale nur für den Lebensmittelhandel, treten. Das "magische Dreieck" (Kenntnis der Handelspraxis, der Handelstheorie und des Wirtschaftsrechts) erschwert die Kompetenz.

LITERATUR

Batzer, E. (1982): Wettbewerb. In: Falk, B.R.; Wolf, J. (Hrsg): Das große Lexikon für Handel und Absatz, 2.Aufl. Landsberg 1982, S. 858-860

Bundesminister für Wirtschaft (BMWi) (1986): Bericht des Bundesministers für Wirtschaft an den Wirtschaftsausschuß des Deutschen Bundestages über die Konzentration im Lebensmittelhandel. BMWi-Dokumentation Nr. 271. Bonn 1986

Cox, H.; Jens, U.; Markert, K. (Hrsg) (1981): Handbuch des Wettbewerbs. München 1981

Dichtl, E. (1979): Grundzüge der Binnenhandelspolitik. Stuttgart, New York 1979

DIHT (Hrsg) (1983): Konzentration im Einzelhandel. Bd. 209 der DIHT-Schriftenreihe. Bonn 1983

DIHT (Hrsg) (1985): Handel im Umbruch. Grundpositionen der Binnenhandelspolitik. Bd. 225 der DIHT-Schriftenreihe. Bonn 1985

Gümbel, R. (1985): Handel, Markt und Ökonomik. Wiesbaden 1985

Gutersohn, A. (1984): Grundlagen und Grundfragen der gewerblichen Wirtschaft, hrsg. von Pleitner, H.J. und Schmidt, K. Berlin, München, St. Gallen 1984

Hansen, U. (1976): Absatz- und Beschaffungsmarketing des Einzelhandels, Band 1 u. 2. Göttingen 1976

Internationale Vereinigung der Organisationen von Lebensmittel-Detaillisten (IVLD) (1984): Der Konzentrationsprozeß im Lebensmittel-Einzelhandel. IVLD-Bericht Nr. 14, Bern 1984

Lebensmittel-Zeitung (LZ) (1986): LZ-Report: 1. Unternehmertagung des deutschen Lebensmittelhandels 1986. LZ 17 vom 25.4.1986, S. 78-92

Monopolkommission (Hrsg) (1985): Die Konzentration im Lebensmittelhandel, Sondergutachten 14. Baden-Baden 1985

Nieschlag, R.; Kuhn, G. (1980): Binnenhandel und Binnenhandelspolitik. 3. Aufl. Berlin 1980

Schenk, H.-O. (1966): Die Bedeutung der Betriebsformen für den spezifischen Wettbewerb im Handel. In: Jahrbuch der Absatz- und Verbrauchsforschung, Jg. 12, Heft 3 (1966), S. 173-188

Schenk, H.-O. (1982): Handelsforschung. In: Falk, B.R.; Wolf, J. (Hrsg): Das große Lexikon für Handel und Absatz. 2. Aufl. Landsberg 1982, S. 311-314

Schenk, H.-O.; Tenbrink, H.; Zündorf, H. (1984): Die Konzentration im Handel. Berlin 1984

Seyffert, R. (1972): Wirtschaftslehre des Handels. 5. Aufl. hrsg. von Sundhoff, E. Opladen 1972

Sova, O.; Piper, J. (1985): Computergestützte Warenwirtschaft im Handel. Köln 1985

Tietz, B. (1985): Der Handelsbetrieb. München 1985

Trägerverbände der 1. Unternehmertagung des deutschen Lebensmittelhandels am 16./17. April 1986 in Köln (Hrsg) (1986): Lebensmittelhandel in der Bundesrepublik Deutschland - Zahlen und Fakten der Branche. Köln 1986

Die Durchführbarkeit von Verwendungskontrollen in C & C-Märkten zur Sicherung eines funktionsgerechten Großhandels

Klaus Barth, Marburg

1. ZIELSETZUNG DER UNTERSUCHUNG

Die immer wieder und gerade aus aktuellem Anlaß diskutierte Problematik der Ausübung einer funktionsechten Großhandelstätigkeit wirft die Frage auf, wie die Forderung, Verwendungs-(Ausgangs-)kontrollen in C&C-Märkten zur Sicherung eines funktionsgerechten Großhandels durchzuführen, aus wirtschaftswissenschaftlicher Sicht zu beurteilen ist.

Dabei sind insbesondere folgende Fragen zu klären:

(1) Welche instrumentellen Gestaltungsmöglichkeiten bieten sich für eine Verwendungskontrolle an?

(2) Welche Voraussetzungen müssen geschaffen werden, um eine Verwendungskontrolle handhaben zu können?

(3) Kann eine Verwendungskontrolle wirkungsvoll organisiert werden, oder muß diese an erfassungsbedingten, betriebswirtschaftlichen und ordnungspolitischen Restriktionen scheitern?

2. DIE AUS DER RECHTSPRECHUNG ZU ENTNEHMENDEN KONTROLLMETHODISCHEN HINWEISE

Die vom BGH apostrophierte Notwendigkeit, ein in anderen Betriebsformen des Groß- und Einzelhandels geradezu undenkbares Kundenkontrollsystem ausschließlich im Selbstbedienungsgroßhandel einzurichten, ergibt sich nur aus der Rechtsprechung des BGH, der in seinem Metro I-Urteil (BGH, 11.11.1977 - Metro I, WRP 1978, S. 45) feststellt, "daß der Selbstbedienungsgroßhandel den für den Einzelhandel geltenden Vorschriften ... nicht unterliegt, soweit er eine *funktionsechte Großhandelstätigkeit* ausübt".

Die Funktionsechtheit des Großhandels, zu dessen Adressatenkreis Wiederverkäufer, gewerbliche Verwender und Großverbraucher zählen, wird bezweifelt, wenn der gerade genannte Kundenkreis neben seinem gewerblichen im C&C-Großhandel auch seinen Privatbedarf deckt. Dabei wird wiederum zwischen dem betriebseigenen und betriebsfremden Privatbedarf unterschieden. Der betriebseigene Privatbedarf ist im Rahmen der rechtlichen Beurteilung irrelevant, da - obwohl es sich dann um funktionalen Einzelhandel handelt - "die Abzweigung der für den privaten

Handelsforschung 1986
Hrsg. Volker Trommsdorff

eigenen Bedarf benötigten Erzeugnisse von den Vorräten des eigenen Betriebs selbstverständlich und nach der Lebenserfahrung üblich" ist (BGH - GRUR 1966, S. 323, 325).

Die Verwendung betriebseigener Waren zum eigenen Privatbedarf kann nach allgemeiner Ansicht (Hefermehl 1974, S. 1409) vom Großhändler nicht kontrolliert und nicht verhindert werden. Genau genommen deckt nicht der Großhandelsbetrieb den Privatbedarf des gewerbetreibenden Kunden, sondern dieser selbst deckt seinen privaten Bedarf aus seinen gewerblichen Vorräten (Fezer 1976, S. 715). Aufgrund dieser Tatsache sind Umsätze zur Deckung des Privatbedarfs an betriebseigener Ware auch im Rahmen sogenannter Toleranzgrenzen zur Beurteilung einer Funktionswidrigkeit des Großhandels ohne Bedeutung.

Zum Problemfeld funktionswidriger Großhandelstätigkeit zählen demnach nur die von den Abnehmern getätigten Einkäufe solcher Waren, die nicht der Gattung nach zur Be- oder Verarbeitung oder zur sonstigen Verwendung im Geschäftsbetrieb des Kunden geeignet sind. Bei der Beurteilung funktionsechter Betätigung des Großhändlers ist jedoch zu berücksichtigen, daß Verkäufe zur Abdeckung auch des betriebsfremden Privatbedarfs als Kulanzleistungen gegenüber den gewerblichen Kunden im Großhandelsbetrieb seit jeher gang und gäbe sind. Insofern wird dem SB-Großhandel für solche Kulanzverkäufe eine Toleranzgrenze von etwa 10 % eingeräumt. So stellt der BGH im bereits zitierten Metro I-Urteil fest: "Ein Verkauf an jedermann liegt nicht vor, wenn der Selbstbedienungsgroßhändler durch geeignete Kontrollen dafür sorgt, daß bei ihm nur Gewerbetreibende und ihnen gleichstehende Großverbraucher einkaufen können und Verkäufe zur Deckung des betriebsfremden Privatbedarfs an diese Abnehmer eine dem Großhändler zuzubilligende Toleranzgrenze (10 %) nicht übersteigen (BGH, 11.11.1977 - Metro I, WRP 1978, S. 43).

Um die Funktionsechtheit der Großhandelstätigkeit sicherstellen zu können, kommt den im SB-Großhandelsbetrieb durchführbaren Kontrollen offensichtlich eine entscheidende Bedeutung zu. Das Eignungsmaß dieser Kontrollen ist daran zu erkennen, ob durch diese ermöglicht wird, Einkäufe der gewerblichen Kunden zur Abdeckung des betriebsfremden Privatbedarfs über die genannte Toleranzgrenze hinaus zu vermeiden.

Zu den Gestaltungsmöglichkeiten geeigneter Kontrollen gibt der BGH selbst keine Informationen. Er räumt offensichtlich nach Bekanntgabe seiner Zielvorstellungen den betroffenen SB-Großhandelsunternehmen ein Wahlrecht bezüglich der anwendbaren organisatorischen Verfahrensweise bei Einrichtung eines Kundenkontrollsystems ein.

Deutlicher strukturiert das LG Berlin (LG Berlin, 20.10.1975 - Kaufscheinhandel, WRP 1976, S. 121 f.) die Ausgestaltungsmöglichkeiten der Kundenkontrolle in C&C-Märkten. Zur Sicherstellung eines funktionsechten Großhandels und vor allem zur Gewährleistung der Toleranzgrenze für den betriebsfremden Eigenbedarf komme der Ausgangskontrolle die entscheidende Bedeutung zu. Das LG Berlin empfiehlt zur konkreten Ausgestaltung der

Kontrolle von Kundenkäufen am Ausgang der C&C-Märkte die *Verwendungskontrolle*

(1) durch entsprechend geschulte Mitarbeiter der Selbstbedienungsgroßhandlungen oder
(2) durch die nachträgliche Überprüfung der beim Kassiervorgang in die EDV eingegebenen Artikelnummern mit der Branchennummer des jeweiligen Kunden oder
(3) durch eine computergesteuerte Kontrolle beim Kassiervorgang auf der Grundlage von Branchenschlüsseln (LG Berlin, a.a.O., S. 126).

Obwohl der BGH feststellt, daß an den Umfang der Kontrollmaßnahmen keine überspannten Anforderungen gestellt werden dürfen, wären zur Vervollständigung eines Kundenkontrollsystems am Ausgang von C&C-Märkten auch noch kombinierte Kontrollverfahren für die Einzelfallaufklärung denkbar. Damit ist ein Mensch-Maschine-Kontrollsystem gemeint, in dem der für die Ausgangskontrolle eingesetzte Mitarbeiter die über die EDV gemeldeten Beanstandungen durch direkte Befragung des Kunden klären muß; denn es ist nicht von der Hand zu weisen, daß ein zunächst durch das EDV-System identifizierter betriebsfremder Privatbedarf tatsächlich einen aperiodisch anfallenden betriebsfremden Gewerbebedarf darstellt (z.B. Raumausstattung, Jubiläen von Mitarbeitern und Geschäftsfreunden, Dekorationsmaterial etc.).

Da nach derzeitigem Kenntnisstand des Verfassers in keiner ihm bekannten Selbstbedienungsgroßhandlung in der Bundesrepublik Deutschland eine Verwendungskontrolle praktiziert wird, stellt sich zu Recht die Frage, ob dieses Defizit an Kontrollen nicht dadurch bedingt ist, daß diese zunächst einmal plausibel klingenden instrumentellen Gestaltungsmöglichkeiten einer Verwendungskontrolle unter verfahrenstechnischen, betriebswirtschaftlichen und ordnungspolitischen Aspekten nicht zu praktizieren sind.

3. DIE MATERIELLEN UND DATENTECHNISCHEN VORAUSSETZUNGEN FÜR EIN VERWENDUNGS-KONTROLL-VERFAHREN

3.1 DIE ALLGEMEINEN VORAUSSETZUNGEN IM ÜBERBLICK

Um die Frage der Praktikabilität der Verwendungskontrolle über die grundsätzlichen instrumentellen Gestaltungsmöglichkeiten hinaus klären zu können, sind zunächst einmal die materiellen und datentechnischen Voraussetzungen für das Prüfverfahren zu systematisieren. Dazu zählen

(1) die eindeutige Definition der Kundensegmente unter Berücksichtigung von überschneidungsfreien Branchenklassifikationen,
(2) die eindeutige Definition von Warengruppen mit Hilfe eines numerischen Klassifikationsschlüssels,
(3) die Zuordnungsfähigkeit gewerbetypischer Sortimente zu den Kundensegmenten,
(4) eine warengruppen- bzw. branchenorientierte Zugangsregelung zu den einzelnen Fachsortimenten, die über die einfache Trennung zwischen Food und Non-Food hinausgehen müßte, sowie schließlich auch

(5) die exakte Bestimmung der Bezugsgrößen bzw. Bezugszeiträume für die Ermittlung der Toleranzgrenze eines betriebsfremden Privatbedarfs von ca. 10 %, welcher der Funktionsechtheit eines Selbstbedienungsgroßhandels nicht entgegenstehen soll.

3.2 DAS PROBLEM DER TOLERANZGRENZE IM BESONDEREN

Nachfolgend wird geprüft, inwieweit Verfahrenshinweise verfügbar sind, um die Toleranzgrenze unter zeitlichen und kundenbezogenen Kriterien zu bestimmen. Diese Prüfung ist geboten, weil adäquate Handhabungsempfehlungen der Rechtsprechung nicht zu entnehmen sind.

Wenn man von den in der Rechtsprechung formulierten Auflagen ausgeht, Verkäufe zur Deckung des betriebsfremden Privatbedarfs an Gewerbetreibende und ihnen gleichstehende Großverbraucher sollten eine dem Großhändler zuzubilligende Toleranzgrenze (10 %) nicht übersteigen (BGH, 11.11.1977 - Metro I, WRP 1978, S. 43), dann ist zunächst ungeklärt,

(1) in welchem Zeitrahmen die Toleranzgrenze zu ermitteln ist,
(2) ob diese pro Beschaffungsvorgang des Einzelkunden festgestellt werden muß und
(3) wie diese zu erheben ist.

Geht man von der Annahme aus, die Toleranzgrenze von 10 % sei am Jahres-(Gesamt-)umsatz des SB-Großhandels zu messen, dann hätte diese Durchschnittsbetrachtung zur Folge, daß bei den Einzeleinkäufen, aber auch bei den Jahresumsätzen der einzelnen Kunden Abweichungen nach oben und unten von der 10 %-Quote möglich wären, sofern nur insgesamt der Durchschnittswert von 10 % der betriebsfremden Privatbedarfskäufe am Gesamtumsatz des C&C-Marktes eingehalten werden könnte.

Diese Durchschnittswertbetrachtung scheint eine Kontrollerleichterung für den SB-Großhandel zu signalisieren; denn es heißt auch in der Kommentarliteratur: "Eine ständige waren- oder branchenbezogene Ausgangskontrolle ist nicht erforderlich. Doch können hin und wieder vor den Kassensperren Stichproben zweckdienlich sein, ob die aus dem Einkaufslager entnommenen Waren für den Betrieb des Kunden passen." (Baumbach/Hefermehl: UWG, § 6a, Rdn. 16aE).

Selbstverständlich müssen derartige Stichproben, damit das Kriterium ihrer Repräsentativität im Hinblick auf die noch außerordentlich heterogene Kundenstruktur des C&C-Marktes erfüllt ist, sehr genau geplant werden. Ohne hier auf die methodischen Fragen der Auswahlverfahren für die Ermittlung der Stichprobenelemente einzugehen (geschichtetes Stichprobenverfahren mit Zufallsgenerator), wobei natürlich auch die unterschiedlichen Kaufhäufigkeiten der Kunden die Repräsentativität der Stichprobe gefährden können, ist ohne Zweifel die Feststellung aus fachwissenschaftlicher Sicht zu treffen, daß man doch letztlich nicht an einer personengestützten Einzelfallbearbeitung zur Prüfung der Toleranzgrenze vorbeikommt.

Im Rahmen dieser durch die Mitarbeiter der SB-Großhandlung

durchzuführenden Befragung müßte der Anteil des betriebsfremden Privatbedarfs am eventuell auch aperiodisch anfallenden Gewerbebedarf erfragt werden. Diese Maßnahme führt - von den damit einhergehenden Kosten einmal abgesehen - zu Daten, die, wie im einzelnen noch darzulegen sein wird, wenig erhellende Erkenntnisse bezüglich der Toleranzgrenze vermitteln.

Auch eine ausschließliche EDV-Administrierung des Kontrollprozesses löst weder das Kostenproblem noch die Frage der Datengenauigkeit. Es wäre denkbar, und ein solches Verfahren wird auch in der Literatur ernsthaft vorgeschlagen (vgl. Eierhoff 1981, S. 216), pro Einkaufsvorgang die Privatbedarfskäufe zu erfassen und fortzuschreiben. Es bestünde damit die Möglichkeit, so wird behauptet, am Ende des Geschäftsjahres den Gesamtumsatz der SB-Großhandlung mit den Einkäufen des betriebsfremden Privatbedarfs als kumulierte Werte abzugleichen.

Dieser Vorschlag geht von der falschen Prämisse aus, man könne mit Hilfe der EDV ohne weiteres vom Gesamteinkauf des Kunden den aperiodisch anfallenden betriebsfremden Gewerbebedarf sowie den betriebsfremden Privatbedarf abspalten. Auch bei diesem Verfahrensvorschlag wird sofort einsichtig, daß diese zur Prüfung der Toleranzgrenze notwendigen Informationen nur im Rahmen einer personengestützten Einzelfallaufklärung zu erheben sind, die, weil man auf die Auskunftsbereitschaft der Käufer angewiesen, schließlich ineffizient bleiben muß.

Dabei soll erst gar nicht auf solche grotesken Ergebnisse eingegangen werden, die dadurch entstehen können, daß bei einem Umsatzrückgang im SB-Großhandel möglicherweise ab November alle Privatbedarfskäufe (Kulanzkäufe) zu untersagen sind; oder es wird einem Kunden, der einen höherwertigen Privatbedarfskauf tätigen möchte, geraten, er möge in vielleicht vier Monaten noch einmal wiederkommen, wenn abzusehen wäre, daß sein Gesamtumsatz diesen Privatbedarfskauf zuließe.

Offensichtlich ist eine Empfehlung zur Ermittlung der Toleranzgrenze leichter ausgesprochen als durch handhabbare Methoden zu realisieren.

4. DIE PRAKTIKABILITÄT DER VERWENDUNGS- UND AUSGANGSKONTROLLEN AUS WIRTSCHAFTSWISSENSCHAFTLICHER SICHT

Der Umfang instrumenteller Gestaltungsmöglichkeiten sowie die Fülle materieller und datentechnischer Voraussetzungen für die Einrichtung eines verwendungsorientierten Kundenkontrollsystems im SB-Großhandel führen an sich schon zu dem Verdacht, daß über die Unverhältnismäßigkeit von Kontrollauflagen für *einen* bestimmten Betriebstyp in den Wettbewerb im Handel zugunsten konkurrierender Betriebstypen des Groß- und Einzelhandels eingegriffen wird. Diese Annahme würde verstärkt, sollte sich herausstellen, daß die sich aus einem möglichen Rechtszwang ergebenen Auflagen von den C&C-Großhandlungen gar nicht erfüllt werden könnten. In diesem Falle wirkten die Auflagen für den davon betroffenen Betriebstyp prohibitiv.

4.1 DIE FEHLENDEN MÖGLICHKEITEN DER TRENNUNG VON BETRIEBS- UND PRIVATBEDARFSKÄUFEN AUFGRUND DER SORTIMENTSDYNAMIK VOR ALLEM IN DEN RAND- UND ZUSATZSORTIMENTEN

Die Verwendungskontrolle setzt voraus, gleichgültig ob sie manuell oder maschinell durch geeignete Computerprogramme durchgeführt wird, daß den unterschiedlichen Kundengruppen ein ganz bestimmter typischer Betriebsbedarf zugeordnet werden kann und die in einer Kundengruppe segmentierten Abnehmer weitgehend den gleichen typischen gewerblichen Bedarf aufweisen.

4.1.1 Probleme aufgrund dynamischer Wirtschaftsprozesse

Diese Voraussetzung für eine Verwendungskontrolle ist unter statischen Aspekten schon irreal, da es *den* branchenüblichen Betriebsbedarf (Reichseinheits-Sortimente) für eine bestimmte Abnehmergruppe seit langem nicht mehr gibt und die Gewerbetreibenden unter dem Postulat der marktorientierten Betriebsführung (Marketing) auf stagnierenden Märkten sich von ihren Wettbewerbern durch differente Warenangebote vor allem im Zusatz- und Randsortiment abheben wollen.

Vollends suspekt wird diese Voraussetzung unter Berücksichtigung dynamischer Wirtschaftsprozesse, die zu einer ständigen Veränderung in der Zusammensetzung des Warenangebotes führen. Die in der Praxis z.T. behauptete Sortimentsstraffung bei den Kunden der C&C-Märkte, die angeblich die branchentypischen Warengruppen-Zuordnung erleichtern soll, erfolgt auch nicht in der Weise, daß insgesamt und pro Warengruppe weniger Artikel in einem Betrieb des Abnehmers der SB-Großhandlung angeboten würden, sondern dadurch, daß die sich langsam umschlagenden Artikel einer bislang geführten Warengruppe durch Schnelldreher einer derzeit noch nicht gelisteten, aber als ergiebig angesehenen Warengruppe ersetzt werden.

Im übrigen kann die Sortimentsstraffung zum Beispiel für den gesamten Facheinzelhandel in der Bundesrepublik Deutschland auch nicht nachgewiesen werden; denn ausweislich der Betriebsvergleichsergebnisse des Instituts für Handelsforschung an der Universität zu Köln ist der Lagerbestand pro m^2 Geschäftsfläche im Zeitraum von 1970 bis 1984 von DM 620,-- auf DM 1.020,-- gestiegen, und die Ausweitung der Sortimente im Rahmen des selbst von den Warenhäusern betriebenen Trading up (Ausweitung der Handelsleistung) hat im selben Zeitraum zu einem Rückgang der Lagerumschlagsgeschwindigkeit von 4,6- auf 3,7 mal geführt. Dies entspricht einer Zunahme der Lagerdauer von 78 auf 97 Tage, weitgehend bedingt durch die Ausweitung der Sortimente.

4.1.2 Probleme aufgrund der Sortimentsdiversifikation

Die Rechtsprechung hat zwar mittlerweile der Sortimentsdiversifikation, die in gleicher Weise auch im Handwerkshandel zu beobachten ist, Rechnung getragen, ohne daraus jedoch die notwendigen Konsequenzen zu ziehen und ihren Glauben an die starre Branchentrennung und typisierende Erfassung des jeweiligen Kundenbedarfs aufzugeben.

Die Diversifikation in den Sortimenten des Fach-, aber auch des Handwerkshandels gehört seit langem schon zum Repertoire der Betriebspolitik auch kleinerer Unternehmungen. Auf der Suche nach Risikostreuung und zusätzlichen Marktchancen sind die traditionellen Branchengrenzen im Handel nach übereinstimmender Meinung in der Fachliteratur (stellvertretend für viele Oehme 1983, S. 197) obsolet geworden.

Einerseits versucht der Handel als Kunde der C&C-Märkte sich mit seinem Sortiment auf das Bedürfnisprofil seiner Kunden in seinem Einzugsgebiet im Rahmen einer differenzierenden Marketingpolitik genau einzustellen und somit eine Abhebung von konkurrierenden Angeboten zu erreichen. Daraus folgt, daß sich auch die Sortimente artgleicher Betriebstypen vornehmlich in den Rand- und Zusatzsortimenten deutlich unterscheiden.

Andererseits besteht auf stagnierenden Märkten und bei hohem Kostendruck die Notwendigkeit, alle gebotenen Marktchancen mit Hilfe eines spezialisierten Warenangebotes wahrzunehmen und zur Auslastung der betrieblichen Kapazitäten die Nachfrage im Einzugsgebiet möglichst vollständig über die eigene Betriebsstätte zu versorgen.

Insbesondere solche Warenbereiche, deren Umsätze einen immer geringeren Anteil am disponiblen Haushaltseinkommen einnehmen, führen zu dem Zwang der kompensierenden Diversifikation über Rand- und Zusatzsortimente der unterschiedlichsten Art. Für den Lebensmittelhandel hat z.B. schon vor vielen Jahren Henksmeier auf folgende Möglichkeiten der Diversifikation hingewiesen: Do-it-yourself-Artikel, Sportartikel, Reiseartikel, Bücher - vor allem Taschenbücher -, Zubehör für Phono, Foto und Optik etc. (Henksmeier 1977, S. 8).

Die Komplexität eines Sortiments wird infolgedessen auch seit langem nicht mehr unter engen Branchengesichtspunkten betrachtet. Man unterscheidet vielmehr bei der Sortimentszusammenstellung kurz- und langlebige, hoch- und geringerwertige, problemlose und beratungsintensive, schnell- und langsamdrehende, saisongebundene und saisonungebundene, Test- und Trendartikel über die ehemals traditionellen Branchengrenzen hinweg.

Diese Form der *horizontalen* Diversifikation führt schließlich auch zu einer besseren Kapazitätsauslastung des Handelsbetriebes und fördert eine aktive und attraktive Preispolitik. Die Überlegung, einem Kunden bei nur einem Geschäftsbesuch möglichst viele interessante Kaufmöglichkeiten zu bieten, hat im Rahmen der horizontalen Diversifikation - und diese Feststellung gilt auch für den Handwerkshandel - zu einer starken Beachtung von Verbund-, Folge- und Gelegenheitsmärkten bei der Gestaltung des Sortiments geführt.

Das *Verbundmarktprinzip* trägt der Überlegung Rechnung, solche bracheninhomogenen Warengruppen als Sortiment zusammenzustellen, die der Kunde aufgrund eines bestimmten Bedarfs (Einrichtungs-, Partybedarf etc.) oder aufgrund seines Wunsches nach Beschaffungsökonomisierung (Wocheneinkauf) im Verbund kauft.

Das *Folgemarktprinzip* geht von der sortimentspolitischen Leitidee aus, zur Erhöhung der einzelbetrieblichen Kapazitätsauslastung sowie zur Sicherung des Renditepotentials neue Kunden- oder Bedarfssegmente, die den ursprünglichen folgen, zu berücksichtigen. Das Geschäft für Damenbekleidung, das eine Abteilung für Herrenausstattung angliedert, der Friseur, der Textilien oder Freizeitartikel offeriert, das SB-Warenhaus (Massa), das Automobile eines englischen Herstellers anbietet, die Tankstelle, die Artikel (Lebensmittel, Bücher, Zeitschriften etc.) des Reisebedarfs in ihre Angebotspalette aufgenommen hat usw. usw., sind Beispiele für eine Sortimentspolitik nach dem Folgemarktprinzip.

Das *Gelegenheitsmarktprinzip* trägt in besonderer Weise dem betriebswirtschaftlichen Gedanken des Handelsgeschäftes als Kompensationsbetrieb Rechnung. Zwecks besserer Kapazitätsauslastung und um eine die Verbundkäufe auslösende höhere Besuchsfrequenz zu schaffen, werden besonders originelle und attraktive Artikel in einem schnellen zeitlichen Wechsel der Zielgruppe angeboten, die mit dem üblichen Sortimentsrahmen in keinerlei Beziehung stehen. Das mit Herstellern kooperierende Nahrungsmittelhandwerk ist mit diesem Konzept unorthodoxer Marktbearbeitung zunächst hervorgetreten.

Verbund-, Folge- und Gelegenheitsmarktprinzip sind Phänomene des Wettbewerbs- und Kostendrucks. Sie sind Ausdruck der Bemühung, dem das Geschäft frequentierenden Kunden eine breite, wechselnde Vielfalt der für seine Bedürfnisbefriedigung zweckdienlichen Güter zu verkaufen. Demzufolge kann es nicht verwundern, wenn z.B. Discounter Automobile und Heimcomputer, Einrichtungshäuser u.a. Dachgepäckträger und nordische Fischspezialitäten, Friseure Modeschmuck und Textilien, Bäcker Kinderspielzeug, Küchengeschirr und Bademäntel anbieten.

Wie sehr sich die Sortimente dem Prinzip der horizontalen Diversifikation folgend auch in den Geschäften des Fleischerhandwerks verändert haben, wird beispielhaft durch eine Untersuchung des Deutschen Fleischer-Verbandes veranschaulicht. Abgesehen von Konserven und Tiefkühlkost, die in über 75 % der Fleischerfachgeschäfte geführt werden, sind Nährmittel (74 %), Milchprodukte und Eier (72 %), Brotaufstrich (68 %), alkoholfreie Getränke (57 %), Brot- und Backwaren (56 %), Käse (54 %), alkoholische Getränke (42 %), Fisch (33 %), Tiernahrung (16 %) und Süßwaren (13 %) in das Sortiment aufgenommen worden. Die in Klammern angegebenen Prozentwerte beziehen sich dabei auf den relativen Anteil der Fleischer-Fachgeschäfte, welche die genannten Warengruppen jeweils in ihrem Betriebssortiment offerieren (Report 1984/85, Lebensmittel-Zeitung, S. 551).

Es ist daher einerseits leicht einsichtig, daß der SB-Großhandel diese Sortimentsdynamik bei den Wiederverkäufern als seinen Kunden in der eigenen Sortimentsgestaltung permanent zu berücksichtigen hat. Andererseits kommt hinzu, daß die C&C-Märkte aufgrund ihres Selbstverständnisses, eine Mustermesse für Gewerbetreibende zu bieten, vor allem innovative Produkte offerieren, die dem Verbund-, Folge- und Gelegenheitsmarktprinzip in den Kern-, Rand- und Zusatzsortimenten der Kunden des SB-Großhandels Rechnung tragen.

Dieser besonderen Markterschließungsfunktion der C&C-Märkte zollt selbst das Bundeskartellamt Anerkennung, wenn darauf verwiesen wird, der C&C-Großhandel eigne sich im besonderen Maße für die Einführung neuer Produkte; infolgedessen sei der Messecharakter des SB-Großhandels unverkennbar (Beschluß BKartA B 9 - 711068 - V - 1006/80, S. 30, sowie Beschluß BKartA B 9 - 712068 - U - 2054/82, S. 29).

Trend- und innovative Testartikel, vor allem, wenn ihre Auswahl von einem monatlich wechselnden Gelegenheitsmarktprinzip getragen ist, können mit Hilfe des EDV-Systems nicht ohne weiteres als Privatbedarf identifiziert werden. Es müßte notwendigerweise eine personengestützte Befragung zur Kontrolle der Toleranzgrenze stattfinden, die nicht nur die Test- und Kaufbereitschaft beeinträchtigt, sondern durch zusätzliche Betriebskosten die vertriebssystembedingten Kostenvorteile erheblich schmälern würde.

Angesichts der Angebots- und Nachfragedynamik in einem marktwirtschaftlichen System ist der typische gewerbliche Bedarf einer bestimmten Abnehmergruppe im Zeitablauf nicht zu identifizieren. Für den geforderten Prozeß der Verwendungskontrolle hätte diese Entwicklung die permanente Veränderung der Computerdaten zur Folge, nachdem - man wagt sich das praktisch angesichts des außerordentlich scharfen Interbetriebstypenwettbewerbs im Großhandel und auch im Wettbewerb mit den großflächigen Betriebstypen des Einzelhandels (Verbrauchermärkte, SB-Warenhäuser) gar nicht vorzustellen - der Großhandelskunde jeweils die Einkaufsberechtigung für neue Warengruppen oder einen aperiodisch anfallenden betriebsfremden Gewerbebedarf, der zunächst den Verdacht eines Privatbedarfskaufs auslöst, im Wege der Einzelbeantragung zu erlangen hätte (vgl. Eierhoff 1981, S. 214). Von dem ökonomisch nicht zu vertretenden Verwaltungsaufwand einmal abgesehen, würde die Planungsautonomie der Kunden des C&C-Marktes von einem Meldeverfahren beim Lieferanten abhängig.

Im übrigen wird bei der Diskussion der betriebstypischen Sortimentszuweisung auch übersehen, daß der Anteil der Kunden aus dem Food- und Non-Food-Einzelhandel an der Gesamtkundenzahl der C&C-Märkte immer kleiner geworden und der Anteil der Großverbraucher und sonstigen Gewerbetreibenden, deren betriebstypischer Bedarf ohnehin kaum festgelegt werden kann, deutlich gewachsen ist.

4.2 PROBLEME DER BEFRAGUNG IM RAHMEN DER EINZELFALLAUFKLÄRUNG

Wegen des Fehlens branchen- und betriebstypischer Sortimente werden auch zugleich die Mängel einer ausschließlich auf einer EDV-Administrierung beruhenden Verwendungskontrolle offensichtlich. Die möglicherweise mit Hilfe eines geeigneten Computerprogrammes und anfänglich gegebener Zuordnung von Kundengruppe und typischem Kundenbedarf noch denkbare Kontrolle wird angesichts der Sortimentsdynamik vollends obsolet.

Um im Zusammenhang mit der Sortimentsdynamik bei den Kunden der C&C-Märkte deren Betriebssortiment fortschreiben und somit den Gewerbebedarf vom betriebsfremden Eigenbedarf im Sinne der Toleranzprüfung abtrennen zu können, müßte die maschinelle um eine personale Verwendungs-(Ausgangs-)Kontrolle erweitert werden. Damit werden jedoch besonders aufwendige Mensch-Maschine-Kontrollsysteme ins Leben gerufen, wobei die Gefahr nicht von der Hand zu weisen ist, daß die mit diesen ergänzenden Kontrollaufgaben betrauten Mitarbeiter des SB-Großhandels intellektuell überfordert sind; denn sie hätten ja nicht nur bei Inaugenscheinnahme des jeweils durch den Kunden gekauften Warenkorbes zu prüfen, ob ein betriebsfremder Privatbedarf vorliegt, sondern auch - und das realistischerweise bei einer höher qualifizierten Instanz - abzufragen, ob ein vom Kunden erklärter Betriebsbedarf, jedoch vermuteter Privatbedarf in die Leistungsbeschreibung des Kundengewerbes passen kann.

Daß in diesem Zusammenhang kaum lösbare, subtile Abgrenzungsfragen zu klären sind, versteht sich am Rande. Außerdem ist der Kunde bei der Beantwortung der Frage nach einem möglichen Privatkauf frei. Er wird diese Frage nach seiner Interessenlage als Gewerbetreibender beantworten. Damit ist aber eine Nachprüfung der gegebenen Antwort nicht möglich, es sei denn, die Verwendungskontrolle würde nachträglich in den Betrieb des Kunden verlagert. Dieser verbäte sich jedoch eine solche Schnüffelpraxis angesichts der allgemeinen Datenschutzsensibilität zu Recht. Im übrigen kann der gewerbliche Käufer seine Verwendungsentscheidung auch jederzeit bei Eintritt veränderter Marktgegebenheiten nachträglich revidieren.

Diese im Rahmen der Verwendungskontrolle vorzunehmende Befragungspraxis durch Mitarbeiter der Selbstbedienungs-Großhandlung würde im Zusammenhang mit der Kontrolle der Toleranzgrenze unabdingbar; denn Voraussetzung für eine derartige Kundenkontrolle ist die Möglichkeit, den jeweiligen Einkaufskörben der Käufer unter Berücksichtigung des Gesamtbetrages den betriebsfremden Privatbedarf zurechnen zu können. Da dieser Anteil jedoch nicht offensichtlich ist, muß der jeweilige Kunde hierzu befragt werden. Diese Vorgehensweise wäre auch bei einer EDV-Administrierung der Ausgangskontrolle geboten, da dem Identifizierungsprozeß möglicher Privatbedarfskörbe mit Hilfe der EDV die Erklärung des Kunden durch personale Befragung gegenüberzustellen ist.

Dabei führt die Toleranzgrenzenkontrolle noch zu einer Fülle weiterer Probleme. Was geschähe z.B., wenn - gedanklich ein Bezugszeitraum von einem Jahr unterstellt - am Jahresende die EDV bei Speicherung der kumulierten Anteilswerte der Privatbedarfskäufe der Kunden eine Überschreitung der Toleranzgrenze meldet? Wird der einzelne Kunde - und welcher - in Anbetracht des Risikos, die Vertragsstrafe verwirkt zu haben, seinen Privatbedarf deklarieren oder das Bedarfskontingent "freiwillig" durch Zusatzkäufe beim Betriebsbedarf aufstocken? Oder wird er, um Sanktionen zu vermeiden, seinen Privatbedarfsvorrat wieder abladen und in die Lagerzonen zurückführen müssen ?

Ist der in Rede stehende Kunde vom C&C-Markt abhängig, kann man sich seine Antworten auf spätere ähnliche Fragen zur Privatbedarfskontrolle unschwer ausmalen. Ist er nicht abhängig, was angesichts des scharfen Interbetriebstypenwettbewerbs im Großhandel und den Ausweichmöglichkeiten auch auf leistungsstarke Verbrauchermärkte und SB-Warenhäuser sehr viel wahrscheinlicher wäre (vgl. Barth 1984, S. 1456 und Monopolkommission 1985, S. 88), so würde dieser Kunde eine neue Beschaffungsquelle suchen; denn er kann sich auf sogenannten Käufermärkten solche Lieferanten wählen, die seinen Ansprüchen auf Bedarfsdeckung am ehesten entsprechen.

Es ist daher nicht verwunderlich, daß sogar Eierhoff, der unter völliger Verkennung der ökonomischen und ordnungspolitischen Probleme die Ausgangskontrolle einseitig lediglich aus organisationstechnischer Sicht mit Hilfe der EDV für realisierbar hält, die persönliche Ausgangskontrolle als geeignete Kontrollmaßnahmen im Sinne des dritten amtlichen Leitsatzes der Metro-Entscheidung des BGH vom 11.11.1977 *verwirft* (Eierhoff 1981, S.182).

Damit wird aber insgesamt auch schon ein Urteil über die mangelnde Praktikabilität und Effizienz der Verwendungskontrolle gefällt, die in Anbetracht dynamischer Wirtschafts- und Wettbewerbsprozesse nur als kombiniertes Mensch-Maschine-System denkbar wäre. Ohne Zweifel können für die Zwecke der Betriebsbedarfsfortschreibung nur solche Daten in der EDV-Einrichtung gespeichert werden, die im Rahmen einer Befragung ermittelt worden sind, also auf äußerst dubioser Grundlage.

Eine Abgrenzung des Privatbedarfs vom Betriebsbedarf ist ohne eine ehrliche Mitwirkung des befragten Kunden nicht möglich, da prinzipiell jeder Artikel für den gewerblichen Bedarf Verwendung finden kann. Ohne hier erneut in eine kasuistische Einzelfallbeschreibung eintreten zu wollen, sei doch an dieser Stelle der Hinweis erlaubt, daß nicht nur z.B. der Handwerkshandel seine Sortimente über seine traditionellen Branchengrenzen erweitert hat, sondern die betriebliche Verwendung alles von der Zuwendung für Geschäftsfreunde und Mitarbeiter, über die Sozialvorsorge der Arbeitnehmer, Schadenersatzleistungen, Verlosungen, Werbemaßnahmen bis hin zur Garten- und Gebäudepflege einschließen kann (so auch Gröner und Köhler 1986, S. 93).

Im übrigen verbietet sich auch eine detektivische Einzelausforschung aus betriebswirtschaftlichen Gründen, da es für die rationelle Bewältigung betrieblicher Prozesse genereller und keiner fallweisen Regelungen bedarf, die als Improvisationen zu Unwirtschaftlichkeiten führen.

Da unzweifelhaft jeder Artikel für einen gewerblichen Bedarf Verwendung finden kann, haben schon Schricker und Lehmann zu Recht darauf hingewiesen, daß in bezug auf die Feststellung des Eigenbedarfs alle Kontrollmaßnahmen von vornherein dazu verurteilt seien, ineffektiv zu bleiben (Schricker und Lehmann 1976, S. 145).

Im übrigen wird die mangelnde Abgrenzungsfähigkeit bedarfsorientierter Sortimente auch im Zusammenhang mit der begrenzten Liberalisierung der Ladenöffnungszeiten für Geschäfte des Einzelhandels an Verkehrsknotenpunkten erörtert. Aus dem Lager der Gegner dieser Regelung wird darauf hingewiesen, der Begriff "Reisebedarf" sei inhaltlich zu unbestimmt und nicht justitiabel, um die Berechtigung zur Erweiterung der Ladenöffnungszeit im Einzelfall zu kontrollieren (o.V. 1986, S. 14).

4.3 AUSWIRKUNGEN ABTEILUNGSORIENTIERTER ZUGANGSREGELUNGEN

Geeignete Kontrollmaßnahmen zur Sicherung eines funktionsechten Großhandels könnten auch darin gesehen werden, der Diversifizierung des Sortimentes im Selbstbedienungsgroßhandel durch eine branchenorientierte Abteilungsgliederung Rechnung zu tragen und den Kunden den Zutritt zu den einzelnen Fachabteilungen nur nach Maßgabe ihrer jeweiligen Branchenkennziffer zu gestatten.

Die Nachteile einer derartigen branchenorientierten Zugangsregelung werden sofort offensichtlich. Abgesehen davon, daß auch dieses der Kundenkontrolle dienende Organisationsprinzip von der Voraussetzung ausgeht, man könne trotz der Angebots- und Nachfragedynamik den unterschiedlichen Kundengruppen einen bestimmten typischen Betriebsbedarf zuordnen und die in einer Kundengruppe zusammengefaßten Abnehmer wiesen weitgehend den gleichen typischen gewerblichen Bedarf auf, führt diese branchenorientierte Abteilungsgliederung mit jeweiligen Zugangssperren für branchenfremde Kunden zu einer Umwandlung des Selbstbedienungs-Großhandels als Betriebstyp.

Aus dem C&C-Markt mit breit und tief gegliedertem Gesamtsortiment entstünde eine Vielzahl abteilungsmäßig getrennt geführter Spezialgroßhandlungen, die insgesamt gesehen auch ihren bisherigen Wettbewerbsvorteil verlören, nämlich für ihre gewerblichen Kunden einen Beitrag zur Ökonomisierung ihrer Beschaffungsprozesse zu leisten.

Es würden erstens für die Kunden die Beschaffungsmaßnahmen aufgrund von jeweils separaten Eingangskontrollen und dezentralem Inkasso umständlicher.

Zweitens kann davon ausgegangen werden, daß diese Form des nach Branchen segmentierten C&C-Marktes eine nicht unwesentliche Veränderung in der Kostenstruktur erführe. Denn es ergäbe sich nicht nur ein Mehreinsatz von Kassen sowie Kassen- und Kontrollpersonal, da der Zutritt zu neuen Abteilungen vor dem Hintergrund der Privatbedarfsdeckung und Privatbedarfsfortschreibung im Zweifel nur als individuelles Genehmigungsverfahren geregelt werden kann. Angesichts zahlreicher Überschneidungen in den Sortimenten der verschiedenen Branchen wäre es vielmehr auch geboten, eine bestimmte Warengruppe, die Bestandteil einer gemeinsamen Schnittmenge im Sortiment verschiedener Branchen ist (z.B. Reinigungs- und Pflegemittel), in mehreren Abteilungen zu präsentieren. Diese Mehrfachpräsentation führte wegen des damit verbundenen größeren Flächenbedarfs und Warenbestandes sowie höherer Kapitalbindungskosten zu einer beträchtlichen kostenmäßigen Zusatzbelastung (so auch Eierhoff 1981, S. 223).

Außerdem erfolgte die Sortimentszusammensetzung weitgehend nach Kontroll- und nicht nach Markt- und Bedarfskriterien. Sie spräche damit also allen marketingpolitischen Empfehlungen der Betriebswirtschaftslehre Hohn.

Insoweit wird auch von einem falschen Leitbild marktwirtschaftlicher Wettbewerbsprozesse ausgegangen. Nicht der Markt, sondern organisatorische und kontrolltechnische Zwänge würden das Leistungsbild des Handelsbetriebes bestimmen. Damit würde für solche Großhandelsbetriebe, die derartigen Restriktionen nicht ausgesetzt sind (z.B. Spezial- sowie Sortimentszustellgroßhandel) und sich an den Gegebenheiten des Marktes ausrichten können, ein Wettbewerbsvorsprung nicht durch Leistung, sondern durch Rechtszwang geschaffen.

4.4 DER ZUSAMMENHANG ZWISCHEN SORTIMENTS- UND WERBEPOLITIK IM SELBSTBEDIENUNGSGROSSHANDEL

Die Vorstellung, ein C&C-Markt könne zielführend als eine Vielzahl abteilungsmäßig getrennt geführter Spezialgroßhandlungen organisiert werden, spielt unausgesprochen wohl auch bei der Kritik am Werbeverhalten der Selbstbedienungsgroßhandlungen eine Rolle; denn es wird darauf hingewiesen, die Werbung würde unterschiedslos an Gewerbetreibende aller Branchen verschickt.

Sicherlich bestünde grundsätzlich die Möglichkeit, für einige Kundengruppen, denen vielleicht auch noch ein typisches Kernsortiment zugerechnet werden kann, eine spezielle Beilagenwerbung zu entwickeln. Dabei entstünden jedoch nicht unerhebliche betriebswirtschaftliche Nachteile.

Erstens hätten die für die Vielzahl von Kundengruppen differenziert zu gestaltenden Werbemittel zusätzliche und nicht eben unbeträchtliche Segmentierungskosten zur Folge, die sich nicht nur aufgrund der Gestaltungsdifferenzierung, sondern auch aus dem Verlust von Degressionseffekten hoher Auflagen ergäben.

Zweitens wäre eine solche branchenorientierte Werbung nicht mit den marktbezogenen Überlegungen zur Angebotsbildung gegenüber den Kunden des C&C-Marktes in Einklang zu bringen; denn die Diversifikation im Sortiment über Rand-, Zusatz- und innovative Angebote gehört seit langem zu den Selbstverständlichkeiten einer auf die Breite der Kundenbedürfnisse bezogenen Sortimentspolitik des Selbstbedienungsgroßhandels gleichsam als Reaktion auf die im zustellenden Sortimentsgroßhandel erfolgte Sortimentsstraffung. Im übrigen ist im Bedienungsgroßhandel eine Werbedifferenzierung nach Kundengruppen ebenfalls unbekannt. Hinzu kommen die sogenannten Themen- und Saisonaktionen des C&C-Marktes, welche die Sortimente mehrerer Kundengruppen gleichzeitig berühren (z.B. bewegliche Feste, Reisezeit etc.) und infolgedessen eine Werbemitteldifferenzierung als unökonomisch erscheinen lassen. Daher steht die nicht nach Branchen differenzierende Werbepolitik des Selbstbedienungsgroßhandels durchaus in Einklang mit seiner universellen Sortimentspolitik.

4.5 AUSWIRKUNGEN DER VERWENDUNGSKONTROLLE AUF DAS KUNDENVERHALTEN UND DIE BESCHAFFUNGSKOSTEN DER ABNEHMER

Bei Eingriffen in die marktlichen Transaktionsbedingungen bei Herstellern, Handelsbetrieben und Verbrauchern darf in einem marktwirtschaftlichen System, in dem die Marktteilnehmer grundsätzlich ein Selbstbestimmungsrecht haben, dort zu kaufen, wo ihren differenzierten Bedürfnissen am besten Rechnung getragen wird, die Reaktion der Abnehmer auf solche Eingriffe nicht außer acht gelassen werden.

Unterstellt den Fall, die Verwendungskontrollen über EDV und Mitarbeiter des Selbstbedienungsgroßhandels würden trotz aller ökonomischer Bedenken praktiziert, so hätten diese auf das Verhalten der Kunden und deren Beschaffungskosten erhebliche Auswirkungen. Unter Hinweis auf die bereits erwähnte Datenschutzsensibilität, die schon für die langfristige Daseinsfürsorge notwendige bevölkerungsstatistische Erhebungen unmöglich macht und die Einführung maschinenlesbarer Personalausweise erschwert, würden die Kunden vor allem auf durch Mitarbeiter der Selbstbedienungsgroßhandlung durchgeführte Verwendungsbefragung höchst befremdlich reagieren. Man würde sich zu Recht, jedoch vergeblich die Frage vorlegen, worin die besonderen und nirgendwo anders zu beschaffenden Leistungen bestünden, die eine Inquisition durch den Verkäufer rechtfertigen. Offensichtlich wird übersehen, daß die Nachfrage nach Leistungen des C&C-Marktes nicht starr ist und ihr vielmehr ein Überangebot an Leistungen gegenübersteht. Die als "zumutbar" erscheinenden Kontrollen sind allein für planwirtschaftliche Systeme symptomatisch, in denen es gilt, den Mangel auf der Grundlage seines Berechtigungsnachweises zu verwalten.

Die Reaktion der Kunden dürfte auf der Hand liegen: Da der C&C-Markt der einzige Betriebstyp des Großhandels wäre - ja des Handels überhaupt -, in dem die Freiheit der Güterwahl eingeschränkt wäre, würde man sich konkurrierenden Bezugsquellen zuwenden, die tatsächlich in ausreichender Form zur Verfügung stehen.

Aber auch aufgrund eigener kostenwirtschaftlicher Überlegungen kämen die Kunden zu dem Ergebnis, die C&C-Märkte als Bezugsquelle auszusondern; denn die Beschaffungskosten bei den Abnehmern würden sich aus verschiedenen Gründen erhöhen. Erstens würden die Kommissionierungswege zeitlich gesehen länger, da bei einer branchenorientierten Abteilungsgliederung mehrere Abteilungen aufgesucht werden müßten. Zweitens erhöhten sich die Verlustzeiten durch Mehrfachkontrollen und Mehrfachinkasso. Hinzu kämen Zeitverluste aufgrund umständlicher Beantragungsverfahren für Einkäufe bei betriebsfremdem Gewerbebedarf sowie bei Veränderungen im branchentypischen Betriebsbedarf. Drittens würden im Gefolge der zeitaufwendigen Abfertigungsmodalitäten die Warteschlangen in der Kassenzone mit an Sicherheit grenzender Wahrscheinlichkeit länger und die Wartezeit pro Kunde größer. Viertens wäre schließlich auch die Möglichkeit nicht von der Hand zu weisen, daß der einzelne Kunde wegen der Umständlichkeit, seinen Zusatzbedarf im Bereich seiner nicht branchentypischen Nachfrage im SB-Großhandel zu decken, zusätzliche Bezugsquellen aufsuchte. Damit erhöhten sich nicht nur durch die zusätzlichen Wege die Beschaffungskosten für den Kunden insgesamt, sondern vor allem auch für den SB-Großhandel die Gefahren, daß der Kunde seine gesamte Bedarfsdeckung auf mit dem C&C-Markt konkurrierende Betriebstypen verlagert.

Als besonders wettbewerbsrelevante Betriebstypen sind die zustellenden Spezialgroßhandlungen zu erwähnen. Neuere Untersuchungen der Nielsen Comp., Frankfurt, zeigen denn auch, daß die beim zustellenden Sortimentsgroßhandel erfolgte Sortimentsstraffung zu stärkeren Marktanteilsgewinnen beim Spezialgroßhandel als im C&C-Großhandel geführt hat. Letzterer konnte seinen Marktanteil nur knapp behaupten. Ohnehin wird auch die Bedeutung des Spezialgroßhandels gegenüber dem C&C-Großhandel mit wachsender Akzeptanz der neuen Medien (Btx etc.) zunehmen, da der Gewerbetreibende dann dort zu jeder Zeit und ohne eigenen Zeitverlust disponieren kann.

4.6 AUSWIRKUNGEN DER KONTROLLKOSTEN AUF DEN WETTBEWERB IM HANDEL

4.6.1 Die einzelbetrieblichen Kontrollkosten

Die Transaktionskosten erhöhen sich durch Einführung von Verwendungskontrollen nicht nur in der Betriebswirtschaft des Kunden, sondern vor allem im Selbstbedienungsgroßhandel, und zwar in folgenden Bereichen:

(1) EDV-System

Dort sind höhere Speicherkapazitäten vorzuhalten und ständige Änderungen der gespeicherten Kundenbedarfsdaten vorzunehmen, um den betriebs- und marktbedingten Nachfrageentwicklungen bei den Abnehmern des C&C-Marktes Rechnung tragen zu können.

Nicht zutreffend ist vor allem auch das in die betriebswirtschaftliche Diskussion eingebrachte Argument, die zu Kontrollzwecken vorgenommene EDV-Installation würde kostenkompensierende Vorteile im Hinblick auf eine bessere Steuerung der Warenwirtschaft ermöglichen (Eierhoff 1981, S. 236). Tatsächlich sind nämlich in den meisten C&C-Märkten solche EDV-administrierten Warenwirtschaftssysteme bereits seit längerem installiert, so daß sehr wohl für die Verwendungskontrolle zusätzliche Investitionen vor allem im Software-Bereich anfallen.

Bei einer branchenorientierten Abteilungsgliederung werden die Anzahl der Kassenplätze mit Primärspeicher, die Anwendungs-Software sowie die benötigten Rechenzeiten auszuweiten sein, soweit dies nicht schon durch die Expansion der Hard- und Softwareansprüche im Zuge der Toleranzgrenzenprüfung herbeigeführt wurde.

Nicht zutreffend erscheint die in der Literatur (Eierhoff 1981, S. 235) geäußerte Vermutung, im Selbstbedienungsgroßhandel ergäben sich beim EDV-Einsatz Einsparungen auch im Personalbereich. Das Gegenteil ist bei gegebener EDV-Installation der Fall, denn es wurde ja bereits an anderer Stelle ausgeführt, daß die Überprüfung der Nachfrageverlagerungen beim betriebstypischen und betriebsfremden Gewerbebedarf sowie die Kontrolle der Toleranzgrenze ohne Befragung durch Mitarbeiter nicht möglich ist. Damit erhöhen sich aber

(2) die Aufwendungen für den Personalbereich;

denn die häufig in der Ausgangszone eingesetzten Mitarbeiter, die stichprobenartig zur Vermeidung von Kassierfehlern und Diebstahl die Artikelpositionen auf der Rechnung mit der Stückzahl im Einkaufswagen abgleichen, sind in keiner Weise für die Verwendungskontrolle unter dem Aspekt der Bedarfsveränderung qualifiziert, auch nicht bei EDV-Unterstützung. Hinzu kommen die bei einer branchenorientierten Abteilungsgliederung notwendigen Mehrfachkassensysteme, die zusätzliches Kassenpersonal erfordern.

Damit erhöhen sich auch wegen der Zusatzinvestitionen

(3) die Abschreibungen.

Darüber hinaus wächst, wie bereits nachgewiesen wurde,

(4) der Flächenbedarf des C&C-Marktes,

und zwar für die Kassen- und Kontrollzonen sowie den erhöhten Warenbestand wegen der Mehrfachplacierung.

Schließlich erhöhen sich auch

(5) die Kapitalbindungskosten,

und zwar nicht nur wegen des aufzustockenden Warenbestandes bei einer branchenorientierten Abteilungsgliederung, sondern vor allem auch wegen des sich reduzierenden Warenumschlages aufgrund der Mehrfachplacierung.

In dieser zunächst recht groben Mehrkostenanalyse sind die durch Kundenabwanderungen und Umsatzrückgänge verursachten entgangenen Erträge als sog. Opportunitätskosten noch nicht einmal erfaßt.

4.6.2 Der Einfluß der einzelbetrieblichen Kontrollkosten auf die Wettbewerbssituation

Dieser nicht unbeträchtliche Block von Mehrkosten, der nur im konkreten Fall einer Betriebs- und Kontrollsystem-Analyse quantifiziert werden kann, muß notwendigerweise, will der SB-Großhandel sein finanzwirtschaftliches Gleichgewicht aufrecht erhalten, auf die Verkaufspreise aufgeschlagen werden.

Bei scharfem Interbetriebstypen-Wettbewerb und stagnierenden bzw. rückläufigen Umsätzen - schließlich gab es im C&C-Bereich im Jahre 1985 Umsatzeinbrüche bis 10 % im Vergleich zum Vorjahr - sind alle Versuche einer Kostenüberwälzung vergeblich. Angesichts der hohen Preissensibilität der Wiederverkäufer, Weiterverarbeiter und Großverbraucher als Kunden des Selbstbedienungsgroßhandels gelänge eine vollständige Überwälzung der Kosten auf die Preise derzeit nicht einmal bei Kostensteigerungen, die alle Betriebe der Branche gleichermaßen träfen (z.B. tarifliche Lohnerhöhungen), ganz zu schweigen von Kostenerhöhungen, die aufgrund eines Rechtszwanges nur *einen* Betriebstyp des Handels benachteiligen.

Zu Recht wird schon seit längerem in der Literatur darauf hingewiesen, daß Ausgangskontrollen - abgesehen von ihrer mangelnden Praktikabilität - in Anbetracht auch der hohen Kundenzahl zusätzliche Verwaltungskosten verursachen, die den systemeigenen Wettbewerbsvorteil aufheben (vgl. Fezer 1976, S. 718). Es kann nicht verwundern, so stellen Gröner und Köhler fest, daß die Selbstbedienungsgroßhandlungen derartige Ausgangskontrollen zur Prüfung von Toleranzgrenzen nicht praktizieren (Gröner und Köhler 1986, S. 103).

Außerdem hätten die Kontrollauflagen, wollte man ihnen aus der Sicht der C&C-Märkte ausweichen, erhebliche Folgen für die Wettbewerbsstruktur im gesamten institutionalen Handel. Durch Rechtszwang würden einerseits die C&C-Märkte ihre Betriebsform wandeln. Als SB-Warenhäuser würden sie auf die Einzelhandelsstufe drängen und dort aufgrund ihrer relativen Kostenvorteile den immer wieder beklagten Verdrängungswettbewerb vor allem zu Lasten der mittelständischen Betriebe verschärfen. Ähnliche Auswirkungen sind ja auch durch § 11 BauNVO 1977 für den mittelständischen Facheinzelhandel zu beobachten, der sich seit geraumer Zeit durch Fachmärkte auch in Kerngebieten scharf bedrängt sieht.

Statt den kleineren Betrieben leistungsfähige Beschaffungsquellen zur Bestückung ihrer Rand- und Zusatzsortimente zu erhalten, wird ein neues Konkurrenzpotential für den Einzelhandel mit erheblichen Flächenkapazitäten und Marktvolumina geschaffen.

Andererseits würde der klassische Zustell- und Fachgroßhandel im Wettbewerb entlastet (Schricker 1976, S. 147). Diesen Betriebstypen des Großhandels wüchsen Preissetzungsspielräume zu, die in Form von erhöhten Mindermengenzuschlägen die Wareneinstandspreise der kleineren Betriebe auf der Einzelhandelsstufe verschlechterten. Unzweifelhaft werden derzeit die Mindermengenzuschläge im Zustellgroßhandel durch die Preissetzung des Selbstbedienungsgroßhandels kontrolliert. Damit wird aber auch deutlich, daß gegen das aus gesamtwirtschaftlicher Sicht gebotene Prinzip der Distributionsrationalisierung verstoßen wird, weil bestimmte Handelsbetriebe an einer systemadäquaten Prozeßbewirkung gehindert und insofern aus Sicht der Gesamtwirtschaft die Transaktionskosten erhöht werden.

5. ZUSAMMENFASSUNG DER UNTERSUCHUNGSERGEBNISSE

Die Ergebnisse der Untersuchung können unter wirtschaftswissenschaftlichen Aspekten wie folgt zusammengefaßt werden:

Aus organisationstechnischer Sicht stehen Instrumente für die Zwecke einer Verwendungskontrolle im Selbstbedienungsgroßhandel zur Verfügung, und zwar computergestützte Rechnungskontrollen, im Regelfall verbunden mit Kontrollbefragungen durch Mitarbeiter zum Zwecke einer Einzelfallaufklärung.

Der Einsatz dieser denkbaren Kontrollinstrumente scheitert aber schon an den fehlenden materiellen und datentechnischen Voraussetzungen.

(1) Eine stabile, eindeutige Definition der Kundensegmente unter Berücksichtigung von überschneidungsfreien Branchenklassifikationen stößt auf erhebliche Schwierigkeiten.

(2) Eine Zuordnungsfähigkeit gewerbetypischer Sortimente - vor allem unter dem Kriterium zeitlicher Stabilität als Voraussetzung für die zur Organisation betrieblicher Prozesse notwendigen generellen Regeln - zu den Kunden- bzw. Branchenklassifikationen ist im Hinlick auf die für Käufermärkte typische permanente Dynamik der Märkte und der Kundenbedürfnisse unmöglich.

(3) Eine Prüfung der Toleranzgrenze für Privatbedarfskäufe anhand des Gesamtumsatzes der Selbstbedienungsgroßhandlung ist nur handhabbar, wenn die Anteile des Privatbedarfs pro Einkaufsakt und Kunde ermittelt werden könnten. Diese datentechnische Voraussetzung scheitert jedoch an der mangelnden Praktikabilität der Verwendungskontrolle insgesamt.

Die mangelnde Praktikabilität von Verwendungskontrollen ergibt sich aufgrund der personalaufwendigen, durch die Diversifikation der Sortimente bedingten Einzelfallaufklärung. Dabei ist zu berücksichtigen, daß in einem marktwirtschaftlichen System der gewerbliche Einkäufer in seinen Dispositionen frei und nicht auf einen betriebstypischen Bedarf festzulegen ist. Andererseits ist der Kontrolleur bei der Einzelfallaufklärung intellektuell überfordert, weil er nicht das Fachwissen für eine kaum noch überblickbare Zahl betrieblicher Betätigungsmöglichkeiten haben kann. Er kann im konkreten Fall die Richtigkeit der Kundenantworten nicht daraufhin überprüfen, ob eine bestimmte Ware üblicherweise oder auch nur möglicherweise für eine betriebliche Verwendung beim Kunden in Betracht kommen könnte.

Die mangelnde Praktikabilität ergibt sich aufgrund des Verhaltens der von der Verwendungskontrolle betroffenen Kunden, die sich in ihrem Dispositionsrecht und in ihrer Planungsautonomie wirtschaftssystemwidrig geschmälert sehen und dafür auch noch einen größeren Beschaffungsaufwand in Form höherer Preise und längerer Einkaufszeiten tragen sollen. Die mangelnde Praktikabilität von Verwendungskontrollen ergibt sich weiterhin aufgrund der erheblichen Kontrollkosten im Selbstbedienungsgroßhandel, die zu einer Mutation der Betriebsform führen und eine Verschiebung in den Wettbewerbsstrukturen auf den Groß- und Einzelhandelsstufen zu Lasten des Einzelhandels im Gefolge haben.

Die mangelnde Praktikabilität von Verwendungskontrollen erwächst schließlich auch aus den falschen ordnungspolitischen Leitbildern, von denen offensichtlich die Vorschläge für die Durchführung von Kundenkontrollsystemen getragen werden. Dabei wird offenkundig, ausgehend von einer völlig statischen Vorstellung vom Wettbewerbsgeschehen, die durch gegebene Sortimente, feste Absatzwege - die auch noch als optimal angesehen werden - und durch weitere Strukturvorgaben gekennzeichnet ist (Gröner und Köhler 1986, S. 95), die Situation des *Verkäufermarktes* mit seiner Verteilermentalität und seinen auf den

Lieferanten angewiesenen Kunden unterstellt. Damit werden Entscheidungsprämissen benutzt, die von der Realität des Marktes nicht gedeckt sind.

ZUSAMMENFASSUNG

Die Funktionsechtheit des Selbstbedienungsgroßhandels wird unter anderem von der Frage abhängig gemacht, inwieweit leistungsfähige Kundenkontrollsysteme verfügbar sind, durch die Einkäufe der gewerblichen Kunden zur Abdeckung des betriebsfremden Eigenbedarfs über eine bestimmte Toleranzgrenze hinaus vermieden werden können. Zur Sicherung dieser Forderung kommt der Ausgangskontrolle eine entscheidende Bedeutung zu. Aus aktuellem Anlaß wird in vorliegendem Beitrag geprüft, ob solche Verwendungskontrollen unter verfahrenstechnischen, betriebswirtschaftlichen, marketing- und ordnungspolitischen Aspekten überhaupt zu praktizieren sind.

LITERATURLISTE

Barth, K. (1984): Zur Problematik der Bestimmung des relevanten Marktes von Handelsunternehmungen. In: Betriebs-Berater 1984, Heft 23, S. 1456 ff.

Baumbach, A.; Hefermehl, W. (1983): Wettbewerbsrecht, 14. Aufl. München 1983

Eierhoff, K. (1981): Das Kontrollsystem im Selbstbedienungsgroßhandel. Diss. Göttingen 1981

Fezer, K.-H. (1976): Die Grenzen des Selbstbedienungsgroßhandels im Leistungswettbewerb. In: Betriebs-Berater 1976, Heft 16, S. 705 ff.

Gröner, H.; Köhler, H. (1986): Der Selbstbedienungsgroßhandel zwischen Rechtszwang und Wettbewerb. München 1986

Hefermehl, W. (1983): Wettbewerbsrecht und Kartellrecht. 9. Aufl. München 1983

Henksmeier, K.H. (1977): Diversifizieren und Profilieren - Schlüssel zum Erfolg. In: Selbstbedienung - Dynamik im Handel, Heft 10/1977, S. 8-12

Monopolkommission (1985): Sondergutachten "Die Konzentration im Lebensmittelhandel", April 1985

Oehme, W. (1983): Handelsmarketing. München 1983

o.V. (1986): Ladenschluß-Novelle. In: Handelsblatt, 30.1.1986, Nr. 21, S. 14

Schricker, G.; Lehmann, M. (1976): Der Selbstbedienungsgroßhandel. Köln, Berlin, Bonn, München 1976

Ansätze zu einem Marketing für kommunale Standorte

Peter Hammann, Bochum

1. GRUNDLAGEN DES MARKETING FÜR NICHT-KOMMERZIELLE DIENSTLEISTUNGSBETRIEBE

Der Begriff *"Marketing"* kennzeichnet eine Konzeption zur Führung von Unternehmen, die eine konsequente Marktorientierung verfolgen wollen. Marketing als marktorientierte Unternehmensführung tritt damit neben andere Führungskonzepte, die z.B. eine konsequente Liquiditäts- oder Kostenorientierung aufweisen. Die Orientierung der Führung bestimmt sich nach dem *Engpaß*, dem sich die Unternehmung gegenübersieht. Belange des nicht den Engpaß bildenden Funktionsbereichs der Unternehmung (Finanz-, Beschaffungs-, Produktions- und Absatzbereiche) werden durch Restriktionen berücksichtigt, denen das engpaßorientierte Führungshandeln unterworfen ist.

Diese Definition legt die Vermutung nahe, daß Marketing lediglich auf erwerbswirtschaftlich orientierte Institutionen beschränkt sei. Dies trifft jedoch nicht zu. Wie *Abbildung 1* zeigt, sind auch nicht erwerbswirtschaftlich orientierte Institutionen in der Lage, Marketing zu treiben. Bei *öffentlichen Unternehmen* (d.h. solchen Unternehmen, die sich ganz, mehrheitlich oder mit Sperrminorität im Eigentum der öffentlichen Hand befinden) mag dies noch unmittelbar einleuchtend sein, da diese auch bei Verfolgung des Kostendeckungsprinzips noch eine quasi-erwerbswirtschaftliche Orientierung aufweisen. Anders liegt der Sachverhalt bei der großen Zahl *sonstiger, öffentlicher Institutionen*. Da sie nur teilweise absatz- und damit marktabhängig sind, wäre hier zu vermuten, daß marktorientierte Führungskonzepte unnötig seien. Die Einrichtungen der öffentlichen Verwaltung, kirchliche und soziale Einrichtungen verdanken ihre Existenz zwar nicht-ökonomischen Zielsetzungen, ihre Wirksamkeit im Hinblick auf die Erreichung dieser politischen, religiösen oder sozialen Ziele macht jedoch trotz fehlender Absatz- bzw. Marktabhängigkeit Marketing-Überlegungen nicht überflüssig (vgl. u.a. hierzu Eichhorn/Bucholz 1983, S. 209 ff.; Raffée 1976, S. 61 ff. bzw. derselbe 1980, S. 201 ff.; Kotler 1978, S. 9 ff.; Eiteneyer 1977, S. 203 ff.; Hanusch/Reichardt 1979, S. 49 ff.; Merkle 1975, S. 47 ff.; Specht 1974, Sp. 1565 ff. sowie Hesse 1982; Hasitschka/Hruschka 1982 und die Beiträge in Eiteneyer/Meissner 1978). Hierfür mögen zwei Beispiele stehen:

Handelsforschung 1986
Hrsg. Volker Trommsdorff

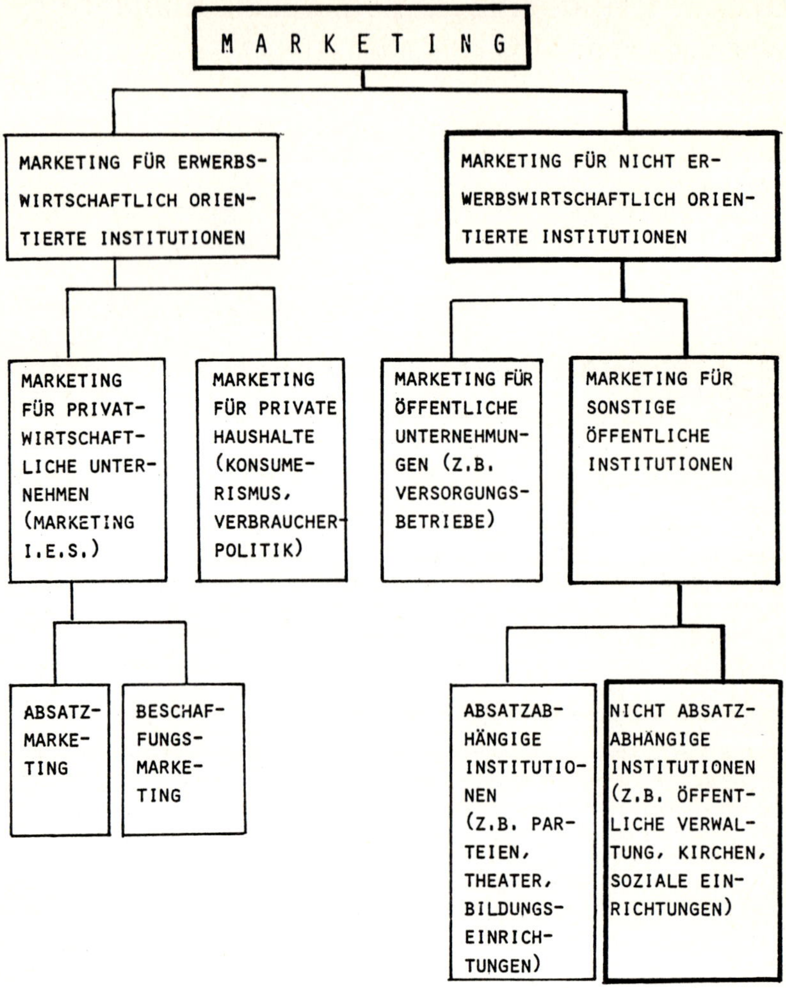

Abb. 1. Formen des Marketing
(in Anlehnung an Engelhardt, W. H.(1980): Einführung in das Marketing. Unveröffentlichtes Manuskript, Bochum 1980)

- Die Sachbearbeitung bei der *Ausstellung von Legitimationspapieren* (Personalausweis, Reisepass usw.) muß nicht nur absolut zuverlässig und schnell erfolgen, sie erfordert u.a. auch ein verbindliches Auftreten, die Bereitwilligkeit zur raschen und effizienten Bewältigung auftretender Schwierigkeiten und Rücksichtnahme auf persönliche Probleme der Antragsteller (Leseschwäche, körperliche Behinderung, Überforderung durch umständliche Verwaltungsakte). Andererseits muß Verständnis für das Verwaltungshandeln geweckt werden, das sich nur sehr selten am Einzelfall orientieren kann und darf.

- Die Errichtung und Erhaltung von sozialen Einrichtungen wie der *städtischen Erziehungsberatung* erfolgt im wesentlichen unabhängig von der Auslastung. Zur Erreichung der pädagogischen und sozialen Ziele bedarf es neben einer möglichst hochqualifizierten personellen Besetzung der Einrichtung und entsprechender Ausstattung mit Hilfsmitteln auch einer zielgruppenspezifischen Information und Ausrichtung an den Bedürfnissen. Dies wird letztlich auch zu einer hinreichenden Auslastung der Einrichtung führen. Anderenfalls müßte diese langfristig aufgegeben werden.

Diese Beispiele zeigen, daß eine *nachfragerorientierte Betrachtungsweise* zur Lösung der aufgeworfenen Sachprobleme und zur Zielerreichung unabdingbar ist (vgl. auch Zahn 1982; Zimmermann 1975; Graetz 1983b; Biller 1982, S. 237 ff.). Im Bereich der *absatzabhängigen Einrichtungen* tritt dieses Element der Problemlösung noch plastischer hervor. Inzwischen liegen zahlreiche Fallstudien vor, die die Nützlichkeit und Anwendungsbreite von Marketingkonzepten zeigen. Beispiele sind u.a.:

- Marketing für das öffentliche Telefonnetz (vgl. Kuritzky/Little/Silk/Bassman 1982, S. 22 ff.);
- Marketing für politische Parteien bzw. Kandidaten (vgl. Kotler 1978, S. 359 ff. und S. 411 ff.);
- Marketing für Weiterbildungseinrichtungen (vgl. Hammann/Feist 1985);
- Marketing für eine staatliche Fluglinie (vgl. Scheuch 1982, S. 250 ff.);
- Marketing für Gesundheitseinrichtungen (vgl. Kotler 1978, S. 301 ff.).

Sie betonen nicht nur die grundsätzliche Zweckmäßigkeit des Marketing-Denkens für die genannten Einrichtungen, sondern geben auch Hinweise zur Entwicklung geeigneter Strategien.

Öffentliche Einrichtungen - seien sie absatzabhängig oder nicht - sind dem *Dienstleistungssektor* zuzurechnen, da die in ihnen erstellten Leistungen Dienste (mit oder ohne zugefügte Sachleistungen) darstellen. Die *Vermarktung* von solchen Leistungen bzw. Leistungsbündeln stellt die Marketing treibende Einrichtung vor *besondere Probleme*, die in erster Linie mit folgenden *Eigenschaften* der Dienstleistungen zusammenhängen (vgl. Scheuch 1982, S. 8 ff.):

- der Nichtstofflichkeit,
- der Nichtspeicherbarkeit,
- der Erklärungsbedürftigkeit,
- dem Vollzug am Nachfrager oder dessen Verfügungsobjekt,
- den Qualitätsschwankungen der Leistungserstellung.

Die Nichtstofflichkeit der Dienste bedingt eine *stärkere Hervorhebung des Dienstpotentials*, das zu ihrer Erstellung benötigt und somit vorausgesetzt werden muß. Dieses Dienstpotential, das aus Sacheinrichtungen, Personal und Finanzmitteln besteht, kann veranschaulicht, erklärt und in seiner qualitativen Eigenart begreiflich gemacht werden.

Nicht-kommerzielle Dienstleistungseinrichtungen unterscheiden sich von solchen rein kommerzieller Art durch das Fehlen oder die Einschränkungen des erwerbswirtschaftlichen Prinzips und der daraus abgeleiteten Ziele. Diese Eigenart findet u.a. ihren Niederschlag in der *Preispolitik*: nicht-erwerbswirtschaftliche Institutionen vermarkten ihre Leistungen entweder unentgeltlich oder nur teilentgeltlich, wobei hier durch Zuschüsse oder Subventionen fehlende (Kosten-)Deckungsbeiträge beigebracht werden. Dies gilt in besonderem Maße für *öffentliche Dienstleistungsunternehmen*, zu denen auch die öffentliche Verwaltung rechnet.

Die erheblichen Schwierigkeiten der *Umsetzung des Marketing-Denkens in öffentlichen Verwaltungen* ergeben sich indessen weniger aus den Besonderheiten der Dienstleistungsproduktion, sondern aus den organisatorischen, haushalts- bzw. verwaltungsrechtlichen und politischen Bedingungen der Verwaltungstätigkeit. Die *Organisation* von Verwaltungseinheiten entspricht im allgemeinen nicht den funktionalen Erfordernissen, sondern bildet das Ergebnis einer historischen Entwicklung. Kompetenzüberschneidungen, ineffektive Kontrollspannen und das Prinzip der Zentralisation sind u.a. konstitutionelle Elemente, die die konsequente Ausrichtung aller Aktivitäten der Verwaltung auf die Erfordernisse der Märkte ihrer Leistungen behindern. Das nach wie vor kameral angelegte Bündel *haushalts- bzw. verwaltungsrechtlicher Vorschriften* bindet öffentliche Einrichtungen an jährliche Haushaltspläne, die Nichtübertragbarkeit von Mitteln, langwierige Bewilligungs- und Prüfverfahren sowie Kontrollmechanismen, die eine konsequente Nutzung von Marktchancen und -risiken vereitelt. Die Langwierigkeit und Inflexibilität der Entscheidungsprozesse trägt ein übriges zur Ineffizienz der Vermarktungsanstrengungen bei (vgl. u.a. auch Wagner 1984, S. 265 ff.; Funke 1974; Fürst 1975 oder Derlin 1976).

Die für die Umsetzung des Marketing-Denkens in öffentlichen Verwaltungen zuständigen Führungsorgane sind politischen Zielsetzungen, Vorgaben und Restriktionen unterworfen (mitunter auch die übrigen Beamten und Angestellten). Dies behindert ein konsequentes Marketing ebenso wie eine Durchsetzung anderer Konzeptionen und Entscheidungen. Beispiele für solche Hemmnisse sind u.a.:

- *Politische Zielsetzungen* der Mehrheit des Entscheidungsgremiums kollidieren mit ökonomischen Zielsetzungen und Notwendigkeiten.
- Politische *Zielsetzungen nachrangiger Instanzen* stehen im Konflikt zu den politischen und ökonomischen Zielsetzungen der Führung. Es fehlt ein gemeinschaftlich erarbeitetes und verantwortetes Zielsystem.
- Die Wirkungen von Marketingaktivitäten müssen innerhalb der laufenden *Legislaturperiode* sichtbar werden, damit sie für die Wähler erkennbar gemacht werden können. Die meisten Aktivitäten reichen weit über die derart gesteckten Zeiträume hinaus.

- Wirkungen von Sachentscheidungen sollen nicht dem *politischen Gegner* zugute kommen. Dies zwingt zu kurzfristig wirksamem Aktionismus, der dem Gedanken einer langfristig wirksamen Marketing-Strategie widerspricht.

Aus diesen Hemmnissen wäre zu folgern, daß zur *Durchsetzbarkeit* von Marketing-Konzepten in der öffentlichen Verwaltung so etwas wie "große Koalitionen" bzw. wenigstens ein allgemeiner Konsens notwendig ist, der jedoch nur unter großen Schwierigkeiten bei langwierigen Verhandlungen zu erzielen sein wird (vgl. u.a. Graetz 1983a, S. 33 ff.).

2. PROBLEME DER VERMARKTUNG VON KOMMUNALEN STANDORTEN ALS SPEZIELLE (DIENST-)LEISTUNGSBÜNDEL

Die Vermarktung kommunaler Standorte hat grundsätzlich davon auszugehen, daß *zwei Arten von Standort(produkten)* existieren:

- Wohn- und Freizeitstandorte
- Industrie-, Handels- und Gewerbestandorte.

Im Rahmen dieses Beitrages liegt der Akzent auf der zweiten Kategorie, den *Industrie-, Handels- und Gewerbestandorten.* Allerdings ist zu beachten, daß in vielen Fällen ein zeitpunktbezogener Nachfrageverbund (vgl. hierzu Engelhardt 1976, S. 77 ff.) zwischen beiden Standort(produkt)en besteht. Die Nachfrager nach Industrie-, Handels- und Gewerbestandorten in bestimmter Ausprägung, d.h. ansässige bzw. zuzugsinteressierte Unternehmen, werden ein attraktives Wohn- und Freizeitangebot als unverzichtbare Bedingung der Standortentscheidung betrachten. Umgekehrt sind die Nachfrager nach kommunalen Wohn- und Freizeitstandorten, d.h. ansässige bzw. zuzugswillige private Haushalte, auch an einem guten Ausbau des Standorts für Industrie, Handel und Gewerbe interessiert. Insofern bedingen sich die Standortangebote gegenseitig.

Der *Standort(produkt)typ für Industrie, Handel und Gewerbe* ist aus Anbietersicht als ein *Bündel von Sach- und Dienstleistungen* zu begreifen, in welchem die Dienstleistungen mengen- und wertmäßig überwiegen. Dies gilt gleichermaßen für Handelszentren, Industrie-, Gewerbe- oder Technologieparks als Standortkonglomerate (Standortgemeinschaften) wie für einzelne Industrie-, Handels- und Gewerbestandorte im kommunalen Bereich. Die *Zusammensetzung* des Produktes aus dem geographischen Standort mit seinen qualitativen Faktoren und den erforderlichen Erschließungsleistungen, Dienstleistungen der Kommunalbehörden und Ausstattungskomponenten verdeutlich *Abbildung 2.* Dieses Leistungsbündel reflektiert sehr deutlich die seitens der nachfragenden Unternehmen für die Standortentscheidung zugrundegelegten *Kriterien.* Einen Überblick über die wichtigsten dieser Kriterien vermittelt (in Anlehnung an Brede 1971, vgl. auch Schilling 1968 und den sog. "Wiener Katalog") die *Abbildung 3.* Hierbei ist vor allem auf das Kriterium der *Fühlungsvorteile* hinzuweisen, welches die Vorteile aus der räumlichen Nähe zu anderen Betrieben derselben Branche sowie vor- und nachgelagerter Branchen umschreibt. Die empirischen Untersuchungen von Brede machen deutlich, daß

PRODUKT STANDORT

GEOGRAPHISCHER STANDORT

+ ERSCHLIESSUNGSLEISTUNGEN

+ KOMMUNALE DIENSTLEISTUNGEN
(BERATUNG; FINANZIERUNG; VER- UND ENTSORGUNG USW.)

+ STANDORTAUSSTATTUNG

- VERSORGUNGSEINRICHTUNGEN
- ENTSORGUNGSEINRICHTUNGEN
- VERKEHRSANLAGEN
- SOZIALE EINRICHTUNGEN
- ÖFFENTLICHE EINRICHTUNGEN (POST/ZOLL)
- REINIGUNGS- UND PFLEGEEINRICHTUNGEN
- GEMEINSCHAFTLICHE DL-EINRICHTUNGEN (TELEFONZENTRALE; BEWACHUNGSDIENSTE; KOPIERANSTALT; AUSSTELLUNGSRÄUME ETC.)
- PRIVATE DIENSTLEISTUNGSEINRICHTUNGEN (BANK; SPEDITION; REISEBÜRO; GEBÄUDEREINIGUNG)

Abb. 2. Zusammensetzung des Standortproduktes (in Anlehnung an Jansen/Illerhaus 1973).

die standortbeurteilenden Unternehmen gerade diesem Kriterium ein relativ hohes Gewicht gaben (vgl. Brede 1971, S. 105 ff.). Diese Kriterien gelten zwar in erster Linie für die *Standortsuche*, sie lassen sich jedoch auch mit nur geringer Modifizierung für den Fall der Entscheidung über den *Standortverbleib* heranziehen. Die ansässigen Unternehmen haben ein vitales Interesse an der Erhaltung und Verbesserung der Standortfaktoren, wenn ein langfristiger Verbleib gesichert sein soll. Die *Suche* nach geeigneten Standorten wird von Ansiedlungsinteressenten vorwiegend *aus drei Gründen* vorgenommen (vgl. Fürst/Zimmermann/Hansmeyer 1973, S. 49 ff.):

- Zweigbetriebsgründung,
- Betriebsverlagerung,
- Neugründung.

STANDORTFAKTOREN

- **ARBEITSKRÄFTE**
  - QUANTITATIVE RESERVEN
  - QUALITATIVE UNTERSCHIEDE
  - REGIONALE LOHNUNTERSCHIEDE
- **BODEN**
  - ERWEITERUNGSMÖGLICHKEITEN / QUANTITÄT
  - QUALITÄT
  - PREIS
- **ABSATZMARKT**
  - SITZ DER ABNEHMER
  - KONKURRENZSITUATION
- **STEUERN UND ABGABEN**
  - GRUND- UND GEWERBESTEUER
  - VERGÜNSTIGUNGEN VON STAAT UND KOMMUNEN
- **TRANSPORT / INFRASTRUKTUR / VERKEHRSLAGE**
- **FÜHLUNGSVORTEILE**
  (RÄUMLICHE NÄHE ZU ANDEREN BETRIEBEN)
- **PERSÖNLICHE PRÄFERENZEN**

Abb. 3. Standortfaktoren für Industrie-, Handels- und Gewerbestandorte
(in Anlehnung an Brede 1971)

In den letzten Jahren spielte angesichts eines großen Defizits an Neugründungen vor allem die *Betriebsverlagerung* als Motiv für die Standortsuche eine wesentliche Rolle. Ausschlaggebend für diese Entwicklung war der Umstand der *Ballungsverdrängung* vor dem Hintergrund einer Veränderung der Bedingungen am alten Standort, die möglichen Expansionen Grenzen setzte (vgl. hierzu auch von Ballestrem 1974, S. 87 f. sowie von Ballestrem/ Niessen 1974, S. 102). Die ansiedlungsinteressierten Unternehmen beschritten bei der Standortsuche typischerweise *zwei Wege der Informationsbeschaffung* (vgl. wiederum Fürst/Zimmermann/Hansmeyer 1973, S. 83 ff.; aber auch Landwehrmann/Dörk 1978, S. 39 f.):

- Anfragen bei Verwandten und Freunden,
- Anfragen bei Branchenverbänden, Kommunen, Kommunalverbänden und (halb-)staatlichen Institutionen.

Es ist aufschlußreich, daß der erste Weg bei weitem häufiger begangen wurde als der zweite. Diese Ergebnisse werden auch durch die Untersuchung von Engelhardt/Ernenputsch/Hammann/Schreiner (1979, S. 7 ff.) erhärtet. Dies hat Konsequenzen für die Kommunikations- und Informationsbemühungen (vgl. u.a. auch Biller 1982, S. 237 ff.) der Standortanbieter im Rahmen der kommunalen *Wirtschaftsförderung*. Die Maßnahmen der Wirtschaftsförderung stützen sich auf ein *Bündel von Instrumenten*, welches denen des Marketing von erwerbswirtschaftlich orientierten Unternehmen weitgehend entspricht. Eine Übersicht hierzu gibt (in Anlehnung an Jahofer 1981) die *Abbildung 4*. Diese Instrumente werden kombiniert eingesetzt, wobei für das Bundesland Nordrhein-Westfalen noch flankierend Anwendungen der Förderungsrichtlinien der Landesregierung vom 8. August 1979 hinzutreten. Gegenstand der Wirtschaftsförderung ist allgemein die Stadt- und Regionalentwicklung, wozu u.a. die Vermarktung von Standorten im Einzugsbereich eingesetzt wird.

INSTRUMENTE DER WIRTSCHAFTSFÖRDERUNG

- FESTSTELLUNG VON GEWERBEFLÄCHEN IM FLÄCHENNUTZUNGSPLAN
- AUSWEISUNG VON GEWERBEFLÄCHEN IN BEBAUUNGSPLÄNEN
- ANWENDUNG WIRTSCHAFTSRELEVANTER VORSCHRIFTEN (Z.B. STÄDTEBAUFÖRDERUNGSGESETZ)
- BEREITSTELLUNG (BILLIGER) STÄDTISCHER GEWERBEFLÄCHEN
- VERMITTLUNG PRIVATER GEWERBLICHER GRUNDSTÜCKE
- GÜNSTIGE ERSCHLIESSUNG(SKOSTEN)
- VORFINANZIERUNG VON INFRASTRUKTURMASSNAHMEN
- INFORMATION UND BERATUNG

Abb. 4. Instrumente der Wirtschaftsförderung (in Anlehnung an Jahofer 1981)

Es gehört zu den der Wirtschaftsförderung immanenten Problemen, daß ein *Zielkonflikt* zwischen den ökonomischen Zielen der ansiedlungs- bzw. verbleibswilligen Unternehmen im Raum, den Entwicklungszielen der Kommunen und Kreise und den Zielen der Bauleitplanung der Schlichtung bedarf, der durch hineinspielende Umweltzielsetzungen der an einer Erhaltung bzw. Verbesserung des Standortes als Wohn- und Freizeitstandort interessierten Bürger noch verschärft sein kann. Die Vermarktung eines kommunalen Standorts wird durch diesen Zielkonflikt geprägt und behindert.

3. ENTWICKLUNG VON MARKETINGSTRATEGIEN FÜR KOMMUNALE STANDORTE

Die Vermarktung kommunaler Standorte hat - wie die empirische Beobachtung zeigt - in den letzten Jahren deutlich erkennbare Tendenzen verfolgt. Im folgenden soll zunächst versucht werden, diese Tendenzen im Raster der Elemente von Marketingstrategien einzufangen. Dies bildet die Grundlage für eine kritische Beurteilung der bislang gehandhabten Politik und für den Versuch, Wege zu einer systematischen Durchgestaltung und Verbesserung aufzuzeigen. Dazu ist es erforderlich, den allgemeinen *Aufbau von Marketingstrategien* zu erläutern. Dies führt zugleich zu einer umfassenderen Betrachtung der Marketingaktivitäten von Kommunen im Vergleich zur vorliegenden Literatur (vgl. z.B. Nieland 1977; Hesse 1982).

3.1 ALLGEMEINER AUFBAU VON MARKETING-STRATEGIEN

Unter einer *Marketing-Strategie* versteht man allgemein das vollständige, integrierte Aktionsprogramm einer Unternehmung in ihrem relevanten Markt (vgl. Engelhardt/Plinke 1978, S. 22). Als relevanten Markt der Wirtschaftseinheit bezeichnet man den Markt, den die Wirtschaftseinheit aus ihrer subjektiven Sicht und Problemlage heraus abgrenzt, wobei räumliche, zeitliche, sachliche und marktstufenbezogene Kriterien herangezogen werden (vgl. u.a. Busse von Colbe/Hammann/Lassmann 1985, S. 4 ff.; Engelhardt/Plinke 1978, S. 35 ff.; Hoppmann 1974, S. 7 ff.). Bei ihrer Entwicklung sind *vier Stufen* zu beachten, wie sie *Abbildung 5* zeigt. Besondere Sorgfalt verdient die *Analyse der Ausgangsgrößen*, die die interne und externe Situation der Marketing treibenden Wirtschaftseinheit charakterisieren.

Neben Strukturdaten des jeweiligen Marktes interessieren hier in erster Linie die Motive und Verhaltensweisen der Nachfrager sowie die Stärken und Schwächen der Wirtschaftseinheit, die im hier gegebenen Zusammenhang keineswegs nur auf das Standortprodukt und den Bereich der Vermarktung beschränkt sein müssen (vgl. zu den Motiven der Nachfrager u.a. Reichardt 1974). Mit der Stufe der *Marketing-Kontrolle* können wir uns im Rahmen dieser Abhandlung nicht befassen (vgl. dazu u.a. die Ansätze bei Reding 1981, die noch der weiteren Vertiefung bedürfen).

Die Entwicklung einer *Zielhierarchie*, wie sie *Abbildung 6* verdeutlicht, geht von einem allgemeinen Überlebensziel der Wirtschaftseinheit aus, das im Bereich öffentlicher Einrichtungen

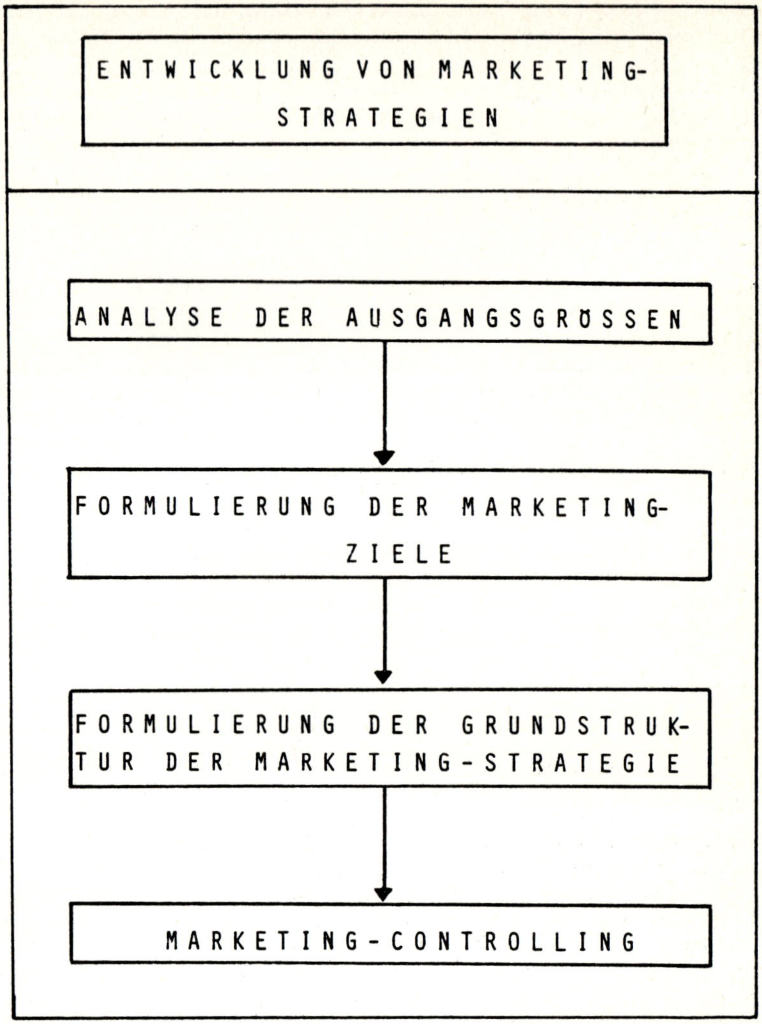

Abb. 5. Entwicklung von Marketing-Strategien

an zusätzliche Bedingungen, z.B. qualitatives Überleben, geknüpft sein kann. Das *Erfolgsziel* kann z.B. wie folgt operationalisiert sein:

- Verbesserung der Wirtschaftsstruktur im Einzugsbereich,
- Steigerung der Attraktivität der Kommune als Standort,
- Erhöhung des Gewerbesteueraufkommens um x %,
- Schaffung möglichst vieler zusätzlicher Arbeitsplätze

usw. Mehrere Erfolgsziele können - in Konkurrenz - nebeneinander relevant sein. Hier bedarf es einer Zielgewichtung, um die Vor- bzw. Nachrangigkeit einzelner Ziele zum Ausdruck bringen

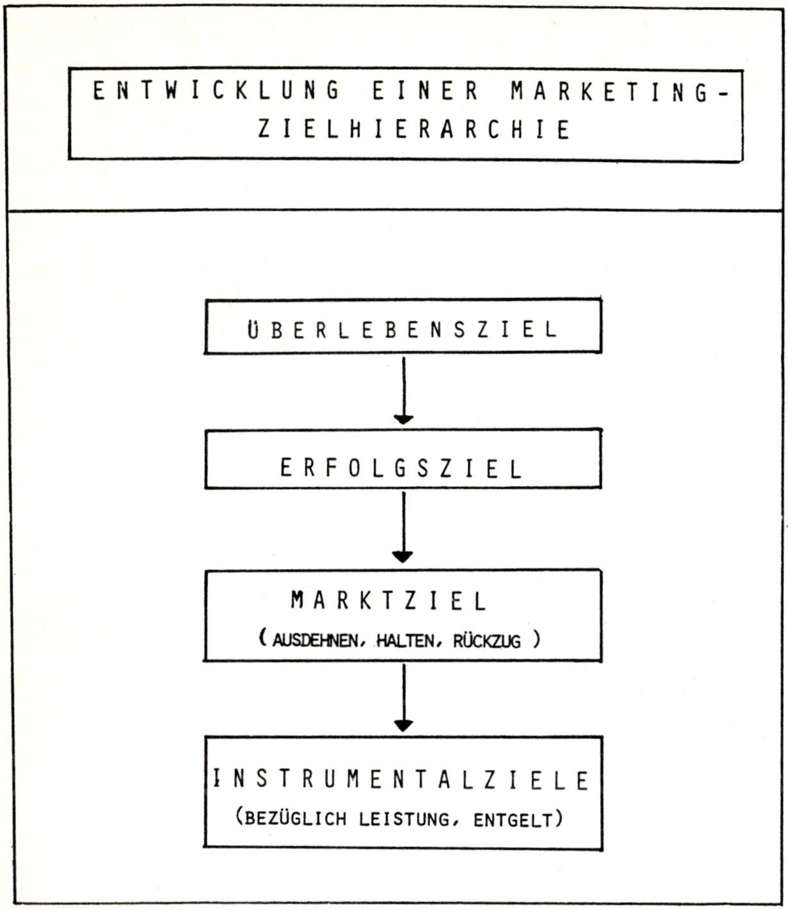

Abb. 6. Entwicklung einer Marketing-Zielhierarchie

zu können. Eine Messung des Erfolges in der Verbesserung der Wirtschaftsstruktur bzw. der Attraktivität der Kommune als Standort setzt eine geeignete Operationalisierung durch Strukturmerkmale bzw. Einstellungskriterien voraus (vgl. hierzu u.a. Graetz 1983; Zahn 1982 und Zimmermann 1975). Die in Abbildung 6 gezeigte hierarchische Anordnung der Ziele muß der Hierarchie der Wirtschaftseinheit entsprechen (vgl. Busse von Colbe/Hammann/Lassmann 1985, S. 62 ff.; Engelhardt/Plinke 1978, S. 29 ff.). Ohne Kenntnis der spezifischen Hierarchie einer Kommune als Wirtschaftseinheit kann eine solche Zielhierarchie nicht angegeben werden. Entscheidungsfälle aus dem kommunalen Bereich, die diesen wesentlichen Aspekt berücksichtigen, liegen bislang nicht vor.

Sind die Ausgangsgrößen hinreichend analysiert, wobei zur Informationsgewinnung Methoden der Marktforschung eingesetzt werden können (vgl. u.a. Dorn 1970, S. 801 ff. oder Reichardt 1976, S. 49 ff.), und die Zielhierarchie bestimmt, so kann an die *Formulierung der Grundstruktur der Marketingstrategie* herangegangen werden. Die Elemente finden sich in *Abbildung 7* wiedergegeben.

Die Zielgruppe(n) ist (sind) für die Wirtschaftseinheit wählbar und somit Gegenstand einer Entscheidung (vgl. hierzu insbesondere im Hinblick auf das kommunale Standort-Marketing Landwehrmann u.a. 1971; Landwehrmann/Dörk 1978). Vor dem Hintergrund der Zielgruppenentscheidung lassen sich drei *Grundalternativen* einer Marketing-Strategie abgrenzen:

- *Undifferenziertes Marketing,*
  d.h. Zielgruppe ist die Gesamtheit aller Nachfrager im relevanten Markt.
- *Differenziertes Marketing,*
  d.h. die Gesamtheit der Nachfrager im relevanten Markt wird in *Segmente* (Zielgruppen) zerlegt und *jedes* Segment mit einer speziellen Strategie angesprochen.
- *Konzentriertes Marketing,*
  d.h. die Gesamtheit der Nachfrager im relevanten Markt wird in *Segmente* zerlegt und *eines* bzw. *einige* dieser Segmente werden mit speziellen Strategien angesprochen.

Differenziertes und konzentriertes Marketing setzen *Marktsegmentierung* voraus, d.h. die Zerlegung eines heterogenen Gesamtmarktes in Teilmärkte mit Nachfragern (Zielgruppen), die homogener auf bestimmte Marketingaktivitäten des Anbieters reagieren als der Gesamtmarkt. Marktsegmentierung und darauf aufbauendes segmentspezifisches Marketing können durch Anwendung von Marktforschungsmethoden fundiert werden (vgl. z.B. hierzu Freter 1983, insbesondere S. 43 ff.). Im kommunalen Bereich lassen sich jedoch auch auf intuitivem Wege Zielgruppen abgrenzen (vgl. wiederum die bereits genannten Arbeiten wie Landwehrmann u.a.), wobei jedoch als Kriterien eher solche aus dem Bereich des Investitionsgüter heranzuziehen sind (vgl. z.B. Backhaus 1983, S. 75 ff. bzw. Engelhardt/Günter 1981, S. 87 ff.).

Im Hinblick auf das *Marktverhalten* steht die Wirtschaftseinheit vor der Entscheidung, ob

(1) im Hinblick auf die *Substanz* der Strategie Anpassung oder Differenzierung gegenüber den Mitanbietern geübt werden, ob
(2) im Hinblick auf die *Wettbewerbssituation* das Wettbewerbsverhalten aggressiv oder defensiv ausgerichtet sein und ob
(3) im Hinblick auf die *Zielgruppenbearbeitung* das Angebotsverhalten aktiv (d.h. durch konsequentes Aufdecken und Ausschöpfen von Marktlücken und -nischen) oder passiv (d.h. durch abwartendes Verhalten) angelegt sein soll.

Die verschiedenen Verhaltensmuster treten i.d.R. kombiniert auf (z.B. Differenzierung / aggressiv / aktiv).

FORMULIERUNG DER GRUNDSTRUKTUR DER MARKETING-STRATEGIE

- ZIELGRUPPE ("WER?")
- MARKTVERHALTEN ("WIE?")
- INSTRUMENTALEINSATZ ("WOMIT?")
  (KOMBINATION DER MARKETINGINSTRUMENTE)
- ZEITDIMENSION
  ("WANN?" BZW. "WIE LANGE?")
- BEZUGSOBJEKT ("WIEVIEL?")

Abb. 7. Formulierung der Grundstruktur der Marketing-Strategie

Stehen Zielgruppe(n) sowie Art bzw. Ausrichtung des Marktverhaltens fest, so sind die geeigneten *Marketinginstrumente* darauf abzustimmen. Im einzelnen werden die in *Abbildung 8* aufgeführten Instrumente zum Einsatz kommen. Im Zentrum steht das *Produkt als Hauptleistung*, um das sich die übrigen notwendigen und fakultativen Leistungen lagern. Dem Leistungsbündel steht das zu fordernde *Entgelt* gegenüber, dessen Bemessung in Standortmärkten nicht allein unter Kosten-, sondern auch unter Tragbarkeitsgesichtspunkten erfolgt. Ein in diesem Rahmen durchaus bedeutsames Marketinginstrument stellt die *Vertragsgestaltung* dar, womit nicht auf die inhaltliche Seite des Vertrages (d.h. Leistung und Gegenleistung), sondern auf die *formalen Aspekte* des Vertrages zwischen Anbieter und Nachfrager verwiesen sind. Das zweckmäßige *Marketing-Mix* setzt eine sorgfältige Abstimmung der Instrumente untereinander voraus. In einem *Marketing-Plan* wird das geplante Einsatzniveau der Instrumente bezüglich der gewählten Zielgruppe(n) festgehalten.

MARKETINGINSTRUMENTE

(A) DIE LEISTUNG (LEISTUNGSBÜNDEL) MIT DEN KOMPONENTEN:

- PRODUKT / SORTIMENT
  (SACH- UND DIENSTLEISTUNGEN)

- DISTRIBUTIONSLEISTUNG
  (GESTALTUNG VON ABSATZWEG, ORGANISATION UND DURCHFÜHRUNG DES VERTRIEBES)

- KOMMUNIKATIONSLEISTUNG
  (WERBUNG, BERATUNG, PERSÖNLICHER KONTAKT, ÖFFENTLICHKEITSARBEIT)

- FINANZIERUNGSLEISTUNG

(B) DAS ENTGELT (PREIS)
(MONETÄRE UND NICHT MONETÄRE ENTGELTE)

(C) DIE VERTRAGSGESTALTUNG
(KONTRAHIERUNGSPOLITIK)

Abb. 8. Marketinginstrumente

Marketing-Strategien weisen stets eine Zeitdimension auf. Sie bezieht sich u.a. auf folgende Fragestellungen:

- Zu *welchem Zeitpunkt* soll die Strategie im Markt wirksam (eingesetzt) werden ?
- *Wie lange* kann bzw. soll die Strategie im Markt wirksam (eingesetzt) bleiben ?

Im Falle des kommunalen Standortmarketings sind regelmäßig langfristig wirksame und nur schwer reversible Strategien zu beobachten.

Schließlich muß noch das *Bezugsobjekt* der Vermarktung festgelegt werden. Damit ist nicht die Art der Hauptleistung, sondern deren *mengenmäßiger Umfang* gemeint. Im Falle der Standortvermarktung stellt sich z.B. die Frage, ob bezüglich einzelner Standortkategorien oder mehrerer Standortkategorien (Standortbündel) entschieden werden soll. Da sich für einzelne Standortkategorien stets nur wenige, bestimmte Nachfragerzielgruppen interessieren, darf vermutet werden, daß als Bezugsobjekt der entsprechenden Marketingkategorien überwiegend die *einzelne Standortkategorie* fungiert.

3.2 DIE IST-KONZEPTION VON MARKETING-STRATEGIEN FÜR KOMMUNALE STANDORTE

Ohne auf eine repräsentative Grundlage gestützt zu sein, soll im folgenden anhand des im vorigen Kapitel entwickelten Rasters der Versuch einer *Bestandsaufnahme* typischer Elementausprägungen von Marketingstrategien für kommunale Standorte unternommen werden. Hier überwiegen Einsichten und Informationen, die in Kommunen des Ruhrgebietes und des Bergischen Landes gewonnen wurden. Die Empfehlungen des nachfolgenden Kapitels gelten daher auch in erster Linie für die Kommunen dieser beiden Regionen. Am Anfang steht eine kurzgefaßte *Analyse der Ausgangsgrößen*, zunächst der marktbezogenen Daten. Als *relevanten Markt* wird man allgemein den Markt für Industrie-, Handels- und Gewerbestandorte der Bundesrepublik Deutschland ansehen dürfen, der ggfs. noch nach Standorttypen aufgespalten werden kann. Die derzeit bearbeiteten *Zielgruppen* umfassen Industrie- und Dienstleistungsunternehmen, die ein aktives Such- und Marktverhalten an den Tag legen. Die Kommunen konzentrieren sich dabei auf wenige ausgewählte Unternehmungstypen (z.B. Hochtechnologie-Unternehmen, spezielle umweltfreundliche Dienstleistungsunternehmen). Als *Mitbewerber* im relevanten Markt treten neben anderen (teils benachbarten) Kommunen vor allem private Standortverkäufer (meist Industriebetriebe) auf, die ihrerseits ein eher passives Marktverhalten den Nachfragern, ein eher defensives Wettbewerbsverhalten den Mitbewerbern gegenüber bei Anpassung an die Strategiekonzeptionen von "Vorreitern" zeigen. Die *Marktentwicklung* wird allgemein als rückläufig bzw. stagnierend bezeichnet. Die *allgemeine wirtschaftliche Entwicklung* wird zurückhaltend positiv beurteilt. Als wesentlicher, limitierender Faktor wird das geringe Flächenreservoir bezeichnet, mit dessen Ausweitung langfristig nicht zu rechnen ist.

Unter den *anbieter-(kommunen-)bezogenen Ausgangsgrößen* sind zunächst die derzeit verfolgten *Ziele* anzuführen. Neben der Stärkung der kommunalen Wirtschafts- und Finanzkraft und der Überwindung der Monostruktur stehen vor allem Beschäftigungs- und Profil- bzw. Imageziele im Vordergrund der Zielkataloge. Diese Ziele werden auch für die weitere Zukunft als unverzichtbar bezeichnet, wobei den Beschäftigungszielen mitunter ein gewisser Vorrang eingeräumt wird.

Die Beurteilung der *Stärken* der Anbieter liefert folgendes Bild: In den hier besonders interessierenden Regionen zeigt sich bei den meisten Kommunen (und über diese hinaus) ein enger Verbund der Unternehmen mit beträchtlichen *Fühlungsvorteilen*. Die Standortprodukte (vgl. Abbildung 2) können von Umfang und qualitativer Ausprägung her als gut bezeichnet werden. Sie werden ergänzt durch eine anerkannt gute und tief entwickelte *Infrastruktur*. Als Stärke ist auch zu verbuchen, daß die mit Wirtschaftsförderung und Standortvermarktung befaßten *Personen und Institutionen* als leistungsfähig und (z.T. aufgrund von spezieller Ausbildung) als qualifiziert gelten dürfen. Dies kann sich bei einer intensiven Marktbearbeitung, die viel persönlichen und fachlichen Kontakt erfordert, nur positiv auswirken.

Als eine Hilfe bei der Vermarktung von Industrie-, Handels- und Gewerbestandorten in umweltbelasteten Regionen kann auch darin gesehen werden, daß im allgemeinen die fühlbare zusätzliche *Umweltbelastung* durch Neuansiedlungen insgesamt deutlich niedriger ausfällt als dort, wo die Umweltbelastung bislang vergleichsweise gering war.

Diesen Vorteilen bzw. Stärken stehen jedoch auch unbestreitbare *Schwächen* gegenüber. Zunächst fällt auf, daß viele Standortprodukte *standardisiert* sind bzw. Standortunterschiede in der Vermarktung nicht hinreichend verdeutlicht werden. Wo Leistungsdifferenzen nicht erkennbar sind, wächst die Preisempfindlichkeit der Nachfrage: Interessenten wenden sich dem Anbieter zu, der unter vergleichbaren Produkten das billigste anbietet. Dabei herrscht harter *Preiswettbewerb*.

Zahlreiche Kommunen haben zu beklagen, daß gravierende *Standortnachteile* gerade darin liegen, daß einer Ansiedlung oder einem Verbleib von Unternehmen am Standort hohe Kosten für die benötigten Arbeitskräfte hinderlich sind, die von seiten der Kommunen nicht beeinflußt werden können. Der Wegfall der Lohnsummensteuer hat daran nichts geändert. Veränderungen im tarifären Rahmen lassen sich nur langfristig erreichen. Daneben erweist sich die Fülle der Auflagen und Gesetzesvorschriften als hemmend. Sie sind Ergebnisse politischer Entscheidungen, die der Standortpolitik - ob zu Recht oder Unrecht sei dahingestellt - nur einen im Vergleich zur Umwelt-, Struktur-, Sozial- oder Arbeitsmarktpolitik nachrangigen Stellenwert einräumen. Nachteilig wirkt sich in diesem Zusammenhang auch die in Kap. 1 bereits erwähnte oft kurzsichtige *parteipolitische Einflußnahme* aus, die zwangsläufig Zielkonflikte und kurzsichtige Querelen in einen empfindlich reagierenden Markt transportiert, dessen Funktionsfähigkeit damit in Frage gestellt wird. Die nur zu oft hart an der politischen Kandare geführten Wirtschaftsförderungsämter und -gesellschaften bedürfen eines erweiterten Handlungsspielraumes, wenn sie im Wettbewerb in einem hart umkämpften Markt bestehen sollen. Die aus dem *kameralen Denken* erwachsenden Hindernisse wurden ebenfalls gestreift. Zu ihrer Überwindung waren teilweise recht unkonventionelle Wege zu beschreiten, wie etwa das Beispiel der Gemeinde Langenfeld lehrt. Der eingeengte Handlungsspielraum der Verantwortlichen entspringt jedoch auch dem durch *äußerst geringe Flexibilität* geprägten Verwaltungshandeln, welches ein rasches Reagieren im Markt geradezu blockiert (Beispiel: Genehmigungsverfahren) und der generell schwerfälligen Willensbildung im kommunalpolitischen Bereich, die ein Fehlen von Marketingorientierung zusätzlich belastet. Gegenüber diesen konstitutionell bedingten Schwächen wirkt sich ein *Fehlen von Marketing-Know how*, das leicht wettgemacht bzw. aufgeholt werden kann, vergleichsweise gering aus.

Bereits die Analyse der Ausgangsgrößen läßt Ansatzpunkte für ein revidiertes Vermarktungskonzept erkennen, das anhand einer Durchleuchtung des Einsatzes der *Marketinginstrumente* noch deutlicher präzisiert werden soll. Die Analyse der Produktpolitik zeigt neben den schon erwähnten Aspekten der Standardisierung und qualitativen Hochrangigkeit eine zu geringe Berücksichtigung des Nachfrageverbundes bei Industrie-, Handels- und Gewerbestandorten sowie Wohn- und Freizeitstandorten. Die Vielfalt der Nebenbedingungen bewirkt geringe Flexibilität in der Standortgestaltung.

Als im Markt tätige *Mittler*, die Kontrakte vermitteln bzw. anbahnen, zeigen sich zum einen Wirtschaftsförderungsgesellschaften, zum anderen die Geschäftsführungen von Handelszentren, Gewerbe- und Industrieparks, Technologiezentren und Standortgemeinschaften. Der "Direktvertrieb" durch kommuneneigene Institutionen (z.B. Verwaltungsspitzen) stellt eher die Ausnahme dar. Im Bereich der Kommunikationspolitik, die sich zum Teil auch auf die Mittler stützt, dominieren Formen der nichtpersönlichen Kommunikation (d.h. im wesentlichen Prospektwerbung), deren Effizienz angesichts des Informationsverhaltens der Nachfrager jedoch zweifelhaft erscheint (vgl. hierzu Engelhardt/ Erkenputsch/Hammann/Schreiner 1979, S. 9 ff.), da hohe Streuverluste auftreten.

Fast alle Anbieter von Industrie-, Handels- und Gewerbestandorten sind zu erheblichen *finanziellen Vorleistungen* gezwungen, die die Etats der Kommunen belasten. Die im übrigen bereits erwähnte Niedrigpreispolitik (bei homogenen Angeboten) schafft dazu kein Gegengewicht. Daß die Kontrahierung andererseits relativ flexibel gehandhabt werden kann, ist ein Lichtblick in einer insgesamt eher düsteren Gesamtsituation. Hier wären Änderungen nicht erforderlich.

Was das *Bezugsobjekt* betrifft, kann festgestellt werden, daß die meisten Kommunen zwar die Stadt unter Standortgesichtspunkten als Ganzes betrachten, ihr konkretes Standortangebot jedoch davon zu stark lösen. Das Konzept eines Gewerbeparks etwa verführt gerade dazu, das einzelne Standortangebot lediglich vor dem Hintergrund der speziellen Infrastruktur des Parks zu begreifen und das weitere Umfeld zu vernachlässigen.

Auf den viel zu kurzfristig angelegten *Zeitbezug* wurde bereits hingewiesen.

3.3 ENTWICKLUNG EINER SOLL-KONZEPTION VON MARKETING-STRATEGIEN FÜR KOMMUNALE STANDORTE

Die Erörterung zu den für das Standortmarketing relevanten Zielgruppen hat ergeben, daß eine Verbreiterung der Gruppen und ein Übergang zu entsprechend *differenziertem Marketing* (statt des bisher auf spezielle Unternehmenstypen bzw. Branchen ausgerichteten konzentrierten Marketing) erfolgreich sein sollte. Einen Ansatzpunkt für die Segmentierung bietet das Kriterium der "Fühlungsvorteile". Die Analyse legt ferner nahe, gegenüber den Nachfragern ein eher aktives, gegenüber den Mitanbietern ein aggressives, vom Willen zum Leistungswettbewerb geprägtes Marktverhalten zu zeigen. Die Suche nach Lücken und Nischen des Standortangebots für unterschiedliche Nachfragergruppen und eine entsprechende Differenzierung des Leistungsangebots gegenüber den Mitanbietern bieten Ansatzpunkte für ein gewandeltes Standortmarketing.

Für die *Produkt- / Sortimentspolitik* empfiehlt sich daher die Politik der Produktdifferenzierung unter Berücksichtigung der Nachfragerbedürfnisse bei Beibehaltung des Qualitätsniveaus. Grundsätzlich gilt, daß die verschiedenen Produkte zielgruppenspezifisch definiert werden müssen.

Es ist auch darauf zu achten, daß das Produkt Möglichkeiten zur Identifikation mit dem Standort eröffnet. Dies wird den Standortnachfragern umso leichter fallen, je stärker der Standort auch unter Wohn- und Freizeitgesichtspunkten Anziehungskraft besitzt und je mehr Gestaltungs- und Einflußmöglichkeiten auf den Standort eröffnet werden. Die Einbindung der Verantwortlichen in den Unternehmen in die Betreibung kommunaler Anliegen kann dazu nachhaltig beitragen. Weitere ergänzende Ansatzpunkte wären in folgenden Punkten zu sehen:

- Hemmende *Auflagen und Vorschriften* bedürfen, wenn nicht der Beseitigung so der Ausdünnung und Entschärfung.
- Um ein für die Nachfrager vorteilhaftes *"Marketing aus einer Hand"* (integriertes Marketing) betreiben zu können, wären u.U. auch Möglichkeiten einer (Teil-)Privatisierung der Standortvermarktung zu prüfen. Die mehrfach beklagten organisatorischen Hemmnisse ließen sich dadurch umgehen und mehr Flexibilität entstehen.
- Da die *Personalbeschaffung* zu tragbaren Bedingungen oftmals große Schwierigkeiten bereitet, wären geeignete Hilfsmaßnahmen zu entwickeln, die mit den Arbeitsämtern abzustimmen sind.
- Die Industrieansiedlungspolitik hat sich in der Vergangenheit womöglich zu sehr von Möglichkeiten der "horizontalen und vertikalen Diversifizierung" (Ansiedlung branchenähnlicher Betriebe bzw. solcher von vor- und nachgelagerten Wirtschaftsstufen) leiten lassen. Die Folge sind Monostruktur und Branchenagglomeration. Zu ihrer Vermeidung bedarf es auch immer wieder der *"lateralen Diversifizierung"*, d.h. des Vorstoßes in bislang am Standort noch nicht vertretene Branchen und Be-

triebstypen, wobei durchaus Fühlungsvorteile und eine Abgrenzung gegenüber mitanbietenden Nachbargemeinden beachtet werden sollten.

Angesichts der bislang geübten Praxis einer indirekten "Distribution" und der dabei aufgetretenen Probleme (zu geringe Beachtung der Informations- und Verhandlungsgewohnheiten der Nachfrager) wäre an eine Verstärkung des *Direktvertriebes* und direkter Formen der persönlichen Kommunikation (persönliche Einschaltung der kommunalen Spitzen) zu denken. Daneben können direkter, persönlich gehaltener Briefkontakt (im Rahmen von Mailing-Aktionen) treten, dessen Häufigkeit allerdings begrenzt bleiben muß.

Auch im Bereich der *Public-Relations-Maßnahmen* wären ggfs. ergänzende Aktivitäten denkbar: Messen können zur Standortwerbung genutzt werden (evtl. in Zusammenarbeit mit den ansässigen Industrie-, Handels- und Gewerbebetrieben). In einigen Fällen hat sich die Durchführung von Besichtigungs- und Informationsreisen für Interessenten bewährt. Da bereits aus Kostengründen derartige Aktionen nur vereinzelt angesetzt werden können, ist nicht mit einer raschen Abnutzung zu rechnen.

Da im Bereich der *Finanzierungsleistungen* bereits mehrfach Engpässe aufgetreten sind, wäre an einen Abbau eigner Leistungen zugunsten der Vermittlung fremder Leistungen (Vermittlung von Krediten) zu denken. Die Hinweise auf eine differenzierte Produktpolitik und eine Verstärkung des Leistungswettbewerbs haben bereits erkennen lassen, daß eine dem Umfang und der Qualität des Leistungsbündels gemäße Preisstellung möglich sein sollte, die eine Reduzierung von Preiswettbewerb und Niedrigpreispolitik zur Folge hätte. Die Kommunen haben allen Grund, im Wettbewerb ein *gutes Preis - Leistungsverhältnis* ins Feld zu führen, wenn flexibel auf Nachfragerbedürfnisse reagiert werden soll. Die veränderte Perspektive zur zielgruppenspezifischen Produktdifferenzierung legt es auch nahe, stärker das *Einzelprodukt* unter Berücksichtigung des Nachfrageverbundes bei den Standortprodukttypen als Bezugsobjekt zu definieren. Die Änderung des Zeitbezuges von der kurzfristigen zur *langfristigen Betrachtung* unter Zurückstellung von Aspekten der Wahlperiode kann einem wirksamen Standortmarketing nur dienlich sein.

Abbildung 9 faßt die Bestandsaufnahme und die veränderte Konzeption übersichtlich zusammen.

ZUSAMMENFASSENDE THESEN

Eine Revision der Vermarktungskonzepte für kommunale Standorte ist trotz erheblicher Schwierigkeiten unvermeidbar, wenn langfristig die Ziele kommunaler Politik erreicht werden sollen, die sich durch besondere Bürgernähe ausgezeichnet sieht. Hier kann es - im Sinne von *Leitsätzen* - nur nützlich sein, sich an folgenden Thesen zu orientieren, die zusammenfassend einige wichtige Ergebnisse der Analyse festhalten sollen.

E L E M E N T E D E R M A R K E T I N G S T R A T E G I E

	IST	SOLL
ZIELGRUPPE	Spez. Unternehmen Konzentriert	Differenzieren Ansatzpunkt: "Fühlungsvorteile"
MARKTVERHALTEN gegenüber - Nachfragern - Mitanbietern	 Passiv Defensiv	 Aktiv Aggressiv
INSTRUMENTALEINSATZ - *Produkt / Sortiment*	Standardisierte Produkte (-> Parks) Zahlreiche Nebenbedingungen	. Produktdifferenzierung unter Berücksichtigung der Nachfragerbedürfnisse . Auflagen beseitigen (-> Ausdünnung) . Hilfe bei Personalgewinnung . Privatisierung ? (-> "Marketing aus einer Hand") . Laterale Diversifizierung
- *"Distribution"*	Indirekt, z.B. über . Wirtschaftsförderungsgesellschaften . Geschäftsführungen von Parks usw.	Mehr "Direktvertrieb"
- *Kommunikation*	Nicht-persönliche Kommunikation (-> Prospektwerbung)	. Persönliche Kommunikation forcieren . Messen zur Standortwerbung . Mailing-Aktionen . Besichtigungs- u. Informationsreisen f. Interessenten
- *Finanzierung*	Erhebliche Vorleistungen	. Kreditvermittlung . Abbau eigener Leistungen
- *Preis*	Niedrigpreispolitik	Entsprechend Leistung
- *Kontrahierung*	Relativ flexibel	wie bisher
BEZUGSOBJEKT	Stadt als Ganzes: Einzelne Elemente eines größeren Projekts	Mehr Einzelprojekte
ZEITBEZUG	Kurzfristig	Langfristig

Abb. 9. Gegenüberstellung von Ist- und Sollkonzepten einer Marketing-Strategie für kommunale Standorte

(1) Im Zentrum jeder Strategie zur Vermarktung kommunaler Standorte muß das "Produkt" stehen. Tritt etwas anderes an seine Stelle, ist die Strategie unvollständig und unwirksam.

(2) Das Produkt umfaßt nicht nur den Standort mit seinen Merkmalen (Bedingungen), sondern auch das Bündel der dort anzubietenden Dienstleistungen. Wird das Produkt zu eng gesehen, fehlen wichtige Ansatzpunkte für notwendige Differenzierungen.

(3) Die Konzeption einer ausgewogenen Marketing-Strategie setzt die Kontrolle über alle Produkt-Bestandteile voraus. Trotz der politischen Schwierigkeiten bedarf es eines "Marketing aus einer Hand" zur erfolgreichen Vermarktung kommunaler Standorte.

(4) Das Produkt muß sich auf seine Stärken und die des "Produzenten" stützen, wenn es vorhandene Schwächen überwinden soll. Die Ignorierung der Schwächen ist stets das größte Hindernis bei der Gestaltung und Durchsetzung von Marketing-Strategien.

(5) Das Produkt ist zielgruppenspezifisch zu definieren. Nicht an den Bedürfnissen der Nachfrager der einzelnen Zielgruppen ausgerichtete Leistungsbündel erweisen sich als nicht marktgerecht und damit nicht oder nur schwer absetzbar.

(6) Das Produkt muß Möglichkeiten zur Identifikation mit dem kommunalen Standort bieten. Mangelnde Differenzierung der Produkte und die allzu starke Einengung der unternehmerischen Spielräume zu ihrer Nutzung verhindern das Entstehen von Identifikation.

(7) Kommunikationsstrategien ergänzen Produkt-Strategien, sie ersetzen sie nicht. Die in manchen Kommunen und ihren Einrichtungen geübte verstärkte Standortwerbung kann nicht als Ersatz für ein integriertes Standort-Marketing betrachtet werden. Da sie nicht produkt-bestimmt, sondern davon unabhängig und zudem wenig differenziert gegenüber der Konkurrenz ist, bleibt sie weitgehend wirkungslos.

ZUSAMMENFASSUNG

Die Marketingkonzeption sollte nicht auf den Bereich der kommerziellen Produkte und Dienstleistungen beschränkt sein, sondern auch für Angebote öffentlicher Institutionen gelten, also auch für Industrie-, Handels- und Gewerbestandorte. Der Beitrag geht vom bewährten Raster zur Entwicklung einer Marketingstrategie aus (Ist-Analyse, Zielformulierung, Strategieableitung, Controlling) und wendet dieses System auf das Marketing für kommunale Standorte an. Er mündet in sieben Thesen (Produkt als Mittelpunkt, Service als unlösbarer Produktbestandteil, Marketing "aus einer Hand", Bekenntnis zu den Stärken *und* Schwächen des Produkts, zielgruppenspezifische Produktdefinition, Angebot von Identifikationsmöglichkeiten mit dem Standort, ergänzende Kommunikationsstrategie).

LITERATUR

Backhaus, K. (1983): Investitionsgütermarketing. München 1983

Ballestrem, Graf von, F. (1974): Standortwahl industrieller Unternehmen und Industriestandortpolitik. Berlin 1974

Ballestrem, Graf von, F.; Niessen, N. J. (1974): Standortentscheidung und Ansiedlungswerbung. Köln 1974

Biller, M. (1982): Kommunale Öffentlichkeitsarbeit: Definition - Begriffe - Akteure. In: Verwaltungsrundschau, Bd. 28, 1982, S. 237-241

Brede, H. (1971): Bestimmungsfaktoren industrieller Standorte. Berlin 1971

Busse von Colbe, W.; Hammann, P.; Laßmann, G. (1985): Betriebswirtschaftstheorie. Bd. 2: Absatztheorie. 2.Aufl. Berlin, Heidelberg, New York, Tokyo 1985

Derlin, H.-U. u.a. (1976): Kommunalverfassung und kommunales Entscheidungssystem. Eine vergleichende Untersuchung in vier Gemeinden. Meisenheim am Glan 1976

Dorn, D. (1970): Marktforschung der öffentlichen Hand. In: Ott, W. (Hrsg): Handbuch der praktischen Marktforschung. München 1970, S. 801-810

Eichhorn, P.; Bucholz, W. (1983): Marketing in öffentlichen Verwaltungen. In: Betriebswirtschaftliche Forschung und Praxis, Bd. 35, 1983, S. 209-221

Eiteneyer, H. (1977): Social Marketing - Unternehmensphilosophie öffentlicher Unternehmungen. In: Zeitschrift für betriebswirtschaftliche Forschung, Bd. 29, 1977, S. 303-311

Eiteneyer, H.; Meissner, H.-G. (Hrsg) (1978): Marketing öffentlicher Unternehmen. Dortmund 1978

Engelhardt, W. H. (1976): Erscheinungsformen und absatzpolitische Probleme von Angebots- und Nachfrageverbunden. In: Zeitschrift für betriebswirtschaftliche Forschung, Bd. 28, 1976, S. 77-90

Engelhardt, W. H. (1980): Einführung in Marketing. Unveröffentlichtes Manuskript. Bochum 1980

Engelhardt, W. H.; Plinke, W. (1978): Elemente der Marketingentscheidung. Hagen 1978

Engelhardt, W. H.; Ernenputsch, M.; Hammann, P.; Schreiner, W. (1979): Die Kommunikationspolitik der Wirtschaftsförderungsgesellschaft Unna - Eine Analyse. Unveröffentlichtes Manuskript. Bochum 1979

Engelhardt, W. H.; Günter, B. (1981): Investitionsgütermarketing. Stuttgart, Berlin, Köln, Mainz 1981

Freter, H. (1983): Marktsegmentierung. Stuttgart, Berlin, Köln, Mainz 1983

Fürst, D. (1975): Kommunale Entscheidungsprozesse. Baden-Baden 1975

Fürst, D.; Hansmeyer, K.-H.; Zimmermann, K. (1973): Standortwahl industrieller Unternehmen. Bonn 1973

Funke, R. (1974): Organisationsstrukturen planender Verwaltungen, dargestellt am Beispiel von Kommunalverwaltungen und Stadtplanungsämtern. Schriftenreihe "Städtebauliche Forschung" des Bundesministers für Raumordnung, Bauwesen und Städtebau, Nr. 03.027. Bonn - Bad Godesberg 1974

Graetz, Chr. (1983a): Kommunale Wirtschaftsförderung - Kritische Bestandaufnahme ihrer Funktionen und Organisationen. In: Klemmer, P. (Hrsg): Beiträge zur Struktur- und Konjunkturforschung, Bd. XXII. Bochum 1983 (a)

Graetz, Chr. (1983b): Ansatzpunkte einer Imagepolitik von Kommunen. Schriften des Ruhr-Forschungsinstituts für Innovations- und Strukturpolitik e.V., Bd. 1. Bochum 1983 (b)

Hammann, P.; Feist, W. (1985): Heimvolkshochschule Haus Moorwald: Fallstudie und Lösungsskizze. Arbeitspapiere zum Marketing Nr. 14, Bochum 1985

Hanusch, H.; Reichardt, R. R. (1979): Marketing - eine Konzeption für Markt und Staat ? In: Archiv für öffentliche und freigemeinnützige Unternehmen, Bd. 11, 1979, S. 49-61

Hasitschka, W.; Hruschka, H. (1982): Non-Profit Marketing. München 1982

Hesse, J. (1981): Zur Marketingimplementierung bei kommunalen Unternehmen - Eine empirische Untersuchung. In: Zeitschrift für öffentliche und gemeinwirtschaftliche Unternehmen, Bd. 4, 1981, S. 265-286

Hesse, J. (1982): Marketing für öffentliche Unternehmen. Berlin 1982

Hoppmann, E. (1974): Die Abgrenzung des relevanten Marktes im Rahmen der Mißbrauchsaufsicht über marktbeherrschende Unternehmen. Baden-Baden 1974

Jahofer, H. (1981): Sicherung der Bestandsentwicklung aus kommunaler Sicht - Probleme, Chancen und Erfolge. In: Kommunalverband Ruhrgebiet (Hrsg): Neue Wege der Wirtschaftsförderung: Sicherung der Bestandsentwicklung. Arbeitshefte Ruhrgebiet, Bd. 7, Dezember 1981, S. 19-28

Jansen, P. G.; Illerhaus, K. (1973): Industrie- und Gewerbeparks in der Bundesrepublik Deutschland. Studie im Auftrag des Siedlungsverbandes Ruhrkohlenbezirk. Köln 1973

Kotler, Ph. (1978): Marketing für Non-Profit-Organisationen. Stuttgart 1978

Kuritzky, A. P.; Little, J. D. C.; Silk, A.; Bassman, E. S. (1982): The Development, Testing and Execution of a New Marketing Strategy at AT&T Long Lines. In: Interfaces, 12, December 1982, 6, pp. 22-37

Landwehrmann, F. u.a. (1971): Zielgruppe unbekannt ? Kommunale Öffentlichkeitsarbeit im Ruhrgebiet. Teil I. Essen 1971

Landwehrmann, F.; Dörk, N. (1978): Zielgruppe: Investoren. Kommunale Ansiedlungspolitik im Ruhrgebiet. Essen 1978

Merkle, E. (1975): Marketing in öffentlichen Unternehmen und nicht-kommerziellen Institutionen. In: Der Markt, Nr. 54, 1975, S. 47-56

Nieland, M. (1977): Standort-Marketing - Anregungen zu einer marktorientierten Wirtschaftsförderung. In: Siedlungsverband Ruhrkohlebezirk (Hrsg): Konzeption zur Industrieansiedlung - Ansätze einer Neuorientierung in der Wirtschaftsförderung. Essen 1977, S. 1-92

Raffée, H. (1976): Perspektiven des nicht-kommerziellen Marketing. In: Zeitschrift für betriebswirtschaftliche Forschung, Bd. 28, 1976, S. 61-76

Raffée, H. (1980): Marketing in öffentlichen Betrieben - Ansatzpunkte und Entwicklungsperspektiven. In: Meffert, H. (Hrsg): Marketing im Wandel. Wiesbaden 1980, S. 201-211

Reding, K.(1981): Die Effizienz staatlicher Aktivitäten - Probleme ihrer Messung und Kontrolle. Baden-Baden 1981

Reichardt, R. R. (1974): Bedürfnisforschung im Dienste der Stadtplanung. Wien 1974

Reichardt, R. R. (1976): Marktforschung für öffentliche Güter. In: Meyer, P. W.; Hermanns, A. (Hrsg): Praxisorientiertes Marketing. Stuttgart, Berlin, Köln, Mainz 1976, S. 49-69

Specht, G. (1974): Öffentliche Güter, Marketing für. In: Tietz, B. (Hrsg): Handwörterbuch der Absatzwirtschaft. Stuttgart 1974, Sp. 1565-1574

Scheuch, F. (1982): Dienstleistungsmarketing. München 1982

Schilling, H. (1968): Standortfaktoren für die Industrieansiedlung. Veröffentlichungen des Österreichischen Instituts für Raumplanung, Nr. 27. Stuttgart, Berlin, Köln, Mainz 1968

Wagner, G.-R. (1984): Kommunales Marketing. In: Verwaltungsrundschau, Bd. 30, Juli 1984, H. 7, S. 225-232

Zahn, H.-H. (1982): Die Einstellung der Bürger zu ihrer Gemeinde, dargestellt am Beispiel Brackwede-Bielefeld. Baden-Baden 1982

Zimmermann, K. (1975): Zur Imageplanung von Städten. Köln 1975

Hinweis:
Dieser Beitrag ist die erweiterte Fassung eines Referates im Rahmen des Praktikerseminars "Kommunales Standortmarketing", veranstaltet im Wintersemester 1984/85 von der Ruhr-Universität Bochum, dem Ruhr-Forschungsinstitut e.V. (Bochum) und der Kommunalen Arbeitsgemeinschaft Bergisch-Land e.V.
Der Verfasser dankt Professor Dr. Paul Klemmer, Bochum, und Professor Dr. Detlef Marx, München, für wertvolle Hinweise.

Autorenverzeichnis

AHLERT, Dieter, Professor Dr., Lehrstuhl für Betriebswirtschaftslehre, insbes. Distribution und Handel, Westfälische Wilhelms-Universität Münster.

BARTH, Klaus, Professor Dr., Abteilung für Betriebswirtschaftslehre III, Philipps-Universität Marburg.

DILLER, Hermann, Professor Dr., Institut für Marketing, Universität der Bundeswehr Hamburg.

Günther, Hans, Dipl.-Kfm., Wiss. Mitarbeiter, Lehrstuhl für Betriebswirtschaftslehre, insbes. Distribution und Handel, Westfälische Wilhelms-Universität Münster.

HAMMANN, Peter, Professor Dr., Seminar für Angewandte Wirtschaftslehre, Ruhr-Universität Bochum.

HILDEBRANDT, Lutz, Dr., Hochschulassistent, Fachbereich Wirtschaftswissenschaften, Technische Universität Berlin, (z.Zt. Habilitations-Stipendiat der Deutschen Forschungsgemeinschaft).

HILGERS, Brigitte, Dipl.-Kfm., Wiss. Mitarbeiterin, Fachgebiet Marketing, Universität Gesamthochschule Essen.

KLICHE, Mario, Dipl.-Kfm., Wiss. Mitarbeiter, Fachrichtung Markt- und Verbrauchsforschung, Freie Universität Berlin.

KOPPELMANN, Udo, Professor Dr., Seminar für Allgemeine Betriebswirtschaftslehre, Beschaffungs- und Produktlehre, Universität zu Köln.

KUSTERER, Marion, Dipl.-Kfm., Wiss. Mitarbeiterin, Institut für Marketing, Universität der Bundeswehr Hamburg.

MERTENS, Jürgen, Dr., Wiss. Mitarbeiter, Seminar für Allgemeine Betriebswirtschaftslehre, Beschaffungs- und Produktlehre, Universität zu Köln.

SCHENK, Hans-Otto, Professor Dr., Fachbereich 5 Wirtschaftswissenschaft, Betriebswirtschaftslehre/Handel, Universität Gesamthochschule Duisburg.

STROTHMANN, Karl-Heinz, Professor Dr., Fachrichtung Markt- und Verbrauchsforschung, Freie Universität Berlin.

TROMMSDORFF, Volker, Professor Dr., Fachgebiet Betriebswirtschaftslehre - Marketing, Technische Universität Berlin.

ZENTES, Joachim, Professor Dr., Fachgebiet Marketing, Universität Gesamthochschule Essen.